Klaus Kinner

Der deutsche Kommunismus

Geschichte des Kommunismus und Linkssozialismus

Klaus Kinner

Der deutsche Kommunismus

Selbstverständnis und Realität

Band 1
Die Weimarer Zeit

Karl Dietz Verlag Berlin

Editorische Notiz

Eckige Klammern markieren in den Anmerkungen die Kennzeichnung der Quellen durch den Verfasser. Im Text markieren sie seine Auslassungen in zitierten Quellen.
Runde Klammern ergänzen bzw. korrigieren die zitierte Quelle.

Die Drucklegung wurde mit Mitteln der Bundesstiftung „Rosa Luxemburg Gesellschaftsanalyse und politische Bildung e.V." gefördert.

Die Deutsche Bibliothek – CIP-Einheitsaufnahme

Kinner, Klaus:
Der deutsche Kommunismus : Selbstverständnis und Realität /
Klaus Kinner. – Berlin : Dietz
(Geschichte des Kommunismus und Linkssozialismus)
Bd. 1. Die Weimarer Zeit. – 1999

ISBN 3-320-01979-1

Inhaltsverzeichnis

KAPITEL III
Avantgardismus und Massenpolitik
Die KPD in der großen Krise
der Weimarer Republik 1929 bis 1933

Prolegomena zu einer Geschichte des deutschen Kommunismus

Am Ende des »kurzen 20. Jahrhunderts«, das als »Jahrhundert der Extreme«, der Krisen und Kriege in die Geschichte eingehen wird, stellt sich die Frage nach den die Geschichte dieses Jahrhunderts bewegenden Kräften neu.[1] Wenngleich der Blick in das kommende Jahrhundert durch mannigfache Unwägbarkeiten verstellt ist, scheint eines deutlich: Das blutige, dem Mittelalter das Attribut finster streitig machende 20. Jahrhundert kann in der Menschheitsgeschichte eine Sonderstellung geltend machen. Erstmals gewann die Menschheit die Fähigkeit zur Selbstvernichtung, erstmals wurde das kapitalistisch-marktwirtschaftliche System über viele Jahrzehnte hinweg ernsthaft in Frage gestellt, erstmals stellte sich dieses System in seiner faschistischen Übersteigerung selbst in Frage.

Mit der »Urkatastrophe« des Ersten Weltkrieges setzte ein Krisenzyklus der bürgerlichen Gesellschaft ein, der erst nach mehr als dreißig Jahren durch das »goldene Zeitalter« des liberalen Kapitalismus abgelöst wurde. Dessen Ende in den siebziger Jahren einerseits und das Ende des »Kalten Krieges« mit dem Zusammenbruch des Sowjetimperiums andererseits warfen jedoch erneut und neu Fragen auf, die sol-

---

1 Diese und andere Überlegungen des Verfassers sind dem grandiosen monumentalen Essay Eric Hobsbawms verpflichtet (siehe Eric Hobsbawm: Das Zeitalter der Extreme. Weltgeschichte des 20. Jahrhunderts. München/Wien 1995).

che vom Anfang dieses Jahrhunderts auf globaler Ebene reproduzierten.

Die Geschichte des Kommunismus steht in diesem Spannungsfeld. Die Russische Revolution von 1917 und die von ihr geprägte kommunistische Weltbewegung haben diesem Jahrhundert ihr Signum gegeben. In den Debatten um die Definitionsmacht über dieses zu Ende gehende Jahrhundert ist gegen den Mainstream der veröffentlichten Meinung geltend zu machen, daß dieses Saeculum ohne den Versuch einer Gesellschaftsalternative, ohne Gegenentwurf, an seinem Ende sich mutmaßlich als ein faschistisch und rechtskonservativ beherrschtes Staatensystem (zumindest in Europa und weiteren Teilen der Dritten Welt) darstellen würde. Der liberale, parlamentarische Kapitalismus hat die Mobilisierung seiner regenerativen Kräfte nicht zuletzt der Herausforderung durch seinen Systemgegner zu verdanken.

Mit Eric Hobsbawm ist zu konstatieren, daß eine der Ironien dieses Jahrhunderts darin besteht, daß die Oktoberrevolution das System, das sie beseitigen wollte, am Ende gerettet hat.

Im Ergebnis einer nüchternen Bilanz dieses Jahrhunderts muß jedoch zur Kenntnis genommen werden, daß der Parteikommunismus, der von der Oktoberrevolution intendiert wurde, gescheitert ist.

Moderne linke Gesellschaftsanalyse kann nicht einfach an kommunistische oder auch linkssozialistische Ideen anknüpfen.

Das heißt jedoch nicht, daß die Geschichte des Kommunismus im 20. Jahrhundert als Geschichte des Scheiterns einer von Anbeginn verfehlten Idee, als »Schwarzbuch« zu schreiben ist. Geschichte als Resultante divergierender Interessen, als offenes System zu begreifen, heißt auch, sie nicht vom Resultat, dem jeweils vorläufigen, zu schreiben. Geschichte ist insofern nicht nur nach vorn, sondern in gewisser Weise auch nach hinten offen.

Der Kapitalismus des 19. Jahrhunderts als vorwiegend extensiv erweiterter Reproduktionstyp war an Wachstumsgrenzen gestoßen. Der Übergang zum vorwiegend intensiv erweiterten Reproduktionstyp vollzog sich in einer Strukturbruchkrise. Der liberale Kapitalismus geriet in eine Weltkrise, dessen krassester Ausdruck der Erste Weltkrieg war, der von den Zeitgenossen als Menschheitskatastrophe empfunden wurde. Der Kommunismus vom Typ der Oktoberrevolution war nicht das Ergebnis der Verschwörung bolschewistischer Geheimzirkel, sondern Reaktion auf diesen Weltzustand.

Die radikale Infragestellung des kapitalistischen Systems dieser Zeit war die folgerichtige Reaktion der Volksmassen auf ein als unerträglich empfundenes Regime der Unterdrückung und des Völkermordens.

Die Russische Revolution 1917 wirkte als Initialzündung für einen revolutionären Prozeß, der erstmals den Weltkapitalismus erschütterte.

Da jedoch Deutschland und die anderen industriellen Zentren diese Erschütterungen überstanden, verblieb die sich als sozialistisch deklarierende Sowjetmacht letztlich in den Strukturen kapitalistischer Reproduktionsmechanismen. Das sozialistisch intendierte politische System in Sowjetrußland vermochte der staatskapitalistischen Realität zum Teil bemerkenswerte Zugeständnisse abzutrotzen, den sozialistischen Zielvorstellungen näherte es sich je länger desto weniger. Gleichwohl gingen von diesem Projekt nicht nur Faszination, sondern auch Impulse aus, die die Welt real veränderten.

In dem Maße, in dem sich Realität und sozialistische Utopie in der sowjetrussischen Entwicklung entkoppelten, gewann die Berufung auf diese Entwicklung in der kommunistischen Bewegung quasireligiöse Züge.

Deutscher Kommunismus ist jedoch nicht nur aus der Prägung durch den Impuls der Oktoberrevolution zu erklären. Er hat eigenständige Wurzeln in der deutschen Arbeiterbewegung. Insgesamt aber ging der deutsche wie der entstehende Weltkommunismus von drei Prämissen aus, die unter den obwaltenden Bedingungen der ersten Nachkriegsjahre nicht nur Kommunisten als durchaus realistisch erschienen:

Erstens konnte man annehmen, daß der Kapitalismus mit Krieg und Nachkriegskrise am Ende seiner Entwicklungsmöglichkeiten angelangt sei und sein Zusammenbruch bevorstünde.

Zweitens schien die sich behauptende Revolution in einem Riesenreich wie Rußland nur denkbar als Auftakt einer Weltrevolution.

Drittens glaubten nicht nur Kommunisten an die langfristige wirtschaftliche Überlegenheit des Sozialismus, und sei es nur in einem Lande. Die Faszination, die später von der sich entwickelnden Planwirtschaft auch und gerade für bürgerliche Ökonomen ausging, belegt dies eindrucksvoll.

Diese Prämissen erwiesen sich – vor allem nach dem Ausbleiben der deutschen Räterepublik – von Jahr zu Jahr als weniger haltbar. War ein utopisches Moment, das jeder revolutionären Bewegung und Theorie notwendig eigen ist, in den frühen Jahren durchaus produktiv, so wurde es mit dem Eintritt in die nach- und nichtrevolutionäre Phase der Zwischenkriegsentwicklung in Gestalt des Beharrens auf dem zwangsläufig heranreifenden Zusammenbruch des Imperialismus und der gleichsam naturgesetzlich obsiegenden Weltrevolution kontraproduktiv, wurde es zum Gedankendogma, das kreative Ansätze konterkarierte.

Eine Analyse der Geschichte des deutschen Kommunismus muß der Darstellung des Verhältnisses von Theorie und Politik breiten Raum geben. Dabei erscheint die Rekonstruktion des Selbstverständnisses der deutschen Kommunisten als zentrale Fragestellung, die aus der Jahrhundertperspektive eine Gesamtsicht ermöglichen kann.

Eine entscheidende Frage dieses Selbstverständnisses war die nach dem Bild, welches sich die deutschen Kommunisten vom Kapitalismus respektive Imperialismus machten. Es war dies die Frage, in welchem Verhältnis das sich wandelnde Kapitalismusbild zu den Reaktionskonzepten der KPD auf die sie umgebende gesellschaftliche Wirklichkeit stand. Rosa

Luxemburgs Akkumulationstheorie als »Grundlegung des deutschen Kommunismus« und die leninistische, nicht unbedingt Leninsche, Imperialismustheorie waren die Eckpunkte, zwischen denen eine Vielfalt von Theorie- und Politikansätzen changierten.

Aus diesen Ansätzen ergaben sich Handlungsspielräume für realistische Politik oder abenteuerliche weltrevolutionäre Konzepte.

Damit stellen sich Fragen, die nicht mit rein theoriegeschichtlichen Analysen beantwortbar sind. Ihre Beantwortung erfordert die Einbeziehung mentaler Befindlichkeiten. Die Existenz zweier in der Arbeiterbewegung wurzelnder Massenparteien in Deutschland zwischen 1918/19 und 1933 sowie in den Jahren 1945/46 wirft die Frage nach ihrer mentalen, sozialpolitischen und ökonomischen Verankerung auf. Es existierte auf der Basis gemeinsamen Herkommens sowohl ein sozialdemokratisches als auch ein kommunistisches Milieu, das sich in der Lebenspraxis vielfach überlappte.

Es ist zu fragen, inwiefern und inwieweit solche mentalen und milieugeprägten Verortungen dispositiv für politisch-ideologische Standorte wirkten.

Das Selbstverständnis deutscher Kommunisten war insofern auch Reflex gelebten Lebens und sozialen Milieus.[2] Politische Strömungen in der KPD erklären sich nicht zuletzt aus solchen in der Forschung noch wenig hinterfragten Zusammenhängen. In diesen und in zahlreichen anderen Zusammenhängen stellt sich für die Geschichte der KPD, für die Rekonstruktion kommunistischen Selbstverständnisses, die Frage nach dem Selbst- und dem Fremdbild. Die rigide Ausgrenzung und Stigmatisierung der Kommunisten durch die überwiegend konservativ geprägte Weimarer Gesellschaft und die Atmosphäre der als Bruderkampf begriffenen Auseinandersetzung mit der Sozialdemokratie erschwerten das »Ankommen« der Kommunisten in der Weimarer Demokra-

---

2   Siehe Klaus-Michael Mallmann: Kommunisten in der Weimarer Republik. Sozialgeschichte einer revolutionären Bewegung. Darmstadt 1996.

tie außerordentlich. Verhärtung, Abschottung nach innen und revolutionärer Attentismus nach außen waren auch Folgen dieser Ausgrenzung.

Selbstbestimmung kommunistischer Identität und das zunehmende Maß der mit der Durchsetzung stalinistischer Strukturen in der KPD einhergehenden Fremdsteuerung prägten als Gegenpole Selbstverständnis und Mentalität der deutschen Kommunisten entscheidend. Es geht aber an der Realität vorbei, anzunehmen, eine Massenpartei wie die KPD könnte auch unter den Bedingungen der Dominanz dieser Strukturen und Politikmuster im Rahmen einer parlamentarischen Demokratie total fremdgesteuert werden. Es stellt sich so die Frage nach den eigenständigen Wurzeln einer Politik und deren Verinnerlichung durch große Teile der Mitgliedschaft, die nur unscharf traditionell als linksradikal bezeichnet wird, war sie doch eher linksfundamentalistisch und -traditionalistisch.

Gleichzeitig ist nach den Quellen und Wurzeln demokratischer, humanistischer, antifaschistischer Normen zu fragen, die die Kommunisten und ihre Anhängerschaft zur stärksten Kraft des Widerstandes werden ließen. Besonders hier scheidet stalinistische Fremdsteuerung als Impuls weitgehend aus.

Eine Geschichte der KPD hat zu differenzieren zwischen dem Scheitern des kommunistischen Parteityps, der im Gefolge der Oktoberrevolution entstanden war, und der kommunistischen Massenbewegung in und um die kommunistischen Parteien, die die in hohem Maße basisdemokratischen Intentionen der Volksmassen bündelte, bewahrte und in mannigfaltigen Substrukturen weiterführte.

Eine Neubefragung der Geschichte des deutschen Kommunismus in der ersten Hälfte dieses Jahrhunderts mit den Erfahrungen und Erkenntnissen des zu Ende gehenden Saeculums sieht sich in vielschichtige Traditionsbezüge gestellt.

In der Selbstsicht der KPD gerann die Geschichte des deutschen Kommunismus im Maße der Durchsetzung der Doktrinen des Stalinschen Leninismus zur Vorgeschichte und Geschichte der Partei Thälmanns. Die Bündelung der KPD-Traditionslinie im Obsiegen der Leninisten im »Thälmannschen Zentralkomitee« reduzierte die Geschichte der KPD und des deutschen Kommunismus auf ein Zerrbild. Die Vielfalt und der Reichtum der Strömungen im deutschen Kommunismus gingen in dieser Sicht nicht nur verloren, sondern sie wurden zudem als gefährliche Abweichungen stigmatisiert. Diese mit dem Begriff Thälmann-Legende verkürzt zusammenzufassende, im Stalinismus wurzelnde Geschichtsfälschung wurde durch die SED-Propaganda und Geschichtsschreibung mit Mitteln der Literatur, der Filmkunst etc. jahrzehntelang wirksam verbreitet und durch einen beträchtlichen Teil der DDR-Bevölkerung verinnerlicht. Die tatsächliche Differenziertheit und Vielfalt des deutschen Kommunismus traten hinter diesem Thälmann-Mythos zurück.

Da jede der SED-Führungen sich in der direkten Nachfolge dieses »Thälmannschen Zentralkomitees« begriff und mangels hinreichender demokratischer Legitimation der Rückgriff auf diese Tradition die jeweilige »Erbfolge« begründete, war ein kritisches Aufbrechen dieser Legende innerhalb der DDR-Geschichtsschreibung bis zu ihrem Ende blockiert. Hinzu kam, daß die Chance der radikalen Erneuerung marxistischen Denkens im Umfeld und in der Folge des XX. Parteitages der KPdSU nicht genutzt wurde. Die Stalinismuskritik blieb halbherzig, bewußt oder unbewußt verschleiernd, entstellend und letztendlich verfälschend.

Die gezielte Ausblendung der Vielfalt und der in sich reichen wie widersprüchlichen Gedankenwelt sozialistischen Denkens, die Dominanz des Macht- und Sicherheitsdenkens in Freund-Feind-Kategorien führte zu einer partiellen Kritik an Stalin, die einer Rettung des Stalinismus im Gewande des Poststalinismus gleichkam.

In der historischen Analyse spielte das Leninismus-Axiom eine entscheidende Rolle. Die Kritik an Stalin – der Begriff Stalinismus war ein gegnerisches Unwort – führte zu einer subjektiv ehrlichen oder auch demagogischen Rückbesinnung auf Lenin. Indem diese Rückbesinnung sich jedoch des Leninismus-Begriffs bediente, rettete sie das stalinistische Konstrukt des Marxismus-Leninismus, das in Lenins Werk die allgemeingültige Weiterentwicklung des Marxismus im 20. Jahrhundert sah. Damit wurden Politik und Theorie der Arbeiterbewegung mit dem Maßstab des Leninismus gemessen, Rosa Luxemburg zwar vor dem Rufmord Stalins in Schutz genommen, jedoch danach bewertet, wie sie als Theoretikerin in der Leninschen Periode der Entwicklung des Marxismus sich der Erkenntnis Lenins angenähert hatte. Eigenständige Beiträge wurden nach ihrer Kompatibilität mit dem leninistischen Paradigma bewertet.

Auch die Arbeiten des Verfassers in den siebziger und zum großen Teil auch noch in den achtziger Jahren blieben diesem Paradigma verhaftet.[3] In ihrem Rahmen waren begrenzte Erkenntnisfortschritte möglich, auch eine Mimikry, die die Vielfalt marxistischen Denkens als leninistisch in den eingeschränkten Diskurs einbrachte.

Im Verlaufe der achtziger Jahre differenzierte sich die geschichtswissenschaftliche Debatte auch in solchen Bereichen, die als innerer Zirkel der Parteigeschichtsschreibung begriffen wurden. Mit der Analyse des Bildes, das sich die Kommunisten vom Kapitalismus machten, gelang ein realistischer Ansatz zur Erklärung ihrer strategischen Konzepte. Eigenständige Forschungsergebnisse gerieten immer stärker in Konflikt mit der parteioffiziellen Legendenbildung, in deren Zentrum das »leninistische Zentralkomitee unter der Leitung Ernst Thälmanns« stand. Gleichzeitig behinderten eigene Denkblockaden den radikalen Bruch mit diesem Geschichtsbild.

Die mit der Perestroika einhergehende Revision der Geschichte der kommunistischen Bewegung blieb inkonsequent, führte jedoch gerade in der DDR – weit über die Historikerzunft hinaus – zu einer Erschütterung poststali-

---

3   Siehe zusammenfassend Klaus Kinner: Marxistische deutsche Geschichtswissenschaft 1917 bis 1933. Geschichte und Politik im Kampf der KPD. Berlin 1982.

nistischer Geschichtsmonumente und auch zu verschärften Auseinandersetzungen innerhalb der Geschichtswissenschaft. Dennoch bedurfte es weiterer Einsichten in den Verlauf geschichtlicher Entwicklung, bis deutlich wurde: Das Projekt Oktoberrevolution war gescheitert und mit ihm der Parteikommunismus bolschewistischen Typs. Erst mit der Einsicht dieses Scheiterns eröffneten sich neue Perspektiven. Der schmerzhafte Bruch mit dem Paradigma des Marxismus-Leninismus ermöglichte es jedoch, der Frage nach den Gründen des Scheiterns und möglichen Alternativen nachzugehen.

Die Resultate der wohl letzten »deutsch-deutschen Historikertagung« vom November 1989 signalisierten Erkenntnisstände, Grenzen und Chancen eines offenen Diskurses unterschiedlich gewachsener Geschichtsdebatten.[4] Die selbstgerechte »Evaluierung« der DDR-Geschichtswissenschaft durch die der alten BRD vergab die Chance, eine sich erneuernde, vor allem in den Traditionen des Marxschen Theorietyps stehende Geschichtsschreibung in die Debatte um die gemeinsame Geschichte einzubringen.

Die vorliegende Darstellung versteht sich als Versuch, Konturen eines Bildes des deutschen Kommunismus zu umreißen, die geeignet sind, jenseits von Hosianna und Verdammnis ein Maß zu finden für die Bewertung dieser epochalen Erscheinung, die dieses Jahrhundert so maßgeblich mitgeprägt hat und in deren Tradition – in Distanz und Nähe – die heutige entschiedene Linke auch steht.

Die Literatur zur Thematik dieses Buches ist inzwischen nur noch schwer überschaubar und hier nicht zu referieren. Die oben angedeutete, durch mancherlei ideologische Implikationen belastete Forschung zur KPD-Geschichte in der DDR erbrachte trotz des Korsetts sakrosankter Grundwahrheiten eine ungeheure Fülle von Material und Analysen, die

---

4   Siehe Helga Grebing/Klaus Kinner (Hrsg.): Arbeiterbewegung und Faschismus. Faschismus-Interpretationen in der europäischen Arbeiterbewegung. Veröffentlichungen des Instituts zur Erforschung der europäischen Arbeiterbewegung der Ruhr-Universität Bochum. Schriftenreihe A: Darstellungen. Bd. 2. Essen 1990.

kritisch hinterfragt, auch heute unverzichtbar sind.[5] Die SED-
offizielle große Gesamtdarstellung der »Geschichte der deutschen Arbeiterbewegung in acht Bänden«,[6] die auf eine intensive Beschäftigung von KPD und SED mit ihrer Parteigeschichte zurückgreifen konnte,[7] war Ausgangspunkt für
intensive Forschungen zur Geschichte der KPD, die sich zunehmend in Spezialgebiete verzweigte. Auf Resultate der
Forschungen des Verfassers und seiner Leipziger For-
schungsgruppe aus den achtziger Jahren zur Theorie- und
Ideologiegeschichte des deutschen Kommunismus wird in
der vorliegenden Arbeit zurückgegriffen.[8] Ebenso flossen
Studien der letzten Jahre in diese Darstellung ein.[9] Der Ver-

---

5   Siehe dazu die Sonderbände der Zeitschrift für Geschichtswissenschaft: Historische Forschungen in der DDR 1960-1970. Analysen
und Berichte. Berlin 1970. Historische Forschungen in der DDR
1970-1980. Analysen und Berichte. Berlin 1980.
6   Geschichte der deutschen Arbeiterbewegung in acht Bänden.
Berlin 1966, bes. Bd. 3, 4, 5.
7 Siehe Anm. 3 sowie Werner Berthold: Marxistisches Geschichtsbild –
Volksfront und antifaschistisch-demokratische Revolution. Berlin 1970.
8   Hier sind insbesondere die Dissertationen von Peter Haferstroh
und Thomas Schmidt zu nennen:
Peter Haferstroh: Marxistische Imperialismusauffassungen in der
deutschen Sozialdemokratie und ihre Rolle bei der Aneignung und
Anwendung der Leninschen Imperialismustheorie durch die KPD
1918 bis 1922/23. Phil. Diss. Leipzig 1984.
Ders.: Von der Nachkriegskrise zur Stabilisierung des Kapitalismus.
Imperialismustheorie und -analyse von KPD und KI von 1921/22 bis
1926/27. Dissertation B. Leipzig 1989.
Thomas Schmidt: Imperialismustheorie und -analyse der KPD im
Kampf gegen Imperialismus, Faschismus und Krieg 1926/27 bis
1929. Phil. Diss. Leipzig 1986.
Ders.: Die Analyse der Weltwirtschaftskrise und ihrer Folgen durch
die KPD und KI. Kommunistische Imperialismustheorie zwischen
1928 und 1933. Dissertation B. Leipzig 1989.
9   Klaus Kinner: Fanal und Trauma. Die KPD und die Russische
Revolution – Zehn Jahre danach. In: Die Russische Revolution 1917.
Wegweiser oder Sackgasse? Hrsg., eingl., kommentiert und übersetzt
von Wladislaw Hedeler, Horst Schützler, Sonja Striegnitz. Berlin
1997. S. 137-155.
Ders.: »Die verlorene Zukunft«. Skizzen zu einer Geschichte des
deutschen Kommunismus. In: Diskurs. Streitschriften zu Geschichte
und Politik des Sozialismus. Heft 3. Rosa-Luxemburg-Stiftung Sachsen e. V. Leipzig 1998.

fasser dankt Prof. Kurt Finker für die Überlassung unveröffentlichter Manuskripte zur Geschichte der KPD.[10]

Neben den Standardwerken der westlichen Forschungen, insbesondere denen von Ossip K. Flechtheim,[11] Hermann Weber[12] und Heinrich August Winkler[13], muß von den neueren Arbeiten besonders auf Klaus-Michael Mallmanns[14] Sozialgeschichte und Eric D. Weitz[15] bemerkenswerten Gesamtentwurf einer Geschichte des deutschen Kommunismus verwiesen werden.[16]

---

10   Kurt Finker: Zwischen Arbeiterpolitik und Revolutionserwartung (1929-1933).
Ders.: Die KPD in den Jahren 1933-1935.
Ders.: Für Einheitsfront und Volksfront. Die KPD 1935-1939.
11   Ossip K. Flechtheim: Die KPD in der Weimarer Republik. 2. Aufl. Hamburg 1986.
12   Hermann Weber: Die Wandlung des deutschen Kommunismus. Die Stalinisierung der KPD in der Weimarer Republik. 2 Bde. Frankfurt a. M. 1969.
Karl Dietrich Bracher (Hrsg.): Die Generallinie. Rundschreiben des Zentralkomitees der KPD an die Bezirke 1929-1933. Eingel. Von Hermann Weber. Bearb. von Hermann Weber unter Mitwirkung von Johann Wachtler. Düsseldorf 1981 (Quellen zur Geschichte des Parlamentarismus und der politischen Parteien: Reihe 3. Die Weimarer Republik. Bd.6).
13   Heinrich August Winkler: Von der Revolution zur Stabilisierung. Arbeiter und Arbeiterbewegung in der Weimarer Republik 1918 bis 1924. 2. Aufl. Berlin/Bonn 1985.
Ders.: Der Schein der Normalität. Arbeiter und Arbeiterbewegung in der Weimarer Republik 1924 bis 1930. 2. Aufl. Berlin/Bonn 1988.
Ders.: Der Weg in die Katastrophe. Arbeiter und Arbeiterbewegung in der Weimarer Republik 1930 bis 1933. Berlin/Bonn 1987.
14   Klaus Michael-Mallmann: Kommunisten in der Weimarer Republik.
15   Eric D. Weitz: Creating German Communism, 1890-1990. From Popular Protest to Socialist State. Princeton 1997.
16   Siehe zu Mallmann und Weitz Sigrid Koch-Baumgarten: Eine Wende in der Geschichtsschreibung zur KPD in der Weimarer Republik? In: Internationale Wissenschaftliche Korrespondenz zur Geschichte der deutschen Arbeiterbewegung. Berlin (1998)1. S. 82-89 sowie Till Kössler: Utopie und Realpolitik. Neuerscheinungen zum Kommunismus und Sozialismus in Deutschland. In: Mitteilungsblatt des Instituts zur Erforschung der europäischen Arbeiterbewegung (IGA). Bochum (1999) 22. S. 205-215.

Die Arbeit stützt sich auf eine Vielfalt von zeitgenössischen gedruckten Quellen sowie insbesondere auf das Historische Archiv der KPD und das Komintern-Archiv. Für die Bereitstellung der Archivalien dankt der Verfasser der Stiftung Archiv Parteien und Massenorganisationen der DDR beim Bundesarchiv und dem Russischen Zentrum zur Aufbewahrung und Erforschung von Dokumenten der neuesten Geschichte.

Schließlich bleibt, der Historischen Kommission beim Parteivorstand der PDS zu danken, die dieses Projekt ermöglichte.

KAPITEL I

Revolution und heroische Illusion

Der deutsche Kommunismus in der Revolution 1918/19 und der nachrevolutionären Krise 1919 bis 1923

»Wenn unser Leben dazu ausreicht, es dahin zu bringen!«

Das konstitutive Selbstverständnis des deutschen Parteikommunismus

Die »Revolution versteht ihre Werke mit ungeheurer Geschwindigkeit zu vollziehen. Ich übernehme es nicht, zu prophezeien, wie viel Zeit dieser Prozeß braucht. Wer rechnet von uns, wen kümmert das, wenn nur unser Leben dazu ausreicht, es dahin zu bringen!«[1] rief Rosa Luxemburg den Delegierten des Gründungsparteitages der KPD zu, die sich am 30. Dezember 1918 im Festsaal des Preußischen Abgeordnetenhauses versammelt hatten. Es war wohl für alle unstrittig, daß ihr »Leben dazu ausreicht«, das bestehende System zu stürzen und den »deutschen Oktober« zu erzwingen. Es war dies das konstitutive Selbstverständnis des deutschen Kommunismus, der sich im Gefolge der Russischen Revolution herausbildete. Dabei war der eigentliche Geburtsakt der Partei nicht die Russische Revolution, sondern – wie Ernst Meyer, die Delegierten begrüßend, formulierte – der erste Kriegstag.[2] Historisch in der sozialistischen Arbeiterbewegung der Vorkriegszeit wurzelnd, war der deutsche Kommunismus äußerster Exponent einer allgemeinen revolutionären Strömung in der europäischen Arbeiterbewegung, die durch den Ersten Weltkrieg ungeheuer verstärkt wurde.

---

1   Bericht über den Gründungsparteitag der Kommunistischen Partei Deutschlands (Spartakusbund) vom 30. Dezember 1918 bis 1. Januar 1919. Hrsg. Von der Zentrale der KPD. O. O. [Berlin] o. J. [1919]. S. 42.
2   Siehe ebenda. S. 3.

Gegründet im zweiten Jahr der Russischen Revolution und zu Beginn der absteigenden Phase der deutschen Revolution, an der sie nur marginalen Anteil hatte, stand die KPD, standen die deutschen Kommunisten objektiv vor einem Dilemma.

Die als Weltrevolution begonnene Russische Revolution brachte – allein gelassen – je länger desto mehr »ihre Art erbarmungslosen, brutalen Kommandosozialismus« hervor.[3]

Rosa Luxemburg hatte in ihrer ahnungsvollen Gefängnisschrift bereits 1918 diese Gefahren signalisiert. Subjektiv konnten und mußten die deutschen Kommunisten diese Entwicklung nur begreifen als Aufforderung zum Weitertreiben der revolutionären Prozesse im eigenen Land. In ihrer Wahrnehmung der Realität, in ihrem Selbstverständnis erschien die Realisierung dieser selbstgestellten Aufgabe durchaus nicht als utopisch. Jedoch waren die Voraussetzungen und Bedingungen für das Weitertreiben der Revolution im Deutschland des Jahres 1919 grundlegend andere als im Rußland des Jahres 1917. Die entscheidenden Hebel zur Revolutionierung der Massen, die die Bolschewiki ansetzen konnten, die Friedenssehnsucht und der Landhunger der Bauern, entfielen in Deutschland in der Anfangsphase der Revolution oder waren vergleichbar nicht existent. Die Bauernschaft war mehrheitlich eher konservativ gestimmt. Der politisierte Teil der deutschen Arbeiterklasse war trotz der enttäuschenden Kriegserfahrungen in seiner großen Mehrheit sozialdemokratisch orientiert.

Die Spaltung der Sozialdemokratie in Mehrheitssozialisten (SPD) und Unabhängige (USPD), denen zunächst der Spartakusbund zugehörte, führte in der Revolution zu einer Zersplitterung der Kräfte der Arbeiterbewegung, die wohl unvermeidlich war. Die extreme Polarisierung der deutschen Arbeiterbewegung im Verlauf und Ergebnis der Revolution erwies sich jedoch als schwere Hypothek auf die Zukunft. Dazu trug bei, daß in der Sozialdemokratie jene Kräfte dominierten, die – im Unterschied etwa zur österreichischen Sozi-

---

3   Eric Hobsbawm: Das Zeitalter der Extreme. S. 616.

aldemokratie – auf den Machterhalt und aus – überdies übertriebener – Revolutionsfurcht auf den Kompromiß mit den alten Eliten des Kaiserreichs setzten. Nicht zuletzt deshalb – aber nicht ausschließlich deswegen – vermochten auf dem linken Flügel der deutschen Arbeiterbewegung weit über den Spartakusbund hinaus die Kräfte an Einfluß zu gewinnen, die nicht auf das Vorantreiben der Weimarer Demokratie, sondern auf ihre Beseitigung drängten. Dabei waren die ungleichen, verfeindeten Brüder in einem zentralen Punkt einander so unähnlich nicht. Beide setzten auf einen Geschichtsdeterminismus, der tief in der Geschichte des sozialistischen Denkens der deutschen Arbeiterbewegung des 19. Jahrhunderts wurzelte. Für die durchaus sich der marxistischen Denktradition verpflichtet fühlenden reformistischen Pragmatiker in der SPD-Führung war die Installation bürgerlich-parlamentarischer Herrschaftsformen – ob in Gestalt der konstitutionellen Monarchie oder der Republik – der entscheidende Schritt. Bei Wahrung von Kontinuität und demokratischer Legitimation war nach ihrem deterministischen Denken der Sozialismus nur eine Frage der Zeit. Gefahren für die demokratischen Errungenschaften sahen sie vor allem von links. Hierin gründete ihre Bereitschaft des Zusammengehens selbst mit Teilen der Reaktion. Die herkömmliche Verratsthese greift als Erklärungsmuster für dieses Verhalten zu kurz.

Der äußerste linke Flügel der deutschen Arbeiterbewegung wurde dagegen von der Überzeugung dominiert, daß die Zeit der bürgerlich-parlamentarischen Republik vorbei sei, daß diese eher eine Auffangbastion für die Konterrevolution und die Errichtung der Rätemacht die einzige Alternative sei. Der Kapitalismus war nach Überzeugung der radikalen Linken in seine Endkrise eingetreten.[4] Der deutsche Kommunismus war aber während der Revolution 1918/19 noch in seiner Konstituierung und verfügte über keine Massenbasis. Er war zudem in sich heterogen. Der Spartakusbund, der in der Tradition des linken Flügels der Sozialde-

4   Siehe Peter Haferstroh: Marxistische Imperialismusauffassungen in der deutschen Sozialdemokratie.

mokratie stand, vermochte sich – wie der Gründungsparteitag zeigte – in wesentlichen Fragen nicht gegen anarchistische, syndikalistische oder nur diffus radikalistische Strömungen durchzusetzen. Die Gruppe der Internationalen Kommunisten um Johann Knief stand bereits über Karl Radek seit einigen Monaten mit den Bolschewiki in Verbindung.

Bei Differenzen im einzelnen war allen Gruppierungen ein radikal-utopischer Zug eigen, der – wie Revolutionen zu-rückliegender Jahrhunderte zeigen – ein durchaus wirksames Ferment zum Vorantreiben der Revolution sein kann.

In den Kämpfen des Januars 1919 vermochte es die KPD jedoch noch nicht, als gestaltende Kraft wirksam zu werden. Als Teile der Berliner Arbeiterschaft unter dem Einfluß der Revolutionären Obleute, im wesentlichen wohl aber führerlos und spontan, sich erhoben, vermochte die soeben gegründete Partei es nicht, steuernd einzugreifen. Die Provokation der Konterrevolution ging auf. Rosa Luxemburg und Karl Lieb-knecht wurden ihre Opfer.

Romain Rollands Wort vom »unüberwindlichen Strom zwischen den sozialistischen Renegaten und dem Proletari-at«, der das Blut Karl Liebknechts und Rosa Luxemburgs bilde,[5] spiegelt ungeachtet seines Wahrheitsgehaltes das Empfinden und den Zeitgeist nicht nur linker Intellektueller während dieses Epochenumbruchs wider.

Mit der Niederschlagung des Januaraufstandes und den Wahlen zur Nationalversammlung waren jedoch die Weichen hin zum Ausbau der bürgerlich-parlamentarischen Republik gestellt.[6]

---

5   Romain Rolland: Das Gewissen Europas. Tagebuch der Kriegsjahre 1914-1919. Bd. III: März 1917 bis Juni 1919. Berlin 1974. S. 761 f.
6   Der Verfasser hat diesen Standpunkt in einem Artikel in der Zei-tung »Neues Deutschland« (Berlin) vom 17./18. Oktober 1998 vertreten. In einem Leserbrief nahm Peter von Oertzen kritisch dazu Stellung. Wenngleich der Verf. meint, daß von Oertzen die Möglichkeiten der Betriebsrätebewegung im Frühjahr 1919 überschätzt, hält er dennoch diesen Ansatz für so produktiv, daß er sich entschlossen hat, ihn mit Zustimmung des Autors in diese Darstellung aufzunehmen.

Peter von Oertzen
Die Betriebsräte- und Sozialisierungsbewegung

Mit großer Anteilnahme und weitgehender Zustimmung habe ich die Artikelserie von Klaus Kinner »80 Jahre KPD« im ND gelesen. Nur an einer Stelle muß ich dem Kollegen Kinner widersprechen. In seinem zweiten Artikel (ND 17./18.10.) schreibt er: »Mit der Niederschlagung des Januaraufstandes und den Wahlen zur Nationalversammlung waren [...] die Weichen auf den Ausbau der bürgerlich-parlamentarischen Republik gestellt.« Die danach immer wieder aufflammenden Bewegungen seien »Nachhutgefechte der Revolution« gewesen. Diese Auffassung ist weit verbreitet – bei bürgerlich oder sozialdemokratisch, sozialistisch oder kommunistisch orientierten Historikern. Trotzdem ist sie falsch. Und zwar in zweierlei Hinsicht.

Erstens: Sie unterstellt eine ausschließliche Alternative zwischen bürgerlich-kapitalistischer Republik und sozialistischer Revolution, wobei letztere meist am Beispiel der russischen Oktoberrevolution gemessen wird. Zwischen »bürgerlicher« parlamentarischer Demokratie und »proletarischer sozialistischer« Revolution waren (und sind) jedoch Zwischenformen und Übergangsstadien denkbar. Große Teile der sozialen Bewegungen im Frühjahr 1919 waren von solchen Vorstellungen beherrscht.

Zweitens: Die genannte Auffassung verkennt, daß es sich bei den sozialen Unruhen zwischen Januar und April 1919 um eine eigenständige Bewegung gehandelt hat, die durchaus nicht nur auf die bürgerliche Republik, sondern auf gesellschaftliche Veränderungen abzielte, die also »revolutionär« genannt zu werden verdient. Sie verfügte über ein klares Programm, eine durchdachte politische Strategie und sogar in Ansätzen über eine lose organisierte Führung. Erst zwischen März und Mai 1919 wurde diese Bewegung – z. T. sehr blutig – niedergeschlagen. Was danach noch folgte, waren in der Tat »Nachhutgefechte«.

Die dramatischen politischen Ereignisse Dezember 1918 und Januar 1919 in der Reichshauptstadt Berlin sind bekannt: Der Austritt der USPD aus der Revolutionsregierung des »Rats der Volksbeauftragten«, der unsinnige »Januarputsch« gegen den Willen von Rosa Luxemburg und der wichtigsten revolutionären Berliner Arbeiterführer (z. B. Ernst Däumig und Richard Müller), schließlich die Ermordung von Liebknecht, Luxemburg und (etwas später) Jogiches. Noch davor, im Dezember 1918, hatte der Reichsrätekongreß den Beschluß zur Wahl der Nationalversammlung gefaßt, gegen eine relativ schwache linke Minderheit. Übersehen wird dabei aber häufig, daß der Rätekongreß daneben auch zwei »revolutionäre« Forderungen erhoben hatte. Demokratische Kontrolle der bewaffneten Streitkräfte durch die Soldatenräte und »unverzüglicher« Beginn »der Sozialisierung aller hierfür reifen Industrien, insbesondere des Bergbaus«. Beide Beschlüsse wurden gegen den Willen der Regierung Ebert-Scheidemann und der SPD-Führung gefaßt. Dieser Umstand spiegelt bereits wider, wie sich die politische Stimmung in Deutschland innerhalb der Arbeiter- und Volksbewegung seit dem 9. November verändert hatte. Nicht nur die politischen Konflikte mit der konservativen Haltung der SPD-Führung, sondern auch und vor allem ökonomische und soziale Auseinandersetzungen waren Ursachen einer fortschreitenden Radikalisierung unter den Arbeitern und den Angestellten.

Ab Dezember wurden in wachsender Zahl anstelle der alten einflußlosen Arbeiterausschüsse neben den politischen Arbeiterräten auch betriebliche Arbeiterräte gewählt. Diese und ihre regionalen Zusammenschlüsse (z. B. Bezirksarbeiterräte) begannen wirtschaftliche und soziale Aufgaben wahrzunehmen, die bisher ausschließlich den Gewerkschaften vorbehalten gewesen waren, vor allem die Arbeitervertretung im Betrieb. Darüber hinaus wollten diese neuen Arbeiter- und Betriebsräte – vor allem nach den Beschlüssen des Reichsrätekongresses vom Dezember – auch bei der Sozialisierung mitwirken, so im Bergbau.

Ab 13. Januar 1919 beschloß in Essen, mitten im Zentrum des deutschen Steinkohlebergbaus, eine Vollversammlung der Arbeiterräte des ganzen westlichen Industriereviers die sofortige Sozialisierung des Bergbaus. Zu diesem Zweck setzte sie eine Art Aktionskomitee ein, die sogenannte Neunerkommission, die paritätisch aus je drei Arbeiterräten der SPD, USPD und KPD zusammengesetzt war. In Mitteldeutschland bestand für den Bezirk Halle-Merseburg bereits ein Bezirks-Arbeiterrat unter der politischen Führung des regionalen USPD-Vorsitzenden Wilhelm Koenen. Und im Raum Großberlin (damals noch die wichtigste Wirtschaftsregion Deutschlands) wirkte seit November 1918 der »Vollzugsrat« der Arbeiter- und Soldatenräte unter der Führung des linken USPD-Gewerkschaftsfunktionärs Richard Müller. In diesen Wochen wurden von Arbeitern und Angestellten selbst (im Zusammenwirken mit einigen Intellektuellen) die ersten Grundsätze einer betrieblichen Mitbestimmung erarbeitet. Auch erste Sozialisierungspläne entstanden.

Gleichzeitig bildete sich der Kern einer linken politischen Führung für die anschwellende soziale Bewegung heraus, gruppiert um einige linke USPD-Abgeordnete in der Nationalversammlung und um die linken Mitglieder des Berliner »Vollzugsrates«. Über sympathisierende Bezirks- und Lokalorganisationen der USPD (die KPD war in dieser Zeit desorganisiert und praktisch aktionsunfähig) wurden Kontakte auch zu anderen Brennpunkten der sozialen Unruhe – vor allem in Thüringen und Sachsen und den süddeutschen Großstädten – hergestellt. Die Einschätzung der strategischen Situation war realistisch: »Wir mußten uns nüchtern sagen:

Jetzt ist die Nationalversammlung zusammengetreten [...] Die große Masse der Bevölkerung denkt, jetzt ist alles entschieden.« Der Sturz der Regierung Ebert-Scheidemann stand unter diesen Umständen nicht (mehr) auf der Tagesordnung. »Aber daß wir sie einkesseln (Regierung und Nationalversammlung saßen in Weimar) und zwingen könnten, nachzugeben, den Gedanken haben wir nicht aufgegeben«, so erinnert sich Wilhelm Koenen in einem langen Gespräch, daß ich im Sommer 1958 mit ihm geführt habe (K. war damals 72 Jahre alt und Mitglied des ZK der SED). Das Programm dieses Vorstoßes war das Programm sehr vieler aktiver Arbeiterräte und Gewerkschaftler damals:

– Sozialisierung des Bergbaus und der großen elektrischen Kraftwerke;

– gleichberechtigte Mitbestimmung in den Betrieben und in der gesamten Wirtschaft durch freigewählte Betriebsräte;

– Entwaffnung der konterrevolutionären Freikorps (und in der Konsequenz Schaffung einer zuverlässigen Republikanischen Truppe);

– Demokratisierung der Verwaltung in Kommunen und Ländern.

Diese Forderungen sollten in der letzten Februarwoche 1919 durch eine große Streikbewegung in den wichtigsten Industrieregionen Deutschlands vorgetragen werden. Sie sollte im Ruhrgebiet beginnen, auf Mitteldeutschland (sowie auf Thüringen und Sachsen) übergreifen und in einem allgemeinen Streik in Berlin ihren Höhepunkt finden. Gleichzeitig sollte die im Grundsatz ohnedies geplante Einberufung eines zweiten Reichsrätekongresses für Anfang März betrieben werden. Die Initiatoren durften hoffen, daß nach einer Bewegung, die einem nationalen Generalstreik nahekam, und angesichts der zunehmenden Unzufriedenheit unter den Arbeitermassen der Rätekongreß (auch bei einer möglichen SPD-Mehrheit) die Forderungen der Streikenden akzeptieren würde. Die Regierung in Weimar (mitten im Streikgebiet) wäre zwar nicht gestürzt worden, aber »eingekesselt«. Und da auch die Arbeitnehmerbasis der SPD (teilweise sogar des Zentrums und der Demokratischen Partei) weitgehend hinter dem Programm der Streikbewegung stand, hätte die Mehrheit der Nationalversammlung unter Umständen nachgeben müssen.

Dieses ebenso phantasievolle wie wirklichkeitsnahe Projekt scheiterte jedoch am hinhaltenden Widerstand der sozialdemokratischen Partei- und Gewerkschaftsführer und an den organisatorischen Unzulänglichkeiten der Bewegung: Ein Alleingang ultralinker Arbeitergruppen im Westen lieferte der SPD den Vorwand, die Bewegung zu spalten. In Mitteldeutschland lief alles nach Plan. Aber in Berlin kam der Streikbeschluß erst verspätet zustande: Die von Noske durch seinen berüchtigten »Schießbefehl« aufgeputschten Reichswehrtruppen richteten unter den Arbeitern ein Blutbad an; mehr als 1000 Menschen starben. Als Anfang April im Westen doch ein einheitlicher Streikbeschluß zustande kam, beteiligte sich die Ruhrarbeiterschaft fast geschlossen. Aber nun war es zu spät. Nach vier Wochen mußten die Streikenden aufgeben. Was danach an Bewegungen folgte, waren in der Tat nur noch »Nachhutgefechte«.

Der Phantasie des historischen Betrachters bleibt es überlassen, sich auszumalen, ob und in welcher Hinsicht ein Sieg der Arbeiterbewegung bei diesem Vorstoß die entstehende Republik verändert haben würde:
– das Kernstück der deutschen Schwerindustrie, der Bergbau, dem großen Kapital entzogen,
– durch ein wirkliches Kontroll- und Mitbestimmungsrecht der Betriebsräte ganz allgemein die Unternehmermacht beschränkt,
– die Arbeiterbewegung zwar politisch gespalten, aber durch die Erfahrung eines gemeinsam errungenen Sieges doch wieder näher zusammengerückt,
– die alte Militärkaste ihres Einflusses beraubt und
– in den östlichen Provinzen Preußens in der Folge vielleicht sogar die Großgrundbesitzerklasse politisch-sozial entmachtet.

Das Kräfteverhältnis der Klassen wäre zugunsten der arbeitenden Menschen verschoben gewesen. Es wäre nicht die sozialistische Republik gewesen, die Liebknecht am 9. November 1918 beschworen hatte, aber doch eine sozialere als die Wirklichkeit gewordene »Weimarer Republik«. Und zwei weiterreichende Fragen dürfen in diesem Zusammenhang vielleicht ganz behutsam berührt werden. Hätte eine solche »soziale Republik« unter Umständen der isolierten Sowjetunion wirtschaftliche Hilfe geben und ihr Abgleiten in den Stalinismus bremsen können? Und vor allem: Hätte Hitler in einer solchen Republik ebenso an die Macht gelangen können wie in der Weimarer? Die Hauptverantwortung dafür, daß diese Möglichkeiten einer solchen »anderen Republik« nicht ergriffen wurden, trägt die Führung der Sozialdemokratie, tragen Ebert, Scheidemann und viele andere. Mit dem Aburteil »Verrat« ist zurückhaltend umzugehen. Aber ein politisches Versagen der Sozialdemokratie – gemessen an ihren Traditionen und Idealen – war es ohne Zweifel. Der KPD läßt sich die Verantwortung schon allein deshalb nicht zuweisen, weil sie in diesen Monaten praktisch nicht existierte. Die USPD hat getan, was sie vermochte – es war im Ergebnis nicht genug.[7]

---

7   Peter von Oertzen: Die Betriebsräte- und Sozialisierungsbewegung. Die SPD hat versagt, die KPD praktisch nicht existiert. In: »Neues Deutschland«. Berlin vom 12./13. Dezember 1998. S. 13.

Die ungeliebte Republik

Die deutschen Kommunisten und die Entstehung
der Weimarer Republik

Die Geburt der ersten deutschen Republik vollzog sich inmitten schwerer politischer und sozialer Erschütterungen. Bis in das Frühjahr des Jahres 1919 erfaßten immer wieder aufflammende Auseinandersetzungen das Land.

Die Entstehung der Weimarer Demokratie blieb jedoch mit dem Makel behaftet, aus einer Mesalliance von rechter Mehrheitssozialdemokratie und alten Eliten hervorgegangen zu sein. Die Weimarer Republik gründete sich auf die Zerschlagung der radikalen Linken nicht nur in den Januarkämpfen in Berlin, sondern auch der Bremer und der Münchner Räterepubliken mit Hilfe der Gegner der entstehenden Republik. Das erschwerte es der kommunistischen Arbeiterbewegung unsäglich, das Ergebnis der deutschen Revolution von 1918/19 als das anzunehmen, was es war: ein bedeutender Sieg der Arbeiterbewegung, ein enormer Modernisierungsschub in der deutschen Gesellschaft.

Es überforderte kommunistisches Selbstverständnis, die Weimarer Verfassung angesichts der sich mit der Staatsmacht arrangierenden Konterrevolution als bedeutenden Fortschritt zu begreifen. Zudem ließ auch die internationale Situation den Schluß zu, daß mehr möglich war, als diese halbherzige Revolution.

In Sowjetrußland behaupteten sich die Bolschewiki, in

Ungarn existierte eine Rätemacht. Das kapitalistische System taumelte zumindest in den Staaten der Weltkriegsverlierer von einer Krise in die andere. Die Forderung nach dem ganz anderen erschien als realistisch. Und sie erschien angesichts des schweren Überlebenskampfes der Russischen Revolution als absolutes Muß für jeden Revolutionär. Nur die Wege und Methoden waren strittig.

Rosa Luxemburgs zögernde Politik, die orientiert war auf die Mitnahme größerer Teile der organisierten Arbeiterschaft in eine neue Partei, die sie auch lieber »Sozialistische Partei« genannt hätte, ihr bremsender Kurs bei der Gründung der Kommunistischen Internationale, der die Loslösung des linken Flügels in der II ½. Internationale abwarten wollte, um mit ihm gemeinsam ein Gegengewicht gegen die Bolschewiki in der neuzugründenden III. Internationale zu haben, stieß auf die Ungeduld und Überschätzung der revolutionären Möglichkeiten in den eigenen Reihen und die zunehmend verzweifelte Hoffnung Lenins und seiner Mitstreiter auf Entsatz aus dem Westen.

Die Märzkämpfe in Berlin, der mitteldeutsche Generalstreik, die Münchener Räterepublik schienen diesen Hoffnungen auf einen neuen revolutionären Aufschwung Nahrung zu geben. Dennoch kam Paul Levi bereits im Sommer 1919 zu der realistischen Einschätzung, daß »die Epoche, die am 9. November eingesetzt hat«, zu Ende sei.[8] Folgerichtig orientierte Levi, der als engster Vertrauter Rosa Luxemburgs als ihr Testamentsvollstrecker gelten kann, auf den Aufbau einer dem Wesen nach linkssozialistischen Massenpartei, die nur unter Gewinnung zumindest wesentlicher Teile der USPD zu schaffen war. Dieser Kurs erforderte gleichzeitig die Abgrenzung von revolutionaristischen Kräften, die die KPD in die Isolierung zu treiben drohten. Die Auseinandersetzung mit der Opposition, die mit dem nicht unproblematischen Ausschluß eines ganzen Flügels der Partei und der Bildung der KAPD endete, machte den Weg frei für den von

---

8   Zit. nach Heinrich August Winkler: Von der Revolution zur Stabilisierung. S. 262.

Levi betriebenen Zusammenschluß mit der USPD. Deren Teilnahme am II. Weltkongreß der Komintern im Juli/August 1920 setzte ein Zeichen für die Möglichkeit des Zusammengehens.

Die politische Großwetterlage begann sich in dieser Zeit jedoch erneut zu ändern.

Hatte Lenin Levi grundsätzlich in dessen Kampf gegen den Linksradikalismus unterstützt – seine Schrift gegen diese Strömung war soeben erschienen – so traten im Sommer/Herbst 1920 neue Peripetien mit dem sowjetrussisch-polnischen Krieg in den Vordergrund. Der Vorstoß der Roten Armee tief in polnisches Territorium verleitete die Führung der RKP(B) dazu, »mit dem Bajonett [zu] erkunden […], ob die soziale Revolution des Proletariats in Polen herangereift ist«.[9] Als Lenin dies in einer internen, erst jüngst veröffentlichten Rede auf der IX. Parteikonferenz der RKP(B) im September 1920 sagte, war dieser Versuch, die Revolution mit militärischen Mitteln über die Grenzen Sowjetrußlands zu tragen, bereits gescheitert.

Die Entscheidung zu diesem Schritt – so Lenin – fiel während der Tagungszeit des II. Weltkongresses. Die Anwesenheit solcher »Elemente« wie der deutschen Unabhängigen ermöglichte es nicht, diese Frage auf dem Kominternkongreß aufzuwerfen. »Hinauswerfen konnte man sie zu dieser Zeit nicht. Man mußte der kommunistischen Weltpartei zeigen, daß wir sie nicht in unseren Reihen lassen wollen [...] Daher wurde diese Frage auf dem Kongreß bewußt nicht berührt.«[10] Der Anspruch der Partei der Avantgarde, der Partei, die die Weltrevolution »macht« und die dazu die »kommunistische Weltpartei« benötigt, war nicht zu überhören. »Die ›Rote Fahne‹« – so Lenin weiter – »und viele andere können nicht einmal den Gedanken zulassen, daß wir mit unseren Händen die Sowjetisierung Polens unterstützen. Diese Leute halten

---

9   »Ich bitte Sie, weniger aufzuschreiben: Das darf nicht in die Presse gelangen.« (Reden W. I. Lenins auf der IX. Konferenz der RKP(B) am 22. September 1920. In: Beiträge zur Geschichte der Arbeiterbewegung. Berlin 39(1997)3. S. 47.

10   Ebenda. S. 47/48.

sich für Kommunisten, aber einige von ihnen sind Nationalisten und Pazifisten geblieben.«[11]

Dieses Partei- und Revolutionskonzept war in der Tat nur bedingt kompatibel mit dem aus dem Spartakusbund und der Schule Rosa Luxemburgs hervorgegangenen. Die 21 Bedingungen für die Aufnahme in die Komintern zurrten dann auch die Merkmale der Partei neuen Typs als Aufnahmekriterien fest und die Statuten verpflichteten die Sektionen der Weltpartei auf den demokratischen Zentralismus, d. h. einen Zentralismus, der dem »Generalstab der Weltrevolution« weitestgehende Eingriffsmöglichkeiten in die Angelegenheiten der nationalen Sektionen bot.

Der Kurs der Komintern auf Loslösung der »revolutionären Kräfte« von den Führern der zentristischen Parteien verfolgte stringent das Konzept der Weltrevolution, das nur von Avantgardeparteien zu realisieren war. Damit war der Konflikt mit der »Levi-Zentrale« vorprogrammiert. Dieser Konflikt war jedoch nicht gekennzeichnet durch die Linie hier KPD da Komintern, sondern er durchzog gleichermaßen beide Gliederungen. Zunächst wurde er verdeckt durch die Zustimmung des linken Flügels der USPD zu den Beschlüssen des II. Weltkongresses. Bis zum Ende des Jahres 1920 gelang es, den Prozeß der Lostrennung des linken Flügels der USPD so voranzutreiben, daß etwa ein Drittel der Mitglieder der USPD mit der KPD zur Vereinigten Kommunistischen Partei Deutschlands (VKPD) fusionierten. Damit war eine kommunistische Massenpartei in Deutschland entstanden, die auch international großes Gewicht besaß. War sie doch mit weitem Abstand die weltweit stärkste kommunistische Partei außerhalb Sowjetrußlands.

Mit der Politik des »Offenen Briefes« an die Gewerkschaften und Arbeiterparteien vom 8. Januar 1921, die realistische Angebote zum gemeinsamen Vorgehen gegen die Kapitaloffensive unterbreitete, ging die soeben konstituierte VKPD einen wichtigen Schritt in die Richtung einer an den Tagesaufgaben und Tagesnöten der Werktätigen orientierten

---

11 Ebenda. S. 48.

Politik, die gleichzeitig ihren revolutionären, antikapitalistischen Anspruch nicht preisgab. Obwohl Lenin diese Politik nachdrücklich unterstützte, blieb sie in der Komintern wie in der KPD umstritten. Besonders in der Berliner Organisation der VKPD formierte sich eine linke Opposition um Ruth Fischer und Arcady Maslow. In der Komintern frondierten Grigori Sinowjew und Nikolai Bucharin gegen Levi. Karl Radek, mit Paul Levi eins in der Einheitsfrontpolitik, mißtraute dennoch dem »Luxemburgschen« Politikansatz Levis.

Im Frühjahr 1921 kam dieser Gegensatz zwischen dem bolschewistisch-avantgardistischen Revolutions- und Parteikonzept und dem linkssozialistisch-demokratischen Politikverständnis Levis zum Austrag.

Ermutigt durch die sprunghaft gewachsene Stärke der VKPD wurde eine Politik entwickelt, die ganz im Stile des Avantgardismus die Offensive suchte und in Verkennung der Kräfteverhältnisse in den Märzkämpfen einer gezielten Provokation der Reaktion in die Falle ging. Paul Levi lief gegen diese Politik mit seiner Broschüre »Unser Weg. Wider den Putschismus« Sturm. Kurz zuvor hatte sich der Gegensatz zwischen der Führung des EKKI und Levi bereits anläßlich der italienischen Parteispaltung zugespitzt. Es ging im Kern wiederum um die Frage nach Wesen und Funktion der Partei. Levi und mit ihm u. a. Clara Zetkin lehnten den Kurs der Komintern auf eine kleine, reine italienische Partei, die sich von der linken Mehrheit der Sozialisten trennte, ab. Auf Weisung der Komintern-Führung wurde ohne Not die Chance preisgegeben, die Mehrheit der italienischen Sozialisten für die Komintern zu gewinnen.

Auf der Zentralausschußtagung der VKPD Ende Februar 1921 griff Paul Levi diese Linie der Komintern in der italienischen und deutschen Frage scharf an. Seine Option war die konsequente Fortsetzung des Kurses des »Offenen Briefes« vom 8. Januar 1921 mit dem Ziel, eine möglichst breite linkssozialistische Strömung in der deutschen wie internationalen Arbeiterbewegung unter dem Dach der Komintern zusammenzuführen. Das stand in der Tat der Politik, wie sie in den 21 Aufnahmebedingungen des II. Weltkongresses Niederschlag gefunden hatte, diametral entgegen.

Im letzten Wort der DDR-Geschichtsschreibung, dem nicht mehr erschienenen Band 2 der Geschichte der SED, hieß es denn auch folgerichtig: Paul Levi »polemisierte gegen die Aufnahmebedingungen und warf der Komintern Unverständnis für westeuropäische Fragen vor. Seine Polemik gegen die Kommunistische Internationale und gegen Grunderkenntnisse des Leninismus lief darauf hinaus, die im Kampf gegen den Opportunismus errungenen Fortschritte der Partei, ja ihre politische und ideologische Selbständigkeit in Frage zu stellen.«[12] Tatsächlich stand der Versuch einer linkssozialistisch intendierten Realpolitik im Kapitalismus, mit dem Ziel diesen zu überwinden, einer Politik gegenüber, die fundamentalistisch am Konzept der Weltrevolution und dem Glauben von der Machbarkeit dieser Revolution festhielt. Dieser Widerspruch reproduzierte sich in der Geschichte des Parteikommunismus des Komintern-Typs bis zu seinem Ende immer wieder. Die Niederlage Paul Levis und seiner Parteigänger in der Zentralausschußtagung, die mit 28 gegen 23 Stimmen die Haltung der Komintern billigte, war folgenschwer. Sie führte zum Rücktritt von Levi und des Covorsitzenden Ernst Däumig sowie von Otto Brass, Adolph Hoffmann und Clara Zetkin. Der im weiteren Verlauf dieser Auseinandersetzung erfolgende Ausschluß Paul Levis und das Ausscheiden führender ehemaliger USPD-Funktionäre reduzierte die geringe Chance, die Komintern offen zu halten für eine breitere Sammlung der Kräfte der Arbeiterbewegung links von der reformistischen Sozialdemokratie vom Typ der MSPD. Das vertiefte die Spaltung der Arbeiterbewegung und führte zu einer Polarisierung, die linkssozialdemokratische Kräfte von der kommunistischen Bewegung abstieß. Die Option für eine einheitliche, demokratische, linkssozialistisch-kommunistische Organisation im

---

12 Geschichte der Sozialistischen Einheitspartei Deutschlands in vier Bänden. Bd. 2: Von 1917 bis 1945. Berlin 1990. S. 180 (Druckvorlage).

nationalen wie im internationalen Maßstab verlor ihre wichtigsten Protagonisten.

Die denkbar knappe Abstimmungsniederlage Levis signalisierte jedoch auch die unsicheren Mehrheitsverhältnisse in der Partei. Zudem vertraten die obsiegenden Kräfte um Heinrich Brandler, Walter Stoecker, August Thalheimer oder Ernst Meyer keine Levi grundsätzlich entgegengesetzten Politikansätze. Die Erfahrungen der Märzkämpfe relativierten die Gegensätze und führten zur Rückbesinnung auf den Kurs des »Offenen Briefes«. Nach einer erneuten Zuspitzung des Konfliktes auf der 4. Zentralausschußtagung im April 1921, in dessen Ergebnis Paul Levi wegen angeblich groben Vertrauensbruchs und schwerer Parteischädigung aus der VKPD ausgeschlossen wurde, brachte erst der III. Weltkongreß der Komintern im Juni/Juli 1921 die erneute Trendwende. Dennoch mußte Lenin das ganze Gewicht seiner Autorität in die Waagschale werfen, um den Widerstand insbesondere der linken Opposition in der VKPD zu überwinden. Nicht unabhängig von der katastrophalen wirtschaftlichen Lage und den innenpolitischen Problemen Sowjetrußlands (Kronstädter Aufstand) drängte alles zu einer Politik der Abkehr von revolutionaristischen Konzepten. Die Weltwirtschaft begann sich erkennbar zu stabilisieren. Sowjetrußland benötigte dringend politische Ruhe im Inneren und ökonomische Hilfe von außen. Für alle die sehen konnten, war das weltrevolutionäre Konzept zumindest vorerst gescheitert.

Die Neue Ökonomische Politik Lenins war Ausfluß dieser Erkenntnis. In diesem Kurs hatten Tendenzen des Putschismus keinen Platz. Die Einladung des internationalen Kapitals, mittels lukrativer Konzessionen der Wirtschaft Sowjetrußlands aufzuhelfen, bedurfte auch der Berechenbarkeit der kommunistischen Parteien in den Heimatländern des Kapitals. Das war allerdings mit dem Selbstverständnis großer Teile der Mitgliedschaft der häufig soeben erst entstandenen kommunistischen Parteien nur schwer vereinbar. Die in sich widersprüchliche Rede Ernst Thälmanns auf dem Kongreß war Ausdruck dieser Stimmung. In Polemik gegen Lenin verteidigte er die Haltung der VKPD zur Märzaktion. Gleichzeitig bekannte er sich entgegen des eigenen Standpunktes »zentralistisch« zu den Beschlüssen des Kongresses.[13]

Die tatsächliche Durchsetzung der Beschlüsse des III. Weltkongresses erbrachte jedoch erst der 7. Parteitag der VKPD im August 1921 in Jena. Der Mechanismus, Beschlüsse der Komintern auch gegen den Willen starker Kräfte in einer so einflußreichen Sektion wie der VKPD durchzusetzen, funktionierte. Was hier im Sinne der Korrektur radikalistischer Positionen unter dem Einfluß Lenins »zentralistisch« möglich war, sollte sich später im entgegengesetzten Sinne reproduzieren. In ihrer Organisationsstruktur kopierte die KPD (der Zusatz »Vereinigte« war auf dem 7. Parteitag gestrichen worden) die RKP(B). Ein Politisches und ein Organisatorisches Büro wurden als Organe der Zentrale im Statut verankert. Mit Ernst Meyer und Hugo Eberlein übernahmen erfahrene und einer Realpolitik zuneigende Politiker die Führung. Die Kurskorrektur des III. Weltkongresses erbrachte dennoch keine Vermittlung zwischen der neuen Zentrale und der Gruppierung um Paul Levi, die sich in einer Kommunistischen Arbeitsgemeinschaft (KAG) organisierte. Wenngleich diese keinen nennenswerten Einfluß in der Arbeiterbewegung erlangen konnte, besaßen ihre Vertreter doch mit 13, zeitweise sogar 15 Abgeordneten die Hälfte bzw. die Mehrheit der kommunistischen Mandate im Reichstag. Das führte dazu, daß die Abgeordneten der KAG Fraktionsstatus gewannen und die KPD-Abgeordneten diesen verloren. Nach dem Ausschluß der linken Opposition, die sich in der KAPD strukturiert hatte, war dies der zweite empfindliche Exodus aus den Reihen der KPD. War der erste die wohl unglücklich und mit zu hohen Kosten vollzogene Voraussetzung für den Zusammenschluß mit dem linken Flügel der USPD, so begann mit dem Ausschluß Levis und seiner Anhänger ein Prozeß der »bolschewistischen Reinigung« im Sinne einer zen-

---

13 Protokoll des III. Kongresses der Kommunistischen Internationale. Moskau. 22. Juni bis 12. Juli 1921. Hamburg 1921. S. 637.

tralistischen Disziplin, die ihren Avantgarde-Anspruch um den Preis des Opfers kreativsten Potentials durchsetzte. Die Tragik bestand darin, daß die Protagonisten dieser radikalen organisatorischen Lösungen in der Regel selbst die Opfer der darauf folgenden wurden.

KAPD wie KAG blieben marginale Erscheinungen in der deutschen Arbeiterbewegung, die – in sich zerklüftet – sich zwischen den beiden großen Parteien zerrieben.

Zwischen Fundamentalopposition und Realpolitik

Die KPD und die Einheitsfrontpolitik 1921/22

Gegen den Widerstand einer starken radikalistischen Opposition gelang es, im Verlaufe des Sommers 1921 die Politik der KPD auf den Boden der Beschlüsse des III. Weltkongresses der Komintern zu stellen.

Der 7. Parteitag in Jena im August war Ausdruck dieses Bemühens. Er orientierte auf eine Einheitsfrontpolitik im Sinne des »Offenen Briefes« vom 8. Januar 1921. Im Oktober 1921 konzentrierte die Zentrale der KPD ihre Vorstellungen. Sie stellte vier Forderungen in den Mittelpunkt ihrer Politik.

Erstens: Die Erfassung der Goldwerte, d. h. die Konfiskation eines Teils der kapitalistischen Vermögen zugunsten des Staates.

Zweitens: Unbedingter Schutz des Achtstundentages und des Streik- und Koalitionsrechtes.

Drittens: Die Entwaffnung und Auflösung aller konterrevolutionären Formationen (Orgesch usw.), Bildung eines Selbstschutzes der arbeitenden Massen.

Viertens: Reinigung der Verwaltung, der Justiz, der Reichswehr, der Schutzpolizei von allen monarchistischen Elementen unter Kontrolle der Arbeiterschaft.

Die KPD griff damit Forderungen auf, die auch in SPD und ADGB erhoben wurden und die an den tatsächlichen Nöten der Bevölkerung anknüpften. Die Dynamik der durchaus noch instabilen Entwicklung trieb die KPD in hohem Tempo voran und forderte ihr Entscheidungen ab, die für die kommunistischen Parteien Wege in unbekanntes Land bahnten.

Seit dem Herbst bildeten sich zuerst in Thüringen und danach in Sachsen Konstellationen heraus, die von der KPD Stellungnahme zur Frage der Tolerierung einer »sozialistischen Regierung«, gebildet aus SPD und USPD, oder – was für viele Kommunisten ein noch stärkerer Tabubruch war – der Regierungsbeteiligung forderten. Die Komintern-Führung unterstützte Überlegungen in der KPD, die Einheitsfrontpolitik um die Zielstellung des Ringens um eine Arbeiterregierung zu erweitern. Von der linken Opposition erbittert bekämpft, erschien diese Politik den ausgeschlossenen »Leviten« nicht zu Unrecht als Chance, ihren eigenen Politikansatz innerhalb der KPD zu realisieren. Im November bot die KAG an, unter bestimmten Voraussetzungen in die KPD zurückzukehren.

Das Exekutivkomitee der Komintern beschloß im Dezember Leitsätze über die Einheitsfront, in denen es bemüht war, die neuen Erfahrungen der Sektionen, im besonderen der KPD, zu verallgemeinern und gleichzeitig die »opportunistische« Auslegung der Einheitsfrontpolitik zu verhindern. In der KPD-Führung spitzten sich gleichzeitig die Auseinandersetzungen über den weiteren Weg der Partei zu.

Im Zusammenhang mit Enthüllungen des »Vorwärts« über putschistische Tendenzen in der KPD-Führung während der Märzkämpfe 1921 forderte eine Gruppe von Funktionären um den Generalsekretär Ernst (Reuter-)Friesland, die schonungslose Aufklärung der Vorwürfe und näherte sich – selbst von linksextremen Positionen kommend – dem Standpunkt der KAG an. Wiederum ging es in der sogenannten Friesland-Krise um die Frage der Eigenständigkeit der KPD gegenüber der Komintern-Führung und um den Anspruch kommunistischer Politik.

Ein Selbstverständnis, das davon ausging, die Auseinandersetzungen seit 1918 seien nur Vorgefechte der entscheidenden Schlachten der Weltrevolution, die vom Vortrupp, der Avantgarde des Proletariats planmäßig durch den Generalstab der Weltrevolution organisiert werden mußte, gab dem Moment der Spontaneität, der Eigendynamik und Selbstorganisation politischer Bewegung wenig Raum. Die Militanz des Konzeptes der Weltrevolution entfaltete seine eigene innere Logik, die Konsequenzen für die Organisation der »Weltpartei« nach sich zog. Ernst (Reuter-)Friesland, der in seiner Biographie die gesamte Spanne von extrem linksradikalistischen Positionen bis zum entschiedenen Antikommunismus durchlaufen sollte, brachte die Auseinandersetzung Ende 1921/Anfang 1922 auf den Punkt:

»Die Partei hat als Vorhut der Arbeiterklasse keine anderen Aufgaben als die gemeinsamen Aufgaben der proletarischen Klasse dem Proletariat zu zeigen [...] Wir müssen aufhören mit dem ewigen Ruf: reinigt, kontrolliert, kritisiert! Bei uns in Deutschland werden die Arbeitermassen nicht auf Kommando eines Zentralkomitees kämpfen, denn sie haben eine lange geschichtliche Schulung und eine lange geschichtliche Vergangenheit [...] Wir haben eine ganze Reihe von Erfahrungen gesammelt, die etwas anderes lehren, als die 21 Bedingungen [...] Wir dürfen nicht zum Sammelbecken werden, in dem der ›reine Kommunismus‹ sich in bessere Zeiten hinüberrettet.«[14]

Dieses Konzept stand der Parteiauffassung der Komintern diametral entgegen.

Es ist aus heutiger Sicht schwer rekonstruierbar, ob der Kurs von Levi und (Reuter-)Friesland eine reale linkssozialistisch-demokratische Alternative zum sozialdemokratischen Reformismus in sich geborgen hätte oder ob das Obsiegen dieser Richtung nur eine Variante der tatsächlichen Entwicklung dieser Strömungen zurück zur Sozialdemokratie gewesen wäre. »Rechte« wie »linke« Kritiker des Kurses von KPD und Komintern vereinte eine häufig scharfsinnige Kri-

---

14 [Protokoll der Beratung des Zentralausschusses der KPD vom 22. und 23. Januar 1922]. In: Stiftung Archiv Parteien und Massenorganisationen der DDR beim Bundesarchiv (im folgenden SAPMO). RY 5/3/1/5. Siehe auch Arnold Reisberg: An den Quellen der Einheitsfrontpolitik. Der Kampf der KPD um die Aktionseinheit in Deutschland 1921 bis 1922. Ein Beitrag zur Erforschung der Hilfe W. I. Lenins und der Komintern für die KPD. Bd. 1. Berlin 1971. S. 283 ff.

tik beginnender oder bereits ausgeprägter Fehlentwicklungen der dominierenden kommunistischen Bewegung. Frühzeitig wurden Tendenzen erkannt, die später in der stalinistischen Phase ihre Ausformung fanden. So wurde bereits in der KAG- und Friesland-Krise die zunehmende finanzielle Abhängigkeit der KPD von der Komintern und damit von Sowjetrußland kritisiert und eine Entkopplung gefordert.

Die politischen Konzepte zur Umsetzung dieser Politik griffen jedoch nicht. Die KPD repräsentierte insgesamt eben doch in beträchtlichem Maße Selbstverständnis und politische Zielvorstellungen eines überwiegenden Teil des radikalen Flügels der deutschen Arbeiterbewegung. Radikalismus bis hin zum Putschismus waren nicht zuvörderst Ergebnis von Weisungen eines Zentralkomitees, sondern Ausfluß von sozialen und mentalen Problemlagen nicht unbeträchtlicher Schichten des Proletariats. Die gesellschaftliche Realität der Weimarer Republik reproduzierte immer wieder durch sozialpolitische Krisen, durch die Dominanz konservativ-reaktionärer öffentlicher Meinungsbildung, durch die damit verbundene Ausgrenzung insbesondere der radikalen Arbeiterbewegung die Polarisierung der Gesellschaft. Die Widersprüchlichkeit des politischen Modernisierungsprozesses der Weimarer Demokratie fand ihren Niederschlag auch in der Entwicklung der deutschen Arbeiterbewegung. Der reformistische Flügel verfocht inkonsequent und halbherzig, belastet durch unsägliche Zugeständnisse und Kompromisse an die und mit den alten Eliten des Kaiserreiches, den Weg des westlichen Modells der parlamentarisch-repräsentativen Demokratie. Auf diesem Weg suchte er den nicht näher definierten Sozialismus zu gewinnen, den er letztlich lediglich als Verlängerung dieses Demokratietyps begriff. Dagegen verstand der radikale Flügel diesen mehr oder weniger als den weiter auszubauenden Kampfboden im Ringen um einen qualitativ neuen Demokratietyp, die Rätedemokratie, die nur über die Diktatur des Proletariats zu erreichen war. Die Tatsache, daß mit Sowjetrußland, dessen Realität man nur sehr selektiv wahrnahm, dieses Ziel leibhaftig geworden zu sein schien, verstärkte dieses Streben nach dem ganz anderen ungeheuer. Gleichzeitig erschwerte die anscheinend Fleisch und Blut gewinnende Utopie das Ankommen in der ebenfalls veränderten Realität der Weimarer Republik. So wurde das Verhältnis des Kampfes um mehr Demokratie auf dem Boden der bestehenden Gesellschaftsordnung und des Kampfes um den Sozialismus zum Grundkonflikt innerhalb der kommunistischen Bewegung. Unstrittig war dabei das Ziel: die Gewinnung der proletarischen Staatsmacht und die Enteignung des Kapitals. Strittig waren die Wege.

Das Jahr 1922 stand für die Suche von Komintern und KPD nach Wegen, die Einheitsfrontpolitik mit Leben zu erfüllen. Anfang April kam es so auf Anregung der Komintern erstmals zu einer Beratung von Vertretern der III., der II. und der sogenannten II ½. Internationale zur Einberufung einer Weltarbeiterkonferenz. In ihrem Ergebnis wurde eine Neunerkommission gebildet, die diesen Vorschlag prüfen sollte, und beschlossen, am 20. April oder 1. Mai gemeinsame Demonstrationen für den Achtstundentag, gegen Arbeitslosigkeit, gegen die Offensive des Kapitals, für die Aufnahme diplomatischer und wirtschaftlicher Beziehungen zu Sowjetrußland und für die Herstellung der proletarischen Einheitsfront durchzuführen.

Obwohl es die SPD-Führung den örtlichen Parteiorganisationen überließ, sich an solchen Demonstrationen zu beteiligen und ihnen empfahl, keine Aktionen gemeinsam mit der KPD durchzuführen, kam es zu machtvollen Demonstrationen so in Berlin, Düsseldorf oder Leipzig.

Der am 16. April in Rapallo abgeschlossene Vertrag zwischen Sowjetrußland und Deutschland über diplomatische und konsularische Beziehungen, der vorsah, gegenseitig auf den Ersatz von Kriegskosten und Kriegsschäden sowie (seitens Deutschlands) auf Ansprüche im Ergebnis der Nationalisierung deutschen Eigentums zu verzichten, gab dieser Politik besondere Schubkraft.

In der Literatur wird immer wieder thematisiert, daß die Politik der kommunistischen Parteien lediglich Reflex der sowjetischen Außenpolitik gewesen sei. In der Tat blieben die Richtlinien der Komintern, die zunehmend von der russischen Sektion dominiert wurden, nicht unbeeinflußt von den Zielen der sowjetischen Außenpolitik. Dies jedoch schlechthin als Fremdsteuerung der Linie der kommunistischen Parteien darzustellen, geht am Kern des Problems vorbei. War es doch wohlverstandene eigenständige kommunistische Politik der Sektionen der Komintern, Sowjetrußland, die institutionalisierte Russische Revolution zu verteidigen. Nicht die Unterstützung der sowjetischen außenpolitischen Interessen waren das Problem. Die interessantere Fragestellung scheint zu sein, ob, wie lange und inwieweit Interessen der sowjetischen Außenpolitik sich in Kongruenz mit den Interessen der Sektionen der Komintern befanden. Weiter wäre zu fragen, wie mit unterschiedlichen Interessenlagen umgegangen wurde und welche alternativen Möglichkeiten des Umgangs real bestanden.

Die Problemlagen des Jahres 1922 spitzten diese Fragestellung weiter zu. Der Rapallo-Vertrag bot der KPD die Chance, die Interessen sowjetrussischer Außenpolitik und sozialer Zielstellungen der deutschen Arbeiterbewegung politisch wirksam zu bündeln.

In ihrem Aufruf zum Vertrag hob die Zentrale der KPD hervor, daß die Interessen der deutschen Arbeiterklasse mit dem Schicksal Sowjetrußlands untrennbar verbunden seien. Sie verdeutlichte, wie die Einheitsfrontpolitik, die Politik der Verteidigung Sowjetrußlands sowie deren außenpolitische Linie der konsequenten Umsetzung des Rapallo-Vertrages miteinander verbunden waren.[15]

Nach den Erfahrungen des Kapp-Putsches und der März-Aktionen 1920 und 1921 geriet die KPD auf neue Weise in die Situation, ihre Stellung zur Weimarer Republik zu bestimmen.

---

15 Aufruf der Zentrale der KPD von Ende April 1922 zum Abschluß des Rapallovertrages. In: Dokumente und Materialien zur Geschichte der deutschen Arbeiterbewegung (im folgenden: DMGdA). Bd. VII/2. Berlin 1966. S. 50-53.

Dies wurde um so dringlicher als Mitte 1922 die konterrevolutionären Organisationen in Deutschland ihre Aktivitäten verstärkten. Nationalistische, revanchistische, monarchistische Kundgebungen und Paraden, Attentate auf Funktionäre der Arbeiterbewegung und republikanische Politiker häuften sich.

Die 1919 gegründete Deutsche Arbeiterpartei, die sich seit 1920 Nationalsozialistische Arbeiterpartei nannte, wurde in diesem Umfeld zu einem politischen Faktor.

Die KPD reagierte auf diese Entwicklung mit einem Aufruf zu einer einheitlichen Gegenaktion der Arbeiterbewegung. Sie wandte sich am 16. Juni 1922 an die SPD, USPD und den ADGB mit dem Angebot, den gemeinsamen Abwehrkampf gegen die Konterrevolution zu organisieren.[16] Wenige Tage später spitzte sich die Lage dramatisch zu. Am 24. Juni erschossen Angehörige einer nationalistischen Organisation den Reichsaußenminister Walther Rathenau. Die politische Öffentlichkeit begriff das Attentat sofort als Anschlag auf die Weimarer Republik. Spontane Demonstrationen unterschiedlicher politischer Richtungen signalisierten die Bereitschaft breiter Kreise, der Konterrevolution entgegenzutreten. Die Zentrale der KPD schlug wenige Stunden nach dem Bekanntwerden des Attentats den Leitungen der SPD und der USPD eine Zusammenkunft vor, um Maßnahmen für den gemeinsamen Kampf festzulegen. Es gelang, sich auf eine gemeinsame Protestdemonstration am 25. Juni 1922 in Berlin zu verständigen. Auch in anderen Städten Deutschlands kam es zu solchen Veranstaltungen. Am 27. Juni 1922, dem Tag der Beisetzung Walther Rathenaus, wurde das sogenannte Berliner Abkommen geschlossen, eine Vereinbarung von KPD, USPD, SPD, ADGB und AfA-Bund. Gegenstand des Abkommens war die Forderung an Reichstag und Reichsregierung, ein Gesetz zum Schutz der Republik zu erlassen. Wenngleich es im Ergebnis dieses Ab-

---

16 Siehe Aufruf der Zentrale der KPD vom 16. Juni 1922 an die Leitungen der SPD, der USPD und des ADGB, gemeinsam den Abwehrkampf gegen die militaristische Konterrevolution zu organisieren. In: Ebenda. S. 86-89.

kommens nicht zu den angestrebten Resultaten kam und das »Gesetz zum Schutze der Republik«, das am 18. Juli 1922 im Reichstag angenommen wurde, nicht die Zustimmung der KPD fand, signalisierten diese Verhandlungen Spielräume kommunistischer Politik innerhalb bürgerlich-parlamentarischer Horizonte. Damit spitzten sich allerdings die Gegensätze zwischen kommunistischer Realpolitik und Linksfundamentalismus innerhalb der KPD zu. Der Gegensatz zwischen den dominierenden Kräften der Zentrale um Ernst Meyer und der Opposition um Arcady Maslow und Ruth Fischer eskalierte in der Frage nach der Stellung zur Weimarer Republik und zur bürgerlich-parlamentarischen Demokratie schlechthin. In der Zentralausschußtagung am 23. Juli 1922 kam es anläßlich der »Rathenaukrise« zum frontalen Zusammenstoß zwischen Zentrale und Opposition. Auf Maslows Behauptung, »es gäbe nie eine Situation, wo wir für eine Forderung der sogenannten Demokratie auftreten werden«, erwiderte Meyer, er hoffe, »daß es nicht ein Horthy-Deutschland geben wird. Aber wenn wir ein Horthy-Deutschland haben, dann würden wir für viel näherliegende und für viel weniger kommunistische Forderungen alle Kraft und alle Aktionsfähigkeit der Arbeiter einsetzen.«[17] In diesem Konflikt bündelte sich die Problemlage, die Zeit seiner Existenz den deutschen wie internationalen Kommunismus umtreiben sollte.

Der IV. Weltkongreß der Komintern (5. 11. bis 5. 12. 1922) widerspiegelte diese ambivalente Stellung in spezifischer Weise. Wenngleich die Delegierten die Leitsätze des EKKI über die Einheitsfront vom 18. Dezember 1921 bestätigten und die Politik des Ringens um eine Arbeiterregierung als Konsequenz der Einheitsfrontpolitik kennzeichneten, erwies die Debatte ein sehr differenziertes Verständnis dieser Politik.

Während Ernst Meyer oder Edwin Hoernle für eine Einheitsfrontpolitik eintraten, die eine Arbeiterregierung als de-

---

17   [Protokoll der Tagung des Zentralausschusses der KPD vom 23. Juli 1922]. In: SAPMO. RY 5/2/11. Siehe auch die ausführliche Darstellung dieser Debatten bei Arnold Reisberg: An den Quellen der Einheitsfrontpolitik. Bd. 2. S. 541-552.

ren praktisches Ergebnis im Ringen gegen die Konterrevolution begriff, setzten Grigori Sinowjew und die »Linken« in der KPD um Ruth Fischer und Arcady Maslow Arbeiterregierung und Diktatur des Proletariats gleich und entleerten damit Sinn und Zweck dieser Orientierung. Als der Zentralausschuß der KPD im Dezember 1922 den IV. Weltkongreß auswertete, wurde zwar die Aufnahme des Kampfes um eine Arbeiterregierung beschlossen, im politischen Verständnis dieser Orientierung lagen jedoch zwischen Mehrheit und »linker« Opposition Welten. Dieser Dauerkonflikt sollte Aktionsfähigkeit und Schlagkraft der KPD auch 1923 erheblich beeinträchtigen.

Der »deutsche Oktober« 1923

Voraussetzungen und Bedingungen

Am 11. Januar 1923 marschierten französische und belgische Truppen in das Ruhrgebiet ein. Sie besetzten das industrielle Zentrum Deutschlands, in dem 72 Prozent der Steinkohleförderung, 54 Prozent der Roheisen- und 53 Prozent der Rohstahlproduktion des Landes konzentriert waren. In diesen Auseinandersetzungen um die Nachkriegsordnung eskalierten erneut die Gegensätze verschiedener deutscher imperialistischer Mächtegruppierungen. Die »Katastrophenpolitiker« spitzten die Lage dramatisch zu und beschworen eine Situation herauf, die zu einer weiteren Verschlechterung der Lebenslage der Bevölkerung und zur erneuten Gefährdung des Friedens führte. Eine chauvinistische Welle überflutete das Land und erfaßte breite Kreise der Mittelschichten, aber auch der Arbeiterklasse.

Die KPD stand vor der schwierigen Aufgabe, sich diesem nationalistischen Taumel entgegenzustellen, aber gleichzeitig politikfähig zu bleiben und nicht dem nationalen Nihilismus zu verfallen. Es war Clara Zetkin, die schon im Januar 1923 die Wahrnehmung wohlverstandener nationaler Interessen als durchaus vereinbar mit dem Internationalismus kommunistischer Politik einforderte.

Der 8. Parteitag der KPD, der vom 28. Januar bis zum 1. Februar 1923 in Leipzig tagte, hatte die komplizierte Aufgabe, in dieser politisch hochexplosiven Situation die widerstreitenden Flügel der Partei zum Konsens zu führen. Die

Debatten entzündeten sich vor allem am unterschiedlichen Verständnis der Orientierung auf eine Arbeiterregierung. Letztlich zeigten sich in diesen Kontroversen verschiedenartige Politikansätze, die ihre Wurzeln in konträren Positionen zur Weg-Ziel-Relation besaßen. Arbeiterregierung lediglich als Vehikel zur Bewaffnung der Arbeiterklasse und zur Sicherung günstiger Ausgangsbedingungen für den nach dem Modell der Russischen Revolution als unvermeidlich angesehenen Bürgerkrieg oder Arbeiterregierung als Mittel, die Interessenvertretung der werktätigen Bevölkerung zu befördern, den Tagesinteressen der Massen Nachdruck zu verleihen und so die Voraussetzungen und Bedingungen für die politische Umwälzung zu gewinnen, darauf ließ sich die Problemlage in nuce reduzieren.

Die Mehrheit der Zentrale der KPD um Ernst Meyer, Heinrich Brandler, August Thalheimer oder Clara Zetkin sah im Ringen um eine Arbeiterregierung das geeignete Mittel, der reaktionären Politik der Cuno-Regierung entgegenzutreten. Noch stand die Vorbereitung auf den revolutionären Umsturz außer in der revolutionären Attitüde nicht wirklich zur Debatte. Solange die Reichsregierung an ihrer gegen Frankreich und Großbritannien gerichteten Politik des aktiven Widerstandes festhielt, gab es auch ein gewisses außenpolitisches Interesse Sowjetrußlands an der innenpolitischen Stabilität Deutschlands. In dem Maße der Destabilisierung und des Zurückweichens der deutschen Regierung vor den Westmächten veränderte sich in Moskau dieses Kalkül.

Die Zuspitzung der Lage in Deutschland, die zunehmenden Streikkämpfe, die sich bis zu spontanen Revolten auswuchsen, und der wachsende Einfluß der KPD ließen im Sommer 1923 die Hoffnung aufkeimen, daß der deutsche Oktober vielleicht doch nicht fernab jeder Realität lag. Optimistische Berichte der deutschen Partei an die Komintern beförderten diese Illusion offenkundig. Zudem gewannen die Auseinandersetzungen mit nationalistischen, chauvinistischen und offen faschistischen Kreisen eine neue Dimension. Mit der Bewegung für Kontrollausschüsse als echten Organen der Einheitsfront, mit dem Eintreten für eine bessere Lebensmittelversorgung, gegen Preiswucher, Spekulation und Schwarzhandel gelang es, an die Tagesnöte der Bevölkerung anzuknüpfen. Gleichzeitig entstanden vor allem in den industriellen Zentren proletarische Hundertschaften, deren Mitgliedschaft weit über die KPD hinausging. Gegründet zum Schutz von Versammlungen und Demonstrationen der Arbeiterbewegung und deren Einrichtungen sowie zur Verhinderung nationalistischer und faschistischer Anschläge und Provokationen, verbanden sich mit diesen Abwehrorganisationen im kommunistischen Selbstverständnis weitergehende, hochfliegende Pläne. Je größer die Entfernung zur deutschen Realität, desto mehr mutierten die proletarischen Hundertschaften zum Kern einer künftigen roten Bürgerkriegsarmee.

Im Frühjahr/Sommer 1923 forcierten KPD und Komintern deutlich die Auseinandersetzung mit dem Faschismus. Clara Zetkin referierte dazu auf der III. Tagung der Erweiterten Exekutive der Komintern im Juni 1923.

Das Horthy-Regime in Ungarn, die Errichtung der faschistischen Diktatur im Herbst 1922 in Italien und der Sturz einer demokratischen Regierung in Bulgarien durch einen militärfaschistischen Putsch signalisierten auch angesichts des immensen Zulaufs zu den Faschisten in Deutschland seit der Ruhrbesetzung reale Gefahren. Clara Zetkins Referat war ein bemerkenswerter Versuch, das weltgeschichtlich Neuartige des Faschismus zu erfassen und Schlußfolgerungen für die Spezifik des antifaschistischen Kampfes abzuleiten.

In die gleiche Richtung zielte ein Vorstoß Karl Radeks, der unter der Bezeichnung »Schlageter-Kurs« in die Geschichte eingehen sollte. Radek bezog sich auf den Tod des Offiziers Leo Schlageter, der wegen terroristischer Aktionen gegen die Besatzungsmacht im Ruhrgebiet festgenommen und erschossen worden war. In einer breiten Kampagne wurde der Versuch unternommen, bei Betonung der nationalen Verantwortung der deutschen Kommunisten zwischen patriotisch gesonnenen Schichten der Bevölkerung und den faschistischen Demagogen zu differenzieren und deren Einfluß entgegenzuwirken.

Dieser Versuch war auch innerhalb der kommunistischen Bewegung umstritten. Es gelang in der Tat nur begrenzt, die eigentlichen Adressaten zu erreichen.

Angesichts der wachsenden faschistischen Gefahr rief die Zentrale der KPD am 11. Juli 1923 dazu auf, die Schlagkraft der Partei zu erhöhen. Die KPD sollte in die Lage gesetzt werden, einen bewaffneten faschistischen Putsch mit bewaffneter Gewalt niederschlagen zu können. Dem »Schlageter-Kurs« wurde mit diesem aus der Feder Heinrich Brandlers stammenden Aufruf die harte Konfrontation mit dem Rechtsextremismus zur Seite gestellt: »Der Faschistenaufstand kann nur niedergeworfen werden, wenn dem weißen Terror der rote Terror entgegengestellt wird. Erschlagen die Faschisten, die bis an die Zähne bewaffnet sind, die proletarischen Kämpfer, so müssen diese erbarmungslos alle Faschisten vernichten. Stellen die Faschisten jeden zehnten Streikenden an die Wand, so müssen die revolutionären Arbeiter jeden fünften Angehörigen der Faschistenorganisationen an die Wand stellen.«[18]

Zusammenfassend hieß es: »Wir gehen entscheidenden Kämpfen entgegen [...] Die Kommunistische Partei ist heute ein Machtfaktor wie noch nie in der deutschen Revolution. Im ganzen Reich strömen uns neue Mitglieder [...] zu Tausenden und Zehntausenden zu. Die Partei wird in den kommenden Tagen oder Wochen die Feuerprobe ablegen müssen.«[19] Der Aufruf zielte auf die Vorbereitung eines landesweiten Antifaschistentages, der trotz massiver Repressionen durch Reichs- und Landesregierungen zu einer überzeugenden Kundgebung gegen den Faschismus und für den Sturz der Regierung Cuno wurde.

Der Vertreter der KPD beim Exekutivkomitee der Komintern, Edwin Hoernle, artikulierte in den folgenden Tagen

---

18 Aufruf der Zentrale der KPD vom 11. Juli 1923 zur Gewinnung der breitesten Massen für den Kampf gegen die drohende faschistische Offensive der Großbourgeoisie. In: DMGdA. Bd. VII/2. S. 366.
19 Ebenda. S. 366 f.

offensichtlich in Abstimmung mit Karl Radek neben der Zustimmung zu der »offene[n] und kühne[n] Erklärung der Partei, daß sie unter allen Umständen kämpfen wird und zwar mit den schärfsten Mittel kämpfen wird«, erhebliche Zweifel, ob der Kampf gegen den Faschismus bloß als »Kampf von Gewalt gegen Gewalt« geführt werden kann. Hoernle wandte ein, daß der »Faschismus [...] eine breite Massenbewegung [ist], die sich stützt auf die sozial versinkenden und verzweifelnden Massen der Kleinbürger, Beamten, Angestellten, Intellektuellen und Bauern, also auf die breite Masse des werktätigen Volkes, einschließlich sogar eines Teiles der Arbeiterschaft. Wir müssen deshalb, um den Faschismus zu besiegen, ihn nicht nur von außen angreifen, sondern (auch) von innen.«[20]

Und in einem weiteren Brief ergänzte Hoernle: »Die Parteimasse und auch unsere Parteiredakteure stehen noch fast ganz auf dem primitiven Standpunkt, der Faschismus ist eine militärische Geheimorganisation, die die Großbourgeoisie finanziert und die geführt wird von der Militärklique; die Aufgabe des revolutionären Proletariats ist [es], diese Leute totzuschlagen. – Die Parteimitgliedschaft hat das Wesentliche in Klaras Referat noch nicht begriffen [...]«[21] In der Tendenz richtete sich diese Kritik gegen den konfrontativen, dem realen Kräfteverhältnis unangepaßten Stil des Aufrufs vom 11. Juli 1923. Ihr Grundton war: Gewinnung der Massen, Einheitsfrontpolitik gegen Faschismus für eine Arbeiterregierung, die antreten müsse, die Nöte der werktätigen Massen zu lindern. Und weiter hieß es in diesem Schlüsseldokument jener Kräfte in der KPD und der Komintern, die einen realistischen Kurs anstrebten:

»Die Partei muss alles daran setzen, um in diesem Augenblick über die Massen des reinen Industrieproletariats hinaus an die Massen der Kleinbürger, Bauern und Intellektuellen heranzukommen, sie vom Faschismus wenigstens

20 [Edwin Hoernle] An den Genossen Brandler, Berlin, Moskau, den 19. Juli 1923. Lieber Gen. Brandler! In: SAPMO. RY 5/I 6/3/120.
21 Ebenda.

teilweise loszulösen und innerhalb der faschistischen Reihen selbst Verwirrung und Unsicherheit zu verbreiten. Sie muss also mit grösserer Energie gerade jetzt für die Interessen dieser Mittelschichten und Bauern eintreten, mit grösserer Energie ihre Presse und Agitation auf diese Schichten hinlenken, muss eine intensive Kampagne unter diesen Schichten führen. Diese Wendung an die nichtproletarischen, aber doch werktätigen Massen ist in diesem Moment, am Vorabend des Entscheidungskampfes mit dem Faschismus, *die zentrale strategische Aufgabe unserer Partei*. Das war der Sinn der Beschlüsse der Erw.[eiterten] Exekutive, der Sinn unserer Resolution zum Faschismus, der Sinn unserer Resolution zur Arbeiter- und Bauern-Regierung. Wenn die deutsche Partei diese Aufgabe nicht versteht, so wird sie in diesem Kampfe geschlagen werden.«[22]

Ganz anders wurde der Aufruf vom 11. Juli 1923 von Grigori Sinowjew und Nikolai Bucharin aufgefaßt. In einem handschriftlichen Brief aus ihrem Urlaubsort Kislowodsk schrieb Sinowjew auch im Namen Bucharins an Brandler und Thalheimer am 27. Juli 1923: »Liebe Freunde, der Brief ist privat. Es thut uns sehr leid, dass wir gerade jetzt auf Ferien sind. Aber unsere private Meinung müssen wir Ihnen persönlich doch sagen – denn die Sache ist zu ernst.

Wir sind mit Karl R[adek] *nicht* einverstanden. Der Aufruf der Zentrale gegen Faschismus vom 12.VII. (gemeint ist der o. g. vom 11. Juli – d. Verf.) scheint uns absolut richtig. Mehr: er ist ein erstklassiges politisches Dokument. Nur auf diesem Wege ist ein deutsches Bulgarien zu vermeiden. Radek macht den Fehler[,] dass er nur eine Seite sieht: Zerlegung der Faszisten[23] durch Propaganda à la seiner Rede über Schlageter. Er vergisst aber[,] dass ein guter Faustschlag am besten den Faschismus zerlegen würde. Gewiss[,] ein frühzeitiger Entscheidungs-Kampf ist gefährlich. Aber noch gefährlicher wäre der Marasmus so wie er in Bulgarien ge-

---

22   Ebenda (Hervorhebungen im Original).
23   Anfang der zwanziger Jahre standen mehrere Schreibweisen nebeneinander bis sich die eingedeutschte Form Faschismus durchsetzte – der Verf.

kommen ist. Radek ignoriert die Erfahrung in Italien und Bulgarien [...] Ein deutsches Bulgarien kann die Komintern nicht ertragen. Das wird (würde – der Verf.) den politischen Tod für die K.P.D. *und* Komintern (wenigstens für einige Jahre) bedeuten [...] Vorbereitung des *Kampfes* im Geiste Eures Aufrufes *oder* italienisch-bulgarische Entwicklung. So steht die Alternative. Und nicht anders [...] Bremsende, besonnene Elemente habt Ihr genug. Es handelt sich inzwischen um etwas Entschiedenheit und Energie [...] Mit Herzen bei Euch. Ihr G. Zinowiew«[24]

Wenn hier so ausführlich zitiert wurde, so deshalb, weil es sich auch hier um ein Schlüsseldokument kommunistischen Selbstverständnisses dieser Zeit handelt. In den endlosen Debatten der Komintern über die Ursachen des Scheiterns des »deutschen Oktobers« bestätigte Sinowjew in der Sitzung des Präsidiums des Exekutivkomitees vom 19. Januar 1924 nochmals im Rückblick die Wirkung des Aufrufs vom 11. Juli 1923 auf die Führung der Komintern: »Als im Juli der berühmte Aufruf der deutsche Zentrale erschienen ist – von Brandler, das war eines seiner glänzenden Schriftstükke, ein guter Aufruf –, [...], als wir das gelesen haben – ich war damals in Urlaub mit Bucharin und Genossin Zetkin, haben wir beide, Bucharin und ich (sic! – nicht Clara Zetkin – d. Verf.), damals sofort gesagt: das ist für uns der letzte Beweis, dass in Deutschland wirklich etwas Neues kommt; die Partei stellt sich neu ein.«[25]

Erst seit diesem Zeitpunkt steuerte die dominierende Gruppierung in der Führung von Komintern und RKP(B) auf den revolutionären Umsturz in Deutschland als praktisch zu realisierender Aufgabe. In seiner scharfsinnigen Analyse »1923: Eine verpaßte Revolution?« aus dem Jahre 1931 stellte einer der Adressaten des Briefes, August Thalheimer,

24 [Grigori Sinowjew] An die Gen. Brandler, Thalheimer. Kislowodsk. 21.8.1923. Liebe Freunde. In: SAPMO. RY 5/I 6/3/93 (Hervorhebungen im Original).
25 Stenographisches Protokoll des Präsidiums des E.K.K.I. mit den Vertretern der Kommunistischen Partei Deutschlands. 19. Januar 1924. In: SAPMO. RY 5/I 6/10.

fest: »Aufgescheucht wurde die Leitung der russischen Partei und Komintern erst durch den Aufruf der Zentrale vom 11. Juli zum Antifaschistentag. [...] Die Frage des bewaffneten Kampfes [...] wurde der Exekutive hier erst vor Augen geführt. Das erst brachte sie in Gang.«[26]

Radek versuchte dieser Entwicklung gegenzusteuern und wandte sich an Trotzki, der ebenfalls in Kislowodsk weilte. Trotzki berief sich auf Informationsdefizite und verweigerte eine eindeutige Stellungnahme. Die Zuspitzung der politischen Situation im Verlaufe des Sommers 1923 verstärkte die revolutionaristischen Neigungen in KPD wie Komintern. Ihren Höhepunkt erreichte diese Entwicklung im August mit dem Generalstreik gegen die Cuno-Regierung und deren Rücktritt. Die Bereitschaft der sowjetrussischen Führung, den extremistischen Stimmungen zu folgen, wurde durch die Bildung des Kabinetts Stresemann unter Beteiligung der SPD und dessen Politik der Beendigung des Konflikts mit Frankreich befördert.

Doch auch die KPD-Führung beurteilte in dieser Phase die Situation mit einem unrealistischen Optimismus. Das Politbüro der RKP(B) beschloß in dieser Situation am 9. August 1923 unter Leitung Stalins, die abwesenden Mitglieder aus dem Urlaub zurückzurufen und in einer gemeinsamen Beratung mit dem Präsidium des EKKI die Situation in Deutschland zu erörtern. Sinowjew verfaßte noch in Kislowodsk Mitte August einen Thesengrundriß »Die Lage in Deutschland und unsere Aufgaben«. Hier entwarf er ein Szenarium der Weltrevolution, das in der euphorischen Prophetie der »Vereinigten Staaten der Arbeiter- und Bauernrepubliken Europas« gipfelte.[27] Die verschiedenen Gremien von RKP(B) und Komintern tagten seitdem in immer kürzeren Zyklen.

---

26 August Thalheimer: 1923: Eine verpaßte Revolution? Die deutsche Oktoberlegende und die wirkliche Geschichte von 1923. Berlin 1931. S. 20 f.
27 Grigori Sinowjew: Die Lage in Deutschland und unsere Aufgaben. In: Rossijskij centr chranenija i izučenija dokumentov novejšej istorii (im folgenden: RCChIDNI). Moskau. Bestand 495. Verzeichnis 293. Akte 295.

Ende August wurde eine konspirative »Kommission des Politbüros für internationale Angelegenheiten« gebildet, deren Mitgliedern Sinowjew, Kamenew, Radek, Stalin, Trotzki, Tschitscherin die gesamte Vorbereitung der deutschen Revolution anvertraut wurde. Im September wurde die Kommission durch Dzierżyński, Pjatakow und Sokolnikow ergänzt. Es entstand im August/September ein Aktionsplan, der von der Bereitstellung der finanziellen Mittel, der Mobilmachung der Armee in den westlichen Grenzgebieten, der Entsendung militärischer Berater bis zur Planung einer Kampagne zur Mobilisierung der sowjetrussischen und internationalen Öffentlichkeit reichte. Wie Thalheimer im Rückblick schrieb, verbrachten die Führer der KPD sieben Wochen in Moskau mit der Zuarbeit am Aktionsplan für die deutsche Revolution, während in Deutschland sich die Voraussetzungen dafür veränderten. »Man übertrug das Schema des Oktober 1917 auf Deutschland, ohne das die Tatsachen dafür vorhanden waren – spekulativ!«[28]

Auf der Grundlage der überarbeiteten Thesen Sinowjews faßte das Politbüro des ZK der RKP(B) am 21. September 1923 einen umfassenden und endgültigen Beschluß über die Machtergreifung in Deutschland. Das ZK bestätigte am 23. September diesen Beschluß. Zeitgleich (21. 9.) berieten im Exekutivkomitee der Komintern Delegationen der Sektionen Deutschlands, Frankreichs und der Tschechoslowakei. In leidenschaftlichen Debatten überzeugten sich die Teilnehmer der Beratung von der Unausweichlichkeit der Revolution.

Stalin hatte in diesen Tagen an Thalheimer geschrieben und den vollen Erfolg der Revolution prophezeit. Dieser Sieg werde »für das Proletariat Europas und Amerikas eine wesentlichere Bedeutung haben als der Sieg der russischen Revolution«. Das Proletariat Deutschlands werde wieder »zum Führer des Proletariats Europas«.[29]

Es ist hier nicht Gelegenheit, dem Gang der Ereignisse

---

28   August Thalheimer: 1923: Eine verpaßte Revolution? S. 21.
29   [J. W. Stalin an August Thalheimer. Moskau, den 21.9.1923]. In: RCChIDNI. Bestand 553. Verzeichnis 1. Akte 2549.

detailliert nachzugehen. Deutlich wurde eines: Seit Juli/August 1923 entkoppelten sich in den Führungen Berlins wie Moskaus zunehmend politische Realität und politisches Wollen. Eine zunächst aussichtsreiche Entwicklung, ein bemerkenswerter Zuwachs an Einfluß und Aktionsfähigkeit der KPD verführten die Träger politischer Entscheidungen zu blankem Voluntarismus. Der übermächtige Glauben an die Weltrevolution, die verzweifelte Hoffnung auf den Entsatz der russischen durch die deutsche Revolution betäubten nüchternes Kalkül und Realitätssinn.

Dieses politische Handeln entbehrte jedoch durchaus nicht der theoretischen Begründung. Nach wie vor war es nicht nur in der kommunistischen Bewegung weithin Konsens, daß der Kapitalismus sich in seiner Endkrise befand. Eine revolutionäre Krise nicht zum Kampf um die Macht zu nutzen, war insofern folgerichtig Verrat an der Sache der Weltrevolution. Dieses Gedankendogma verstellte je länger desto gravierender den nüchternen Blick auf die Realität. Und diese wurde im Deutschland des Sommers und Herbstes 1923 dadurch geprägt, daß das Proletariat radikalisiert war durch die materielle Not, aber in der deutschen Tradition mehrheitlich deren Behebung eher von der Sozialdemokratie als von den Kommunisten erhoffte.

Die entscheidenden Kräfte der bürgerlichen politischen Eliten nahmen die Gefahr der Radikalisierung der Massen zunehmend wahr und drängten auf die Beendigung der Katastrophenpolitik der Cuno-Regierung. Indem Stresemann die Sozialdemokratie mit ins Regierungsboot nahm und der Inflation den Kampf ansagte, gelang es, einer weiteren Radikalisierung den Boden zu entziehen.

Der konkrete Verlauf der Auseinandersetzungen des Herbstes 1923 war durch die Vorentscheidungen des Sommers und Spätsommers vorgeprägt. In ihrer Selbstwahrnehmung entfernte sich die KPD immer weiter von der Realität. Fixiert auf den revolutionären Endpunkt, gesteuert vom Aktionsplan der Komintern/RKP(B), verlor die KPD-Führung zunehmend jede Bodenhaftung. Die Parteiführung, befangen in selbstverursachter Fehleinschätzung der Lage, unter dem Druck des starken extremistischen Flügels in der eigenen Partei und der Revolutionsdramaturgie Moskaus stehend, taumelte durch die Krisenmonate ohne klaren, eigenständigen Kurs. Heinrich Brandler, auf der Rückreise nach Deutschland, erfuhr aus der Presse, daß er Leiter der Sächsischen Staatskanzlei bei Ministerpräsident Zeigner in Dresden geworden war.

Das ZK der KPD verlegte seinen Sitz nach der sächsischen Regierungsbildung nach Dresden. Auch die Emissäre der Komintern/RKP(B) nahmen hier ihren Sitz. Noch waren die Aktivisten der KPD voller Optimismus. Die Bedingungen hatten sich jedoch geändert. Weder die Bewaffnung der proletarischen Hundertschaften noch die Organisation und Auslösung eines Generalstreiks, der als Fanal für den bewaffneten Aufstand dienen sollte, erwiesen sich als realisierbar.

Die Konferenz von Vertretern der Betriebsräte und der Gewerkschaften in Chemnitz am 21. Oktober 1923, auf die die KPD große Hoffnungen als Initialzündung der revolutionären Kämpfe gesetzt hatte, verlief erfolglos. Angesichts der sich verbessernden Versorgungslage und der Hoffnung auf den Einfluß der Sozialdemokratie in der Regierung war die Mehrheit der Delegierten, wie wohl auch der Arbeiterschaft im Lande, nicht bereit, dem Drängen der KPD auf Generalstreik zu folgen. Damit waren die Voraussetzungen für einen allgemeinen Aufstand endgültig entschwunden, und der Beschluß der Zentrale der KPD über die Auslösung des Aufstandes war gegenstandslos geworden. Er wurde von der KPD-Führung in Übereinstimmung mit den Moskauer Emissären zurückgezogen. Nur in Hamburg kam es zu bewaffneten Auseinandersetzungen, an denen sich jedoch nur eine verschwindende Minderheit der organisierten Arbeiterschaft beteiligte.

Der Hamburger Aufstand wurde ausgelöst, obwohl die Bezirksleitung um den Beschluß der Chemnitzer Konferenz wußte. Er war der Ausfluß der revolutionaristischen Positionen in der Hamburger Parteiorganisation, wie sie auch Ernst

Thälmann vertrat. Hamburg war nicht die Ehrenrettung des revolutionären deutschen Proletariats, wie es die Oktober- und Thälmann-Legende seitdem glauben machen wollten, sondern ein marginales, regionales Ereignis, das zeigte, wie isoliert kommunistische Aufstandspläne unter den gegebenen politischen Umständen bleiben mußten. Der Hamburger Aufstand war ein Beispiel für die KPD, zweifellos. Es zeigte jedoch, wie dem politischen Gegner Handhaben geliefert werden können zur Zerschlagung der kommunistischen Bewegung.

Es gehört zu den tragischen Momenten der Geschichte des deutschen Kommunismus, daß diese Erfahrungen nicht kritisch verarbeitet wurden. Im Gegenteil: Die Legendenbildung über den deutschen Oktober und den Hamburger Aufstand wurde zu einem konstitutiven Moment des deutschen Parteikommunismus, der zunehmend von den Stalinschen Dogmen dominiert werden sollte.

Das Scheitern des »deutschen Oktobers« fiel zusammen mit und war Bestandteil eines internationalen Szenenwechsels, der das Ende der Nachkriegszeit herbeiführte. Seit dem Spätsommer 1923 und dem Frühjahr 1924 veränderte sich das internationale Kräfteverhältnis. Die USA verabschiedeten sich zunehmend von einem isolationistischen Kurs und übernahmen auch in Wahrung wohlverstandener eigener außenhandelspolitischer Interessen die Rolle des Stabilisators der europäischen Währungen. In Frankreich und Großbritannien setzten sich Kräfte durch, die von dem konfrontativen Kurs gegen Deutschland abgingen, und in Deutschland selbst waren seit dem Kabinett Stresemann die Weichen auf Interessenausgleich mit den Westmächten gestellt. Es entstanden die Möglichkeiten für ein fragiles internationales Gleichgewicht, in das sich erstmals auch Sowjetrußland einfügte. Die zunehmende diplomatische Anerkennung einerseits und das Scheitern des weltrevolutionären Konzepts andererseits führte zu einer Politik, die Stalins Kurs auf den Aufbau des Sozialismus in einem Land favorisierte.

Den deutschen Kommunisten stellte sich diese Veränderung der internationalen Kräftekonstellation überwiegend anders dar. In ihrem Selbstverständnis war das Scheitern des »deutschen Oktobers« weniger objektiven als vor allem subjektiven Faktoren geschuldet. Die Auseinandersetzung über den Herbst 1923 sollte den Weg des deutschen Kommunismus weiter begleiten. Die Unfähigkeit, diese Erfahrungen der Nachkriegskrise zu einer radikalen Kurskorrektur zu nutzen, sollte sich als schwere Hypothek auf die Zukunft des deutschen Kommunismus erweisen.

KAPITEL II

Revolutionäre Politik in nichtrevolutionärer Zeit

Verweigerung oder Annahme
kapitalistischer Normalität
November 1923 bis Juni 1929

Ultralinke Wirren

Die vergebliche Suche nach einem
Neubeginn 1924/25

Die Zäsur des Herbstes 1923, dem Betrachter aus dem historischen Abstand unverkennbar, war den Akteuren und Zeitgenossen jener Vorgänge durchaus nicht gleichermaßen deutlich. Im Gegenteil! Anhaltende Massenarbeitslosigkeit und erneut anschwellende Streikaktionen konnten den Eindruck erwecken, der Rückzug des Oktobers sei eine der vielen Niederlagen des revolutionären Proletariats auf dem Wege zum Sieg. In der Tat beherrschte viele Kommunisten diese Überzeugung. Schwere Verfolgungen der KPD, Verhaftungen, Errichtung von Internierungslagern zwangen die Partei in eine nahezu illegale Stellung. Die Revolutionseuphorie, die von den kommunistischen Aktivisten verinnerlichte Überzeugung von der Unausweichlichkeit des Sieges der proletarischen Revolution, die von der falschen Voraussetzung des in Agonie liegenden Kapitalismus ausging, gebar Zorn und Enttäuschung. Da die »objektiven Voraussetzungen« gegeben schienen, konnten nur subjektive Schwächen Ursache der Niederlage gewesen sein. Mit der Suche nach Schuldigen schlug die Geburtsstunde der Oktoberlegende. Die »linke« Opposition sah ihre Zeit für gekommen. Das Wort vom kampflosen Zurückweichen der Partei, gar vom Verrat der Parteiführung war rasch zur Hand. Mit Heinrich Brandler und August Thalheimer wurden die Hauptverantwortlichen ausgemacht. Es begann das Ringen um die Deutungsmacht über den deutschen Oktober. Nur wer seiner Sicht auf die Ereignisse Geltung zu verschaffen vermochte, hatte eine Chance, künftig die Politik der Partei zu bestimmen.

Die Auseinandersetzungen in der KPD wurden überlagert durch den seit 1923 entbrannten Kampf um die Führung in der RKP(B). Mit Lenins Tod am 21. Januar 1924 trat diese Auseinandersetzung in ihr entscheidendes Stadium ein. Die Niederlage in Deutschland schwächte die Position Trotzkis gegen die Troika Stalin, Sinowjew und Kamenew erheblich. Sie erforderte jedoch auch von der Troika, im besonderen von Sinowjew, eine rasche Umdeutung der Ereignisse. Mit Radek, dem für Deutschland hauptverantwortlichen Komintern-Funktionär und Trotzki-Anhänger, bot sich der ideale Sündenbock an. Noch beeinflußte Radek jedoch die erste Deutung der Oktoberereignisse maßgeblich. Die Thesen der Tagung des Zentralausschusses vom 3. November 1923 trugen ganz seine Handschrift. Die Oktoberniederlage wurde als »Sieg des Faschismus über die Novemberrepublik«, als »Sieg des Faschismus über die bürgerliche Demokratie« begriffen.[1] Die These vom Verrat der Führer der Sozialdemokratie am Proletariat und von der Rolle der Sozialdemokratie als »Helfershelferin des Faschismus«[2] wurde geboren. Die bürgerliche Demokratie, deren Eigenwert man nicht erkannte, wurde lediglich funktional als Erleichterung für den Übergang zur Diktatur des Proletariats begriffen. Da diese nunmehr durch den »Sieg des Faschismus« beseitigt worden sei, schien nur noch der Weg des bewaffneten Kampfes gegen die Diktatur der Bourgeoisie gangbar. Jedoch auch diese scharfe Wendung in der Beurteilung der Lage vermochte die Führungsgruppe der KPD um Brandler und Thalheimer nicht zu retten. Der kampflose Rückzug konnte ohne dingfest zu machende Schuldige nicht verarbeitet werden. Gleichzeitig lief der Prozeß der Instrumentalisierung »der Lehren des Oktobers 1923« bereits auf Hochtouren. Am 23. November 1923

---

1 Thesen der Tagung des Zentralausschusses der KPD am 3. November 1923 über die Lage in Deutschland und die politischen Aufgaben der Partei. In: DMGdA. Bd. VII/2. Berlin 1966. S. 471 f.
2 Ebenda. S. 472.

beschloß das Präsidium des EKKI einen geschlossenen Brief an die Zentrale der KPD, der gegen Quittung allen Mitgliedern zur Kenntnis gegeben wurde. Die vernichtende Kritik an der KPD – offensichtlich aus der Feder Sinowjews – enthielt schon viele Elemente der Oktoberlegende, die wenig später den ultralinken Kurs der KPD historisch begründen sollte.

Noch schienen die Führer der Komintern zu glauben, es sei nur ein Einzelgefecht, nicht aber die Schlacht verloren. »Eine scharfe Parteikrise im gegenwärtigen Augenblick« hielten sie »für die größte Gefahr, die man sich für die deutsche Revolution vorstellen« könne. In Verkennung der Lage hoffte sie: »Die Zeit arbeitet für uns. Anhaltende, beharrliche Arbeit, einige Wochen lang – und wir können uns wieder dieselben Aufgaben stellen, die im Oktober gestellt wurden, aber diesmal mit Erfolg.«[3]

Der Druck, unter dem die Komintern und die russische Parteiführung standen, wurde auch durch die innerparteiliche Diskussion in der RKP(B) verschärft. Im Verlaufe des Jahres 1923 gab es an der Parteibasis immer stärkeren Widerstand gegen Tendenzen eines zentralistischen Dirigismus. Wie Wilhelm Pieck, Jacob Walcher und Clara Zetkin am 9. Dezember 1923 aus Moskau an die Zentrale schrieben, wäre der »Ausbruch dieser Diskussion [...] schon vor einigen Monaten erfolgt, wenn nicht unter Hinweis auf die in Deutschland bevorstehenden Ereignisse die Debatte über die Demokratie von unten zurückgedrängt worden wäre. Nachdem man jetzt damit rechnet, daß sich der Ausbruch der Revolution in Deutschland noch um Monate verzögert, war die Diskussion nicht mehr aufzuhalten und sie wird zweifellos noch gesteigert durch die Enttäuschung, die das Ausbleiben entscheidender revolutionärer Ereignisse in Deutschland den russischen Arbeitern bereitet hat.«[4] In dieser aufgeheizten Atmosphäre formierten sich die Fraktionen, um im Gewande

---

3 Geschlossener Brief [des Präsidiums des EKKI] an die Zentrale der KPD. [Moskau], den 23.11.1923. In: RCChIDNI Bestand 495. Verzeichnis 18. Akte 175a.
4 [Wilhelm Pieck, Jacob Walcher, Clara Zetkin:] An die Zentrale. M.[oskau], den 9. Dezember 1923. Werte Genossen In: Ebenda.

der Debatte über den »deutschen Oktober« Stellungen für künftige Auseinandersetzungen zu besetzen. Am 8. Dezember 1923 prallten in der Zentrale der KPD erstmals die sich nunmehr formierenden drei Gruppierungen aufeinander.

Die Mehrheit der Zentrale zerfiel in die »Rechten« um Heinrich Brandler und August Thalheimer und die Mittelgruppe um Hugo Eberlein, Ernst Meyer, Wilhelm Koenen, Hermann Remmele u. a. Die »Linke« vermochte, ihren Einfluß wesentlich zu erhöhen. Ihre führenden Köpfe waren Ruth Fischer und Arcady Maslow. Es gehörte zu den konstitutiven Elementen der Thälmann-Legende, entgegen der historischen Realität, in der hauseigenen Deutung der Parteigeschichte spätestens seit Ende der zwanziger Jahre bis hin zum letzten Wort der SED-Parteigeschichtsschreibung, Ernst Thälmann von den »kleinbürgerlich intellektuellen Ultralinken« zu lösen. »Im Grunde« standen »solche Linken« wie Ernst Thälmann und die Ultralinken auf »gegensätzlichen Positionen«. Die Ultralinken vermochten es jedoch – so die Legende –, die »wesentlichen Unterschiede [...] längere Zeit zu verhüllen«.[5] Mit dieser Konstruktion wurden die »wertvollen proletarischen Kräfte« um Ernst Thälmann, die »zeitweise von Stimmungen der revolutionären Ungeduld beherrscht wurden«, vom Makel befreit, mit den ultralinken späteren Renegaten jemals gemeinsame Sache gemacht zu haben. Die erste leninistische Parteiführung der KPD, das Thälmannsche Zentralkomitee, erhielt damit die Weihe, sich in Gestalt ihrer führenden Repräsentanten von Anbeginn sowohl mit dem Opportunismus Brandlers und Thalheimers als auch mit dem Linkssektierertum Ruth Fischers und Arcady Maslows auseinandergesetzt zu haben. Da das Codewort für politische Gegner innerhalb der Arbeiterbewegung Opportunismus lautete, wurden die durch »die Leninisten« überwundenen Gegner folgerichtig als rechts- und linksopportunistisch verortet. Noch standen allerdings wichtige Auseinandersetzungen aus, bis die skizzierte Tendenz sich durchsetzte. Bedeutende Vorentscheidungen fielen in einer Beratung des Präsi-

---

5   Geschichte der SED. Bd. 2. S. 276.

diums des Exekutivkomitees der Komintern im Januar 1924 mit einer Delegation der KPD, in der alle drei Richtungen vertreten waren.

Die Beschlüsse bereiteten einen Politikwechsel der Komintern vor, der sich als folgenschwer erweisen sollte. Wie schon in der Novemberresolution des Arbeitsausschusses der KPD lief die Resolution auf die Ersetzung der Einheitsfrontpolitik durch einen propagandistischen Appell an die sozialdemokratische Arbeiterschaft hinaus, sich von ihren opportunistischen Führern zu trennen. Sinowjew brachte die Differenz über die Politik der Einheitsfront und der Arbeiterregierung auf den Punkt, als er rückblickend auf die Debatten des Jahres 1923 seine These von der Arbeiterregierung als »Pseudonym« für die Diktatur des Proletariats verteidigte und sein Zurückweichen vor der damaligen Kritik damit begründete, daß es vielleicht legitim sei, »in der praktischen Agitation [...] nicht alles auszuplaudern [...] Aber absolut ist die Arbeiterregierung nichts anderes als ein Pseudonym der Diktatur oder sie ist sozialdemokratische Opposition.« Den Kritikern von damals – Radek u. a. – ging es aber nicht wie ihm um »Rücksichten der praktischen Agitation«, sondern sie verstanden diese Politik prinzipiell fehlerhaft. Sinowjew kritisierte somit eine Politik, die die Linie von KPD und Komintern beim Wort nahm, die Arbeiterregierung und die Einheitsfrontpolitik nicht als taktisches Manöver zur Zerschlagung des Masseneinflusses der SPD begriff. »Die Einheitsfront ist eine Methode der Revolution, nicht der Evolution, eine Methode der Agitation und Mobilisierung der Massen [...] gegen die Sozialdemokratie [...] Sie ist nichts mehr und hat nichts mehr zu sein. Wer aber ander[es] glaubt, der macht sofort eine Konzession der (an die – d. Verf.) konterrevolutionäre[n] Sozialdemokratie.«[6] Unter dem Einfluß der Stimmung der Anhänger der KPD in Deutschland wie der Enttäuschung der internationalen kommunistischen Bewegung gaben auch Vertreter der Mittelgruppe wie der »Rechten« erreichte Posi-

6   Protokoll der Sitzung des Präsidiums des E.K.K.I. vom 11. Januar 1924. In: RCChIDNI. Bestand 495. Verzeichnis 2. Akte 23.

tionen preis. Dazu trug auch die Fehleinschätzung der Klassenkräfte in Deutschland und die These vom Sieg des Faschismus über die Novemberrepublik bei.

Sinowjew griff diese These zu Recht an und verwies auf die Tatsache, daß die Sozialdemokratie in Deutschland auch weiter mitregierte. Der Schluß, den er jedoch daraus zog, war abenteuerlich! Die Sozialdemokratie ist »ein faschistischer Flügel geworden [...]«[7] Hiervon ausgehend, entwickelte Sinowjew im internationalen Vergleich Grundzüge der später so bezeichneten Sozialfaschismustheorie. Noch waren die Dimensionen dieses Ansatzes in ihren katastrophalen Konsequenzen nicht erkennbar. Auch der Faschismus als Herrschaftsform erschien noch nicht als das »ganz andere« im Vergleich zu bürgerlich-parlamentarischen Herrschaftsformen. Dessen ungeachtet wurde hier der Keim gelegt für eine unheilvolle Entwicklung, die die antifaschistische Strategie der kommunistischen Bewegung über Jahrzehnte desorientierte und desavouierte.

Die Komintern-Führung stellte auf der Tagung vom Januar 1924 auch die Weichen für die innerparteiliche Entwicklung der KPD. Es fiel in Sinowjews Referat das berühmte Wort vom »Beste[n] und Kostbarste[n], was die deutsche Partei hat« und vom »Gold der Arbeiterklasse«.[8] Die Hagiographie von KPD- und SED-Geschichtsschreibung hat diese Lobpreisung häufig unter Tilgung des Autors Sinowjew und eines der Adressaten, Hermann Remmele, auf Ernst Thälmann zentriert. Noch war dessen Strahlkraft nach Ansicht der Komintern-Führung nicht hinreichend, ihn zum Führer der KPD zu machen. Sinowjew strebte eine Führung der KPD an, in der die Mittelgruppe und die »Linke« sich die Macht teilen sollten. Das Protokoll gab eine gemischte Reaktion wieder: »Pieck: Das war doch bisher schon. Warski: Eine gemischte, halb und halb. Thälmann: Ach, ausgeschlossen, unmöglich.«[9]

---

7   Ebenda.
8   Ebenda.
9   Ebenda.

72

Wie die weitere Entwicklung zeigen sollte, setzte die Komintern-Führung ihren Kurs zunächst durch. Den Zuwachs an Einfluß, den Ruth Fischer und Arcady Maslow durch diesen Kompromiß mit der Berliner Parteiorganisation gewannen, wollte Sinowjew tolerieren: »... man muß ein bißchen Geduld haben.« Pieck konterte: »Bis die Partei zersetzt ist.«[10]

Die Bewertung der »Oktoberniederlage« blieb ambivalent. Der Kompromiß zwischen »Linken« und Mittelgruppe sowie die noch nicht entschiedene Auseinandersetzung um die Nachfolge des todkranken Lenin bewirkten einen Zustand der unentschlossenen Revision der Politik der Komintern.

An Lenins Todestag, dem 21. Januar 1924, übergaben Clara Zetkin, Jacob Walcher, Wilhelm Pieck, Heinrich Brandler u. a. dem Vorsitzenden der Exekutive der Komintern Grigori Sinowjew eine Erklärung, in der sie ihre Ablehnung der Thesen des EKKI über die Lehren der Oktoberniederlage begründeten.[11] Clara Zetkin hatte diese Erklärung bereits in der Präsidiumssitzung vom 11. Januar sehr persönlich begründet: »die Thesen [sprechen] von dem Rückzug nur nach dem Muster alter Chroniken [...] Es ergab sich einmal das ein Mann zwischen Mittag und Morgen und so weiter. Aber die Thesen schweigen sich aus über das Wichtigste, die große Streitfrage: war der Rückzug im Interesse der Partei nötig oder hätte unter allen Umständen der Kampf aufgenommen werden müssen?«[12] Sie verwies damit auf das entscheidende Defizit der Januarberatungen des Präsidiums des Exekutivkomitees, das die weitere Entwicklung schwer belasten sollte. Die Vertreter der Mittelgruppe und der »Rechten« waren während der Moskauer Verhandlungen noch in der

---

10 Ebenda.
11 Erklärung. Moskau, den 21. Januar 1924. Zetkin, Walcher, Pieck, Jannack, Brandler, Hammer, Eisenberger. In: SAPMO. RY5/I 6/3/139. Siehe dazu auch: Karl Hermann Tjaden: Struktur und Funktion der »KPD-Opposition« im deutschen Kommunismus zur Zeit der Weimarer Republik. Meisenheim am Glan 1964. S. 41 f.
12 Protokoll der Sitzung des Präsidiums des E.K.K.I. vom 11.1.1924.

Mehrheit. Der Einfluß der »linken« Opposition in der KPD wuchs jedoch stetig. Die neue Zentrale der KPD, die vom Zentralausschuß am 19. Februar 1924 gewählt wurde, widerspiegelte den Kompromiß der Moskauer Beratungen. Ihr gehörten Vertreter der »Linken« und der Mittelgruppe an. Vorsitzender der Zentrale wurde Hermann Remmele, Stellvertreter Ernst Thälmann. »Das Gold der Arbeiterklasse« übernahm die Führung der KPD. Heinrich Brandler, August Thalheimer und ihre Anhänger schieden aus. Sinowjew vermochte damit seine Option durchzusetzen. Ob er sich – in der russischen Geschichte wohlbewandert – damit in der Mendelejewschen Elemententabelle richtig orientiert hatte, muß in Kenntnis der weiteren Entwicklung der KPD mehr als fraglich bleiben.

August Thalheimer, der wohl beste theoretische Kopf der Partei, hielt es vier Tage vor der Wahl der neuen Parteiführung für angemessen, sich an Sinowjew zu wenden und ihn darauf hinzuweisen, daß es von »linker« Seite Bestrebungen gäbe, Brandler, Walcher und ihn selber aus der Partei auszuschließen. »Man glaubt dabei, Ihrer Zustimmung sicher zu sein [...] Wir unsererseits, die wir den tieferschütterten Zustand der Partei sehen, bemühen uns, ihr weitere Erschütterungen zu ersparen. Wir denken nicht daran, eine ›rechte‹ Fraktion‹ zu bilden. Im Gegenteil. Wir sind der Ansicht, daß im Interesse der Gesundung der Partei das Fraktionswesen so rasch wie möglich liquidiert werden muß. Sollte jedoch die geradezu wahnsinnige Hetze, die sich gegen Brandler und uns beide richtet, Erfolg haben, so werden neue schwere Erschütterungen der Partei unausbleiblich sein [...]«[13] Die Befürchtungen August Thalheimers sollten sich zum Schaden für die KPD nur allzu rasch realisieren. Der 9. Parteitag, der vom 7. bis 10. April 1924 in Offenbach und Frankfurt a. M. tagte, bestätigte die neuen Mehrheitsverhältnisse und führte zu einer Politikwende, die linksextremistischen Stimmungen die Oberhand gab.

---

13 [August Thalheimer an] Genossen Sinowjew, Moskau. Berlin, den 15. Februar 1924. In: SAPMO. RY 5/I 6/10/79.

Mit Arcady Maslow, Ruth Fischer, Werner Scholem und in ihrem Schlepptau Ernst Thälmann, gewannen Politiker beherrschenden Einfluß auf die Politik der KPD, die gegen einen Kurs der flexiblen Einheitsfrontpolitik und für einen undifferenzierten Konfrontationskurs mit der Sozialdemokratie standen. Wohl unterschied sich Ernst Thälmann durch Herkommen und Politikansatz in vielem von Fischer/Maslow. In der konkreten Politik wurde er jedoch von ihnen, wie später von anderen – z. B. Heinz Neumann – dominiert.

Die Sorge um die Zukunft der kommunistischen Bewegung in Deutschland trieb in diesen Monaten viele ihrer besten Vertreter um. Der Tod Lenins bewegte die gesamte Linke tief.

Clara Zetkin schrieb an ihre enge Freundin Jelena Stassowa am 26. Januar 1924: »Theuerste Helene, Worte haben keinen Zweck! Ich wollte, ich wäre selbst todt.«[14]

Nicht nur in der späteren Legendenbildung wurde der Tod Lenins als tiefer Einschnitt in der Entwicklung der kommunistischen Bewegung empfunden. Die Zeitgenossen begriffen Lenin – neben Trotzki – als den Repräsentanten der Russischen Revolution. Intime Kenner der inneren Lage der russischen wie der deutschen Partei wie Clara Zetkin hatten eine Ahnung von den Gefahren, die mit diesem Verlust entstanden. Die Entwicklung der KPD verfolgte Clara Zetkin sehr kritisch. »Die Lage in der Partei ist sehr schlimm. Ich grüble über die beste Form, in der ich aktiv eingreifen könnte u[nd] dachte schon daran, mich durch Austritt aus der führenden Parteiinstanz mit den Herausgeworfenen zu solidarisieren [...] Da ich aber Lenin seinerzeit mit Handschlag versprochen habe, nie wieder so etwas zu thun, ohne mit ihm u[nd] anderen russ[ischen] Freunden Rücksprache genommen zu haben, will ich mich erst beraten [...] Die Sorge um diese Parteisache geht Tag u[nd] Nacht mit mir um, sie macht mich physisch elend.«[15]

---

14   [Clara Zetkin an Jelena Stassowa.] 26. Januar 1924. Theuerste Helene. In: SAPMO. NY 4005/96.
15   [Clara Zetkin an Jelena Stassowa. 23. Februar 1924.] Theure, innigstgeliebte Freundin. In: SAPMO. NY 4005/46. (Zetkin bezog

Der Konflikt, der Clara Zetkin Anfang 1924 umtrieb, sollte sie und viele andere bis an die Grenze ihrer Belastbarkeit quälen. Der sich ausprägende kommunistische Parteityp mit seinem aus Selbstverständnis und Programmatik erwachsenden Totalitätsanspruch kollidierte zunehmend mit individuellen Normen und Zielvorstellungen. Die Überzeugung von der Möglichkeit der Überwindung der bestehenden kapitalistischen Ordnung führte zu einer Akzeptanz aller Mittel, dieses Ziel zu erreichen. Die Mittel desavouierten jedoch zunehmend das Ziel.

Für das kommunistische Selbstverständnis gewann die Sicht auf die Entwicklungsperspektiven der bestehenden kapitalistischen Wirtschaftsordnung zunehmend existentielle Bedeutung. Der V. Weltkongreß der Komintern thematisierte diese Grundfrage. Die Antworten, die er im Sommer 1924 gab, wichen jedoch dem Kern der in Frage stehenden Problematik eher aus.

Ging es doch darum, zu beantworten, ob der Kapitalismus nach dem Ende der Nachkriegskrise längerfristig über eine Perspektive verfügte oder nicht. Der Realismus des Bildes, das sich die Kommunisten vom Kapitalismus machten, wurde zunehmend zum entscheidenden Kriterium für den Realismus ihrer Politik. Auch wenn zu berücksichtigen war, daß die Realität der weltwirtschaftlichen Entwicklung im Verlaufe des Jahres 1924 widersprüchlich blieb, waren die Orientierungen des V. Weltkongresses im Vergleich zu den vorangegangenen Kongressen von einer bemerkenswerten analytischen Unschärfe. Die Niederlage der kommunistischen Bewegung in einer Reihe europäischer Länder, zuvörderst die Niederlage der KPD, verführte die Komintern, die Erfahrungen der RKP(B) zu hypertrophieren und die Bolschewisierung der Sektionen zu fordern. Der sich verändernden objektiven Realität, den sich wieder stabilisierenden kapitalistischen Reproduktionsmechanismen wurde voluntaristisch der »sub-

---

sich auf ihren Rücktritt in der Krise anläßlich der Märzaktion 1921 – d. Verf.)

jektive Faktor« in Gestalt der »leninistischen« Partei entgegengesetzt. Niederlagen waren nach diesem Deutungsraster vor allem der Schwäche dieses »subjektiven Faktors« zuzuschreiben.

Der Leninismus als der »Marxismus der Periode der proletarischen Revolution« wurde zum Erfolgsrezept der Weltrevolution nach dem Muster des russischen Oktobers deklariert.[16]

Die Thesen über die Propagandatätigkeit verpflichteten die Sektionen, die theoretische Arbeit zu intensivieren und ihre Mitglieder zur systematischen Beschäftigung mit der marxistisch-leninistischen Theorie zu erziehen. Der Kongreß bestätigte die Wertungen der EKKI-Tagung vom Januar 1924 hinsichtlich der Rücknahme differenzierterer Sichtweisen auf die Einheitsfrontpolitik und verschärfte die Frontstellung zur Sozialdemokratie.

Stalin unterstützte mit seiner berüchtigten Formulierung, Sozialdemokratie und Faschismus seien »keine Antipoden, sondern Zwillingsbrüder«[17] die Sinowjewsche Sozialfaschismusthese vom Januar 1924. Die Vertreter der nunmehr bereits als »Rechte« denunzierten Gruppierung hatten auf dem Kongreß keine Chance, mit ihrer in vieler Hinsicht profunden Analyse durchzudringen. Die »Linksschwenkung« von KPD und Komintern war nicht abzuwenden.

In der KPD hatte sich mit dem Weltkongreß die »Linke« endgültig durchgesetzt. Ihre abenteuerliche Politik führte im Verlaufe der Jahre 1924/25 zu dramatischen Verlusten. Der Masseneinfluß der KPD besonders unter den gewerkschaftlich organisierten Arbeitern sank drastisch. Die Mitgliederzahlen halbierten sich zwischen dem Herbst 1923 und 1925.

Die tatsächlichen Veränderungen des Kräfteverhältnisses wurden in der Politik der KPD nicht reflektiert. Die Ergebnisse der Reichstagswahlen vom Dezember 1924 mit deutlichen Gewinnen für die SPD und ebenso deutlichen Verlusten

---

16 Thesen und Resolutionen des V. Weltkongresses der Kommunistischen Internationale. Moskau 17.6.-8.7.1924. Hamburg 1924. S. 92.
17 J. W. Stalin: Zur internationalen Lage. In: Ders.: Werke. Bd. 6. Berlin 1952. S. 253.

für die KPD waren ein kaum zu übersehendes Signal. Die Bildung einer Bürgerblockregierung und der anschwellende Zustrom ausländischen Kapitals signalisierten zunehmend deutlicher die Stabilisierung der bestehenden Ordnung. Staatliche Regulierungsmaßnahmen beförderten den raschen Aufstieg der deutschen Industrieproduktion. Ein kommunistisches Paradigma, daß der Kapitalismus in seiner Zusammenbruchs- resp. allgemeinen Krise nicht wieder das Niveau der Vorkriegsentwicklung erreichen könne, wurde in einigen Bereichen bereits 1925, in Gänze 1927 gebrochen.

Die offizielle Politik der KPD weigerte sich jedoch, diese Entwicklung zur Kenntnis zu nehmen. Jeder Zweifel an der ins Haus stehenden proletarischen Revolution wurde als »Sumpfperspektive« diffamiert. Deutliche Schwächen besonders in der Massenpolitik der Führung der KPD verstärkten Differenzen zur Komintern. Hinzu kam die unklare Positionierung der Exponenten der deutschen »Linken« um Ruth Fischer, Arcady Maslow oder Werner Scholem in den russischen Fraktionskämpfen.

Als sich seit Anfang 1925 auch im Gefolge von Verschiebungen im Kräfteparallelogramm der russischen Parteiführung – nach der Niederlage Trotzkis begann sich Stalin auf eine Zweckgemeinschaft mit Bucharin gegen Sinowjew zu orientieren – zeigte, daß die führende Gruppierung der KPD nicht in der Lage oder willens war, die Kursänderung mitzuvollziehen, begann sich die Kominternführung unter dem Einfluß Stalins zunehmend auf personelle Veränderungen in der KPD einzustellen.

»Thälmann und Thälmann vor allen ...«

Die Herausbildung
eines »leninistischen Zentralkomitees«
Legende und Realität

Die V. Erweiterte Tagung der Exekutive im März/April 1925 leitete die Neuorientierung der Komintern erkennbar ein. War neun Monate zuvor auf dem V. Weltkongreß noch von einer neuen revolutionären Welle und der »Fortdauer der Krisenperiode« die Rede,[18] so wurde im Frühjahr 1925 eine »teilweise Stabilisierung der kapitalistischen Wirtschaft« eingeräumt und konstatiert, daß »in manchen Ländern, wie z. B. in Deutschland, momentan keine unmittelbar revolutionäre Situation besteht«.[19] Im Gegensatz dazu kreierte der Theoretiker der »Linken«, Arcady Maslow, Theorien vom »deuschen Schwanzimperialismus« und der deutschen »Industriekolonie«, in der die nächste Welle der Revolution die Gestalt eines nationalen Befreiungskrieges gegen den Ententeimperialismus annehmen könnte.

Gleichzeitig erreichte im Gegensatz zu dieser realistischeren Neuorientierung der Komintern die Auseinandersetzung mit den »Rechten« ihren Höhepunkt. Nicht das erste und nicht das letzte Mal in der Geschichte von KPD und Komintern drapierte sich eine »rechte« Kurskorrektur mit verbalen Attacken gegen »links«. Wurden der Sache nach Fehleinschätzungen der Oktoberpolitik wie die vom Sieg des Fa-

---

18   Thesen und Resolutionen des V. Weltkongresses. S. 38 f.
19   Protokoll. Erweiterte Exekutive der Kommunistischen Internationale. Moskau 12.-23. Juni 1925. Hamburg 1925. S. 23 f.

schismus über die Novemberrepublik ebenso fallengelassen wie die These von der objektiv revolutionären Situation, so brandmarkte man andererseits exzessiv die Politik der Brandler-Thalheimer-Zentrale 1923 als Verrat. Die Bolschewisierungsthesen Sinowjews spiegelten diesen Spagat deutlich wieder.

Die deutsche Delegation beim Exekutivkomitee schürte die Kampagne gegen »rechts« mit allen ihr zur Verfügung stehenden Mitteln.

Während Heinrich Brandler, August Thalheimer und Karl Radek sich am 23. März 1925 mit einer Erklärung an das Politbüro des ZK der RKP(B) wandten, in der sie die Differenzen des Jahres 1923 »für historisch überholt« erklärten und die Einstellung der fraktionellen Auseinandersetzungen forderten,[20] stellten Iwan Katz und Heinz Neumann im Auftrag der Zentrale der KPD an die Zentrale Kontrollkommission der RKP(B) den Antrag auf Parteiausschluß von Brandler, Thalheimer, Radek u. a.[21]

In einem fast vierzigseitigen Pamphlet listeten sie »fraktionelle Treibereien« und »Diziplinbrüche« auf. Unter Anwendung äußerst fragwürdiger Methoden wie der Verwendung privater Briefe oder denunziatorischer Berichte ehemaliger Gesinnungsgenossen konstruierten sie eine Anklageschrift, die wenige Jahre später tödlich gewesen wäre. Die Erbitterung, mit der diese Auseinandersetzung geführt wurde, nahm extreme Formen an. Von August Thalheimer, dem eher kühl und distinguiert wirkenden Parteitheoretiker wird berichtet, daß er Josef Eisenberger, einen Kominternmitarbeiter, der zur »linken« Mehrheit übergelaufen war und über interne Beratungen der »Rechten« ausgesagt hatte, tät-

---

20 Erklärung. An das Politbüro des Z.K. der R.K.B. Moskau, den 23. März 1925. [Heinrich Brandler, August Thalheimer, Karl Radek]. In: RCChIDNI. Bestand 494. Verzeichnis 18. Akte 402.
21 Material über die fraktionellen Treibereien in der KPD, insbesondere über die Fraktionsarbeit und Diziplinbrüche von Brandler u. Thalheimer. Im Auftrag der Zentrale der KPD. Die Deutsche Delegation beim EKKI: (gez.) Iwan Katz, Heinz Neumann. In: SAPMO. RY 5/I 6/3/150.

lich angriff.[22] Clara Zetkin schnitt Eisenberger ostentativ, worüber sich dieser in einem Brief bitter beklagte.[23]

Die Atmosphäre im Apparat der KPD spitzte sich zu. Die radikale Personalpolitik der Parteispitze führte zur Verdrängung erfahrener Mitglieder. Brandler und Thalheimer forderten so in ihrer Erklärung vom 23. März 1925 die Wiederaufnahme von über fünfzig ausgeschlossenen Mitbegründern der Partei. Durch die Politik der KPD würde wertvolles Potential brachgelegt. Thalheimer selbst wandte sich an das Sekretariat des EKKI mit der Bitte, seinen Einsatz zu überdenken und ihn, statt mechanische Büroarbeit aufzubürden, theoretisch für die Komintern arbeiten zu lassen.[24] Georg Schumann, den die Zentrale als Redakteur nach Wien wegloben wollte, wandte sich an das EKKI mit der Bitte, diesen Beschluß aufzuheben und ihn wieder »in den Betrieb« gehen zu lassen. »Ich bekenne offen,« so Georg Schumann, »daß ich die Politik der Partei im letzten Jahre für falsch und verhängnisvoll gehalten habe.« Aber, so versicherte er, seine »unbedingte Treue zur Partei« sei über jeden Zweifel erhaben. »Ich werde mich natürlich Eurer Entscheidung unterwerfen, bin aber überzeugt, daß die Exekutive nicht diese Politik der Schikane und der Maßregelungen der deutschen Zentrale decken wird. Mein ›Fall‹ ist der Fall vieler hunderte[r] Genossen in der Partei, die man statt sie zur Arbeit heranzuziehen [...] in der kleinlichsten Weise aus der Arbeit ausschaltet.«[25] Schumanns Brief verdient in doppelter Hinsicht Interesse. Zum einen gibt er einen Einblick in das innerparteiliche Klima der KPD Mitte der zwanziger Jahre. Zum an-

---

22 Josef Eisenberger wandte sich beschwerdeführend an Grigori Sinowjew und die Kontrollkommission der Exekutive. Siehe An den Genossen G. Sinowjew. Moskau, den 18. März 1925. In: SAPMO. RY 5/I 6/3/150. [Ders.:] An die Kontrollkommission z. Hd. Genossen Stirner. Moskau, den 18. März 1925. In: Ebenda.
23 [Ders.:] An die Genossin Klara Zetkin. Kreml. Moskau, den 19. März 1925. In: Ebenda.
24 [August Thalheimer:] An das Sekretariat des EKKI [o. O. u. J. Moskau 1925]. In: SAPMO. RY 5/I 6/3/148.
25 [Georg Schumann:] An das E.K. der Komintern. Berlin, den 26. Juni 1925. In: Ebenda.

deren reflektiert sich in ihm eine Parteiauffasung, die zunehmend von unbedingter Unterordnung und Loyalität geprägt wurde. Die Partei wurde in diesem Sinne zum Selbstzweck, in der die Individualität aufging. Daraus erwuchs eine Mentalität, die Parteitreue und Parteidisziplin über die eigene, bessere Einsicht stellte.

Nach nur drei Jahren stand Georg Schumann im Zusammenhang mit der Wittorf-Affäre erneut vor diesem Konflikt, und er entschied sich wiederum gegen besseres Wissen für die Partei.

Die Politik der KPD verschliß sich 1925 in hohem Maße in fraktionellen Auseinandersetzungen. Das zentrale innenpolitische Ereignis im ersten Halbjahr 1925, die Reichspräsidentenwahl, vermochte die KPD nicht zu nutzen, um dem Rückgang ihres Einflusses gegenzusteuern. Die Kandidatur Thälmanns auch im zweiten Wahlgang erleichterte es der SPD, ihren Kompromiß – Rückzug des eigenen Kandidaten zugunsten des Zentrum-Kandidaten Wilhelm Marx, Unterstützung des Zentrums für die Wiederwahl Otto Brauns zum preußischen Ministerpräsidenten – zu realisieren. Die Möglichkeit, die Kröte zu schlucken, Marx zu unterstützen, um Paul Hindenburg zu verhindern, wurde in der KPD nicht ernsthaft ins Kalkül gezogen: »Es ist nicht Aufgabe des Proletariats, den geschicktesten Vertreter der Bourgeoisieinteressen auszusuchen, zwischen dem Zivildiktator Marx und dem Militärdiktator Hindenburg das kleinere Übel zu wählen«, erklärte die KPD-Führung.[26]

Innerhalb der KPD waren es vor allem die Repräsentanten der sogenannten Mittelgruppe, die eine realistische Politik einforderten. Ernst Meyer wandte sich immer wieder mit dringlichen Forderungen und soliden Vorschlägen an die Komintern-Führung. »Die unerhörte Passivität der Partei veranlaßt mich, Ihnen folgendes zu unterbreiten«, so die

---

26 Gegen die Hindenburg-Front der Bourgeoisie die rote Front des Proletariats und aller Werktätigen! An die Werktätigen Deutschlands! [Aufruf der Zentrale der KPD vom 11. April 1925 zum zweiten Wahlgang der Reichspräsidentenwahlen]. In: DMGdA. Bd. VIII. Berlin 1975. S. 132 f.

Diktion der Briefe Ernst Meyers. »Die Passivität der Partei bestimmt auch das Leben der Partei im engeren Sinne des Wortes. Die Parteiführung treibt engste Fraktionspolitik. Sie negiert die Einheitsfrontpolitik auf politischem Gebiet. Sie verfolgt eine fraktionelle Personalpolitik. Sie sucht ihre parteipolitischen Gegner aus der Partei zu drängen, wie die Ausschlüsse und die Ausschlußanträge zeigen, und verfolgt auf diese Weise eine reine Spaltungspolitik. Sie zerstört systematisch die revolutionäre Tradition in der deutschen Arbeiterschaft, wie sie in der Geschichte des Spartakusbundes trotz aller Mängel aufgespeichert ist, weil sie keine Traditionen auf diesem Gebiet aufzuweisen hat.«[27]

Noch drangen diese Vorschläge nicht durch. Dennoch bereiteten sie in Verbindung mit der sich verändernden Großwetterlage den Boden für Veränderungen.

Wenngleich Ruth Fischer als eigentliche Parteiführerin, stark beeinflußt von Arcady Maslow, der ihr aus der Haft heraus beratend zur Seite stand, im Frühjahr 1925 eine Wende versuchte, um nach dem Dilemma der Reichspräsidentenwahl wieder in die Offensive zu gelangen, verschlechterten sich die Beziehungen zur Komintern-Führung zusehends. Der Versuch, in einem »Offenen Brief« an die Gewerkschaften und die SPD (27. 5. 1925) mit einem Appell zum gemeinsamen Kampf gegen die monarchistische Reaktion heranzutreten, scheiterte. Innerparteiliches Resultat war die Abspaltung der »Ultralinken« um Rosenberg, Scholem und Katz von der »linken« Parteiführung. Zum eigentlichen Bruch kam es schließlich auf dem 10. Parteitag der KPD vom 12. bis 17. Juli 1925. Es gelang der Delegation der Exekutive unter Leitung Dmitri Manuilskis nicht, ihre Positionen hinsichtlich der Gewerkschaftsarbeit und der personellen Zusammensetzung des Zentralkomitees, das nach dem neuen Statut der KPD an die Stelle von Zentrale und Zentralausschuß trat, durchzusetzen. Die Komintern-Führung forderte unmittelbar nach Rückkehr ihrer Delegation nach Moskau

---

27 [Ernst Meyer:] An die Exekutive der Komintern. Berlin, den 11. Februar 1925. In: SAPMO. RY 5/I 6/3/148.

von der KPD die Entsendung einer repräsentativen Delegation zur Klärung der Situation.

In den Debatten des Sommers 1925 fokussierten sich die existentiellen Probleme des deutschen und des internationalen Kommunismus Mitte der zwanziger Jahre.

In ihrem Kern drehte sich die Debatte – bewußt oder unbewußt – immer wieder um die Frage nach den Möglichkeiten und Perspektiven revolutionärer Politik in nichtrevolutionären Zeiten. In Ländern mit einer starken Sozialdemokratie wie Deutschland mußte diese Frage sich zuspitzen auf die des Verhältnisses zur Sozialdemokratie. Hatte die kommunistische Bewegung nach dem Scheitern der weltrevolutionären Option einen realen Platz im politischen Spektrum oder blieb ihr nur der Rückzug auf reformistische Positionen und damit die Aufgabe ihrer Identität? Die Debatte des Sommers 1925 stellte diese »Schicksalsfrage« expressis verbis nicht; sie war aber der bewegende Impetus.

Auf der ersten Sitzung der Deutschen Kommission des Exekutivkomitees am 1. August 1925 reflektierte Ernst Schneller in seinem Bericht über die Tätigkeit der KPD seit dem Frankfurter Parteitag 1924 diese Problematik. Er verwies auf die in der Partei verbreitete Position, nach der die SPD schlankweg als bürgerliche Partei gekennzeichnet wurde. Das Problem der Selbstbestimmung kommunistischer Identität unter den veränderten Bedingungen ließ sich neben der Beschwörung einer unverändert revolutionären Perspektive mit der Ernennung der KPD zur »einzigen« oder – wie es häufig in einem schrillen und falschen Superlativ hieß – zur »einzigsten« Arbeiterpartei scheinbar lösen. »Diese unklare (sic! – d. Verf.) Stellungnahme hat ihre Auswirkung gehabt für die Durchführung unserer Politik in den Betrieben und Gewerkschaften, indem einfach die sozialdemokratischen Arbeiter zum Teil als Konterrevolutionäre, zum Teil als Faschisten behandelt worden sind [...] Wir haben diese Frage dann klar gestellt und gezeigt, daß die Sozialdemokratie nicht einfach eine bürgerliche Partei ist in dem Sinne, wie die Deutschnationalen oder die Demokraten, sondern eine bürgerliche *Arbeiterpartei*.«[28] Diese Position steckte Möglichkeiten und Grenzen der Einheitsfrontpolitik oder, wie häufiger formuliert wurde, der Einheitsfronttaktik ab. In der praktischen Umsetzung kam es – so Schneller – insbesondere auf dem »gefährlichste[n] Gebiet der Einheitsfrontpolitik«, der Kommunal- und Parlamentspolitik, zu den »schlimmsten Auswirkungen«. In verquerer Logik lastete Schneller hier die ultralinken Entgleisungen der »falschen Einheitsfronttaktik« der »Brandlerpolitik« an. »Denn in Ablehnung der falschen Brandlertaktik haben wir (an ihre Stelle – d. Verf.) keine bessere gesetzt. Wir haben nicht versucht, die SPD zu entlarven und ihre Politik zur Sammlung der Massen für uns auszunützen, sondern der ›Kampf‹ wurde oft so geführt, daß von unseren Genossen gemeinsam mit den Reaktionären schematisch alle sozialdemokratischen Bürgermeister, Stadträte usw. aus ihren Stellen herausgewählt wurden und an ihre Stelle Reaktionäre, Deutschnationale usw. kamen.«[29]

Das eigentliche Dilemma der kommunistischen Einheitsfrontpolitik nach dem Herbst 1923, das in ihrer Fixierung auf die Zerschlagung des Masseneinflusses der SPD bestand, erkannte Schneller nicht.

In den Auseinandersetzungen des Sommers 1925 gelang es der Komintern-Führung schrittweise, die bislang grundsätzlich geschlossene »Linke« zu spalten und die Voraussetzungen für eine Politik der »Konzentration« zu schaffen, die die »Linke« – unter Abtrennung von Ruth Fischer, Arcady Maslow und der Gruppe um Werner Scholem, Arthur Rosenberg und Iwan Katz – in eine neue Koalition mit Vertretern der Mittelgruppe brachte. Der wohl entscheidende Grund für die Komintern- und die RKP(B)-Führung, die Leitung der KPD auszuwechseln, war neben dem katastrophalen Niedergang des Einflusses der Partei auf die Massen die Tendenz

---

28   Protokoll Nr.1 der Sitzung der Deutschen Kommission des EK-KI vom 1. August 1925. In: RCChIDNI. Bestand 495. Verzeichnis 47. Akte 1 (Hervorhebungen im Original).
29   Ebenda.

der Fischer-Maslow-Gruppierung, sich vom Einfluß Moskaus vorsichtig abzusetzen.

Die Reaktionen von Teilen der »links« dominierten Delegierten des 10. Parteitages auf das Auftreten Manuilskis in der geschlossenen Sitzung: »Hau ab! Geh nach Moskau!«, überschritten jede Toleranzgrenze. Manuilski kennzeichnete noch am 12. August während der Beratung der Deutschen Kommission diese Szene erregt als »faschistische Stimmung«, für die Ruth Fischer persönliche Schuld trage.[30] Nikolai Bucharin hielt in seinem Referat ein Scherbengericht über die Fischer-Maslow-Führung ab. Er bezichtigte sie moskaufeindlicher Tendenzen, die auf dem Wege Paul Levis in die Sozialdemokratie zurückführen mußten. Der KPD-Spitze wurden Finanzmanipulationen vorgeworfen, mit denen über die Bildung eines Fonds die finanzielle Unabhängigkeit von Moskau geschaffen werden sollte. Bucharin, der mit der Leitung der Deutschen Kommission beauftragt war und damit bereits Sinowjew als Generalsekretär der Exekutive zu verdrängen begann, erkärte abschließend: »Also summa summarum: die Frage ist sehr ernst. Wir sind uns vollständig bewußt, welche Krise in der Partei herbeigeführt wurde. Aber wir müssen hier die notwendigen Entscheidungen treffen, obwohl einige Personen zu Grunde gehen werden. Wenn die betreffenden Personen den ehrlichen Willen haben, der Komintern und der deutschen Partei zu helfen, so werden sie damit auch sich retten. Die Genossen müssen erklären, daß sie einverstanden sind mit der Wendung, wenn nicht, so müssen wir ohne diese Personen die deutsche Partei retten.«[31]

Diktion und Schärfe des Tones belegen die Härte und Unversöhnlichkeit der Gegensätze. Deutlich wird auch, in welchem Maße der Finanzierungsmechanismus und der Apparat der Komintern bzw. via russischer Delegation beim EKKI die RKP(B) auf innerparteiliche Entwicklungen der Sektionen Einfluß nahm. Die endlosen Debatten des Som-

---

30 Protokoll Nr. 2 der Sitzung der Deutschen Kommission. 12. August 1925. In: SAPMO. RY 5/I 6/10/57.
31 Ebenda.

mers 1925 belegen vor allem eines: Nicht schwerwiegende politische Differenzen waren Kern der unversöhnlichen Auseinandersetzungen, sondern personelle und taktische Meinungsverschiedenheiten, unterschiedliche Optionen im Machtkampf in der RKP(B) und Bestrebungen der Führungsgruppe um Ruth Fischer und Arcady Maslow, größere Unabhängigkeit von Moskau zu gewinnen. Die tatsächlichen Meinungsverschiedenheiten z. B. in der Einheitsfrontpolitik traten eher zurück. So war es in der Wahrnehmung der Konflikte aus der Sicht der weniger fraktionell involvierten »Linken« in der KPD schwer nachzuvollziehen, worin deren Kern bestand. Der designierte führende Funktionär der KPD, Ernst Thälmann, sah so in seiner Rede vom 12. 8. 1925 »keine Veranlassung« für die Komintern »den politischen Kurs (der KPD – d. Verf.) zu ändern«.[32] Das war schon deshalb für ihn wichtig, da er in zumindest formal leitender Funktion den bisherigen Kurs maßgeblich mitgetragen hatte.

Ernst Thälmann wurde 1924/25 nicht – wie die Legende verkündet – »zum Mittelpunkt der Kräfte, die ernsthaft darum rangen, den Leninismus zu meistern, die Kampfkraft der Partei zu erhöhen und diese eng mit den Massen zu verbinden.«[33] Politisch verblieb Thälmann 1923 bis 1925 im Kielwasser von Ruth Fischer und Arcady Maslow. Macht- und personalpolitisch hatte er jedoch eine Grundhaltung verinnerlicht, die von einer unerschütterlicher Loyalität zu Komintern und Sowjetunion geprägt war. In dieser Loyalität richtete sich Thälmann an den jeweils dominierenden Autoritäten aus. Auch insofern war er für die Führungsgruppe in Komintern und RKP(B) die optimale Besetzung für die Leitung der KPD.

Die in den Verhandlungen vom August 1925 erzielten Ergebnisse und die personellen Kompromisse konnten kaum als die Herausbildung einer Parteiführung gewertet werden, »die entschlossen war, die Partei eng mit den Massen zu verbinden, sie zu einer schlagkräftigen Kampfpartei nach dem Vorbild der Leninschen Partei umzugestalten, den Marxis-

---

32 Ebenda.
33 Geschichte der SED. Bd. 2. S. 298.

mus-Leninismus nicht nur in Worten anzuerkennen«.[34] Was im Ergebnis der Beratungen vom August 1925 vonstatten ging, war eben nicht die »Formierung eines stabilen leninistischen Führungskerns«.

Unter dem Vorsitz Ernst Thälmanns wurde unter der Regie der Komintern eine Führung gebildet, die ohne ernsthafte kritische Korrektur des »Linkskurses« der Jahre 1924/25 einen inkonsequenten Kompromiß zwischen der »Linken« und der Mittelgruppe darstellte. Die »Rechten«, die gemeinsam mit Teilen der Mittelgruppe das kreativste und am tiefsten in der Geschichte der deutschen Arbeiterbewegung verwurzelte Potential darstellten, wurden ausgegrenzt.

Der »Offene Brief« des Exekutivkomitees vom August 1925 faßte die wesentlichen Ergebnisse der Beratungen zusammen. Neben der Verurteilung der »Fischer-Maslow-Gruppe«, von der schematisch die sogenannte Arbeiterlinke getrennt worden war, und der Ultralinken um Scholem, Rosenberg, Katz u. a. blieben die politischen Orientierungen unscharf. Der verbalen Forderung nach der Aneignung des Leninismus stand die Verwaschenheit der Vorstellung entgegen, was darunter tatsächlich zu begreifen war.

Als das Zentralkomitee der KPD am 1. September 1925 die Tätigkeit der deutschen Delegation billigte, dem »Offenen Brief« zustimmte und die leitenden Organe wählte – genauer: die durch Komintern-Führung und deutsche Delegation ausgehandelte Führung bestätigte, ging sie keineswegs den »entscheidenden Schritt, um alle rechts- und linksopportunistischen, antimarxistischen, antileninistischen Kräfte und Tendenzen zu überwinden, die die Partei von ihrem revolutionären Weg abzudrängen suchten«; die »Bildung des von Ernst Thälmann geleiteten stabilen revolutionären Führungskollektivs« war mitnichten »der wichtigste Einschnitt in der Entwicklung der Partei seit der Gründung der KPD«.[35]

In dieser kurz vor dem endgültigen Scheitern des Parteikommunismus vom Typ der Oktoberrevolution in Deutsch-

---

34 Ebenda. S. 310 f.
35 Ebenda. S. 311.

land nochmals formulierten Fassung der Thälmann-Legende findet sich kein Zusammenhang, der durch die historischen Fakten zu belegen ist.

Die KPD trennte sich auf Drängen der Komintern von einer Führungsgruppe, ohne deren Politik grundsätzlich in Frage zu stellen. Sie begab sich unter weitgehendem Ausschluß der »Rechten« in eine Auseinandersetzung mit den »Ultralinken«, die sich – vor allem der Schwäche der neuen Parteiführung geschuldet – über fast zwei Jahre hinzog und die politische Kraft der KPD in starkem Maße einschränkte. Das »Thälmannsche ZK«, so der etwas ältere Begriff der Thälmann-Hagiographie, war keineswegs stabil, sondern von Fraktionskämpfen zerrissen. Ein wichtiger Einschnitt seit der Gründung der KPD war dieser Vorgang allenfalls deshalb, weil niemals zuvor eine Parteiführung der KPD in solchem Maße durch die Führung von Komintern und RKP(B) vorbestimmt wurde.

Chancen für eine linke Realpolitik

Die KPD in den Jahren 1925 bis 1927

Noch war der Prozeß der Fremdsteuerung der KPD durch Moskau nicht irreversibel. Widerständige Parteiführungen wurden noch nicht – wie ein reichliches Jahrzehnt später im Falle der Kommunistischen Partei Polens – liquidiert. Die KPD verfügte über ein beträchtliches Eigengewicht in der Komintern. Ihr Wirken unter den Bedingungen der Weimarer Republik bot ihr – trotz mannigfaltiger Einschränkungen – Spielräume, die zu nutzen waren. Die »Politik der Konzentration«, so die Bezeichnung für die Einbeziehung von Kräften der Mittelgruppe, bot Chancen für eine eigenständige Politik der KPD in der Weimarer Demokratie links von der SPD. In einer kontroversen Parteidiskussion im Herbst 1925 und auf der 1. Parteikonferenz Anfang November formierten sich die innerparteilichen Flügel neu. Die Übernahme der Parteiführung durch den von Thälmann repräsentierten Flügel der »Linken« führte zu deren Spaltung und zur Annäherung dieser an die Mittelgruppe einerseits wie zur Annäherung der Fischer-Maslow-Gruppierung an die »Ultralinken« um Scholem, Urbahns und Rosenberg andererseits. Schrittweise wurde die jetzt als »linke Opposition« firmierende Gruppierung aus der Parteiführung verdrängt.

Im Frühjahr 1926 setzte sich das Polbüro mit Conrad Blenkle, Philipp Dengel, Arthur Ewert, Ottomar Geschke, Fritz Heckert, Hermann Remmele, Ernst Schneller und Ernst

Thälmann nur noch aus Vertretern des Thälmann-Flügels der
»Linken« und der Mittelgruppe zusammen.

Die Auseinandersetzungen mit den als »ultralinks« apo-
strophierten Oppositionellen dominierte in hohem Maße die
innerparteiliche Entwicklung der KPD in den Jahren 1925 bis
1927. In ihrem Selbstverständnis begriff sich die »linke Opposition« als den »eigentlich kommunistische[n] Kern der
Partei«, wie es in einer Erklärung von Arthur Rosenberg und
Werner Scholem vom 19. November 1925 hieß. »Die Linke
hat den Widerstand der Arbeiter gegen Levis Liquidatorentum organisiert. Die Linke hat Friesland und die K.A.G. erle-
digt. Die Linke hat die opportunistischen Folgerungen, welche die Brandlerrichtung aus dem III. Weltkongreß zog,
bekämpft [...]«[36] Die »linke Opposition« blieb trotz ihres
Einflusses in wichtigen Parteibezirken insgesamt zu diffus,
um zu einer ernsthaften Gefahr für die führende Gruppe in
der KPD zu werden. Ihre innere Zerrissenheit und die Tatsache, daß die widerstreitenden Parteien im sowjetrussischen
Machtkampf um die ganze KPD und ihre Führung rangen
und nicht bereit waren, sich – trotz politischer Nähe – fraktionell zu binden, schwächte die Linksopposition zusätzlich.

Zudem entfernte sich deren Einschätzung der ökonomischen und politischen Lage zunehmend von der Realität.
Blieben schon die »offiziellen« Analysen von KPD und Komintern ob ihrer Dogmatik von der allgemeinen Krise des
Kapitalismus unscharf, so konzedierten sie zumindest eine
nicht akut revolutionäre Situation.

Karl Korsch sah Anfang 1926 akute Krisenerscheinun-
gen, die »alle objektiven Elemente für eine konkret revolutionäre Politik« enthalte. Die Kampagne zur entschädigungslosen Enteignung der Fürsten sah er in erster Linie als
Chance, »die vorhandenen und neuentstehenden parlamenta-
risch-demokratischen Illusionen [zu] bekämpfen und die
Machtfrage in den Vordergrund [zu] stellen«.[37] Betrachtun-

---

36 Arthur Rosenberg, Werner Scholem: Für die Einheit der deutschen Linken. [19.11.1925]. In: SAPMO. RY 5/I/3/333.
37 [Karl] Korsch: Resolution zur Politik und Taktik der KPD und der
Komintern. Die ökonomische Lage und die Perspektiven. In: Ebenda.

gen wie diese blieben keine Analysen isolierter Intellektueller. Sie wurden von einem Flügel der KPD mitgetragen. Auch aus diesem Grund näherten sich KPD-Führung und Mittelgruppe zunehmend an. Besonders Ernst Meyer profilierte sich 1926/27 in diesem Prozeß als zentrale Gestalt der Politik der »Konzentration«, die der Parteiführung Schützenhilfe in der Auseinandersetzung mit der »linken Opposition« leisten sollte. Diese neue Konstellation blieb jedoch umstritten. Besonders Heinz Neumann und Hermann Remmele meldeten Bedenken an. Als Vertreter der KPD beim Exekutivkomitee der Komintern wandten sie sich an die Parteiführung und warnten vor zu viel Vertrauen in die Meyer-Gruppe. »Politisch glauben wir, daß diese Gruppe nicht aus Bolschewiki besteht, nicht einmal im Sinne des Strebens, der inneren Einstellung, der Verbundenheit mit dem russischen Bolschewismus [...] Innerparteilich ist die Gruppe Meyer [...] belastet« durch die Verbindung »mit allen wirklich rechten brandleristischen Elementen in der Partei«.[38] Diese Vorbehalte signalisierten, in welchem Maße das Zusammengehen der »linken Arbeiterführer«, als die insbesondere Thälmann und Remmele gern apostrophiert wurden, mit der Mittelgruppe taktischer Natur war. Neumann und Remmele versicherten der Parteiführung ihre Loyalität und verstanden ihr Schreiben als aufrichtige Warnung, die sie »als Bolschewiki zu Bolschewiki« aussprechen wollten.

In der Tat verstanden sich die Vertreter der Mittelgruppe nicht als »Bolschewiki«. Es waren überwiegend erfahrene, in der Geschichte der deutschen Linken verwurzelte Kommunisten, die eine realistische, an den Tagesaufgaben orientierte Politik der Interessenvertretung der werktätigen Massen betreiben wollten. Ernst Meyer war einer der entschiedensten Verteidiger der Traditionen der deutschen Linken und insbesondere Rosa Luxemburgs gegen die sektiererischen Attakken, die im »Luxemburgismus« die Quelle aller opportunistischen Abweichungen sahen. Der selbsternannte Bolschewik

---

38 [Heinz Neumann, Hermann Remmele:] An die Genossen Teddy, Braun, Dengel. Moskau, den 7. Juli 1926. In: SAPMO. RY 5/I 6/3/155.

Heinz Neumann hatte sich seit 1924 nicht zuletzt mit der Entstellung der Geschichte der deutschen Linken profiliert.

Die KPD hatte es Ende 1925/Anfang 1926 vermocht, sich mit der Kampagne zur entschädigungslosen Enteignung der Fürsten aus der Isolierung, in die sie nach dem Oktober 1923 politisch geraten war, partiell zu lösen. Die über 12 Millionen zustimmenden Wahlberechtigten beim Volksbegehren im März und die mehr als 14 Millionen Stimmen beim Volksentscheid im Juni 1926 bezeugten trotz des verfehlten Zieles die Kraft einheitlicher Aktionen der Arbeiterbewegung in Verbindung mit anderen demokratischen Kräften. Bemühungen der KPD, sich stärker dem flachen Lande zuzuwenden, fanden ihre Bündelung im agrarpolitischen Programm vom 10. Februar 1926 »Das Gesicht dem Dorfe zu!«. Mit der Bewegung für einen Kongreß der Werktätigen versuchte die KPD, ein parteiübergreifendes Forum zur Interessenvertretung der abhängig Beschäftigten, der Arbeitslosen, der Kriegs- und Inflationsopfer, der Intelligenz und der Bauern zu schaffen.

Innerparteilich wurden die Kräfte jedoch noch in beträchtlichem Maße durch die Auseinandersetzungen mit den »ultralinken« Gruppierungen gebunden.

Der Schwachpunkt dieser Auseinandersetzungen bestand darin, daß die führende Gruppe in der KPD, für die Ernst Thälmann stand, einerseits einer Öffnung der Partei zu einer neuen Massenpolitik zustimmte, wie sie insbesondere durch die Meyer-Gruppe eingefordert und betrieben wurde, andererseits selbst in ihrem Politikstil vielen »ultralinken« Rastern verhaftet blieb. Die Intervention von Vertretern der Meyer-Gruppe bei der Komintern-Führung mit der Forderung nach stärkerem Einfluß auf die Führung der KPD, da der »Zustand (unhaltbar ist), daß diejenigen, die die ideologischen Träger« der gegenwärtigen Politik der Partei sind, »nur anonym mitarbeiten«, mußte auf massiven Widerstand der Richtung Neumann/Remmele stoßen.[39]

---

39 [Hermann Remmele:] An das Polbüro. Bericht für die Woche vom 5. bis 12. Juli 1926. [Bericht der EKKI-Vertretung der KPD. Moskau, Juli 1926]. In: SAPMO. RY 5/I 6/10/17.

Noch stand jedoch die Auseinandersetzung mit den »Ultralinken« im Vordergrund, besaßen diese doch starken Rückhalt in wichtigen Bezirksparteiorganisationen. Überlagert wurden diese Konflikte zunehmend von dem seinem Höhepunkt entgegengehenden Kampf des Zweckbündnisses Stalin – Bucharin gegen die Vereinigte Linke Trotzkis, Sinowjews und Kamenews.

Die eindeutige Parteinahme der KPD-Führung für den Stalin-Bucharin-Kurs schloß die Zuspitzung der Auseinandersetzung mit den verschiedenen sich als »Linke« definierenden Oppositionsgruppen ein. In der »Erklärung der 700« solidarisierten sich die Vertreter der Opposition am 1. September 1926 mit der russischen Opposition und forderten die KPD zur Rückkehr zum Leninismus auf. War ihre Kritik am sich zunehmend etablierenden politischen System des Stalinismus z. T. durchaus zutreffend, so blieb ihr strategischer Ansatz diffus und ging an den sich verändernden objektiven Entwicklungstendenzen der Realität vorbei. In mehreren Erklärungen solidarisierten sich die Gruppen der »linken Opposition« mit der russischen Opposition und ziehen das »Stalinsche ZK« des »Abweichens von der proletarischen Klassenlinie«.[40] In der Konkretisierung dieser »Abweichungen« stützte sich die »Maslow-Urbahns-Gruppe« unmittelbar auf eine Darstellung der Differenzen der russischen Opposition. Deren Kapitulation vor der Mehrheit des von Stalin – Bucharin dominierten Zentralkomitees der KPdSU(B) wurde von der Opposition weder gebilligt noch für maßgeblich für ihre Politik erachtet. Angesichts der Zersplitterung der »linken Opposition«, der Differenzen mit der selbst wieder gespaltenen Gruppe um Karl Korsch, insgesamt aber wohl wegen der fehlenden Tragfähigkeit des eigenen politischen Konzeptes, gelang es der KPD-Führung bis zum 11. Parteitag im März 1927 die Mehrzahl der »ultralinken« Bezirke »zurückzuholen«, so die innerparteiliche Diktion dieser Tage.

---

40 Rundschreiben der Maslow-Urbahns-Gruppe. 22. Oktober 1926. In: SAPMO. RY 1/I 2/3/206.

Wichtige Voraussetzung dieser Entwicklung war die definitive Verständigung der Thälmann-Führung mit der Gruppe um Ernst Meyer. Am 24. Dezember 1926 gab Meyer auf der Tagung des Politsekretariats des EKKI eine Erklärung ab, in der er seine Bereitschaft »zu einer vorbehaltlosen Mitarbeit auf der politischen Grundlage des heutigen ZK« erklärte. Sein Einverständnis mit den Beschlüssen der Komintern über die »politischen Fehler« der »Genossen Brandler und Thalheimer« verband er jedoch mit der Forderung, beiden wieder die Mitarbeit in der KPD zu gestatten, d. h. das bestehende Verbot dieser Mitarbeit aufzuheben.[41] Das Politsekretariat nahm am 27. Dezember diese Erklärung ohne den Passus über die Mitarbeit Brandlers und Thalheimers an und gab dem »Genossen Meyer volle Garantie seiner Mitarbeit« in der Parteizentrale. Die Unterschriften Ernst Thälmanns und Ernst Meyers besiegelten diesen Pakt auf Zeit.[42] Die sich verfestigenden zentralistischen Strukturen, die in diesem Vorgang des Aushandelns von Einflußmöglichkeiten gegen politisches Wohlverhalten deutlich wurden, schlugen sich in den Verhandlungen des 11. Parteitages noch deutlicher nieder. Der durch die Komintern gestärkte Parteiapparat war wohl der Hauptgewinner des Parteitages. In dessen Ergebnis wurden feste Strukturen geschaffen. Der durch die KPdSU(B) vorgegebene Parteiaufbau wurde auch für die KPD verbindlich. Der Parteitag wählte 35 Mitglieder und 18 Kandidaten in das Zentralkomitee. Ernst Thälmann wurde zum Vorsitzenden des ZK und gemeinsam mit Philipp Dengel und Arthur Ewert zum Mitglied des Politischen Sekretariats gewählt. Das Polsekretariat leitete die Arbeit des Politischen Büros. Mitglieder des Polbüros wurden neben den Mitgliedern des Polsekretariats Fritz Heckert, Wilhelm Pieck, Hermann Remmele, Ernst Meyer, Conrad Blenkle, Kandidaten Walter Ulbricht, Hugo Eberlein und Wilhelm Hein. Ein Sekretariat des ZK, in das Hugo Eberlein, Leo Flieg, Paul Diet-

---

41 Ernst Meyer: Erklärung. Moskau, 24. Dezember 1926. In: SAPMO. RY 5/V 6/10/30.
42 Protokoll Nr. 2 der Sitzung des Politsekretariats des EKKI vom 27. Dez.[ember] [19]26.

rich, Ernst Schneller und Walter Ulbricht gewählt wurden, war für die laufende organisatorische Arbeit zuständig. Den Apparat des Zentralkomitees bildeten elf Abteilungen.

In seiner politischen Tendenz blieb der Parteitag zwiespältig. Einerseits war der wachsende Einfluß der moskaudominierten Komintern-Führung und des internationalen wie nationalen Apparates deutlich. Ideologisch wurde die KPD auf eine neue, höhere Stufe der Bolschewisierung eingeschworen. Doch war dieser Vorgang nicht schlechthin als fremdgesteuerter Prozeß der Stalinisierung zu begreifen. Die als zentrale Aufgabe eingeforderte Aneignung des Leninismus war noch nicht identisch mit der Forderung, den Stalinschen Katechismus als den zeitgemäßen Marxismus-Leninismus zu akzeptieren. Unter dem Einfluß Bucharins und der ihm theoretisch wie politisch nahestehenden deutschen Kommunisten wie Paul Frölich, Hermann Duncker, Ernst Meyer, Arthur Ewert, Georg Schumann, Jacob Walcher oder Clara Zetkin gelang es, ein System der Massenarbeit aufzubauen, in dem auch die Propagandaarbeit und die theoretische Bildung einen beträchtlichen Stellenwert erhielten.

Neben den verschiedenen Formen der Parteischulung, die bereits seit Anfang der zwanziger Jahre in unterschiedlicher Qualität und Quantität praktiziert worden waren, bildete sich mit der Marxistischen Arbeiterschule (MASCH) eine neue Form der kulturellen Massenarbeit heraus, die weit über die Mitgliedschaft der KPD hinaus griff.

Unter maßgeblicher Leitung Willi Münzenbergs war ein System von der KPD nahestehenden Organisationen, Verlagen, Filmgesellschaften entstanden, das die kommunistische Bewegung erstmals in die Lage versetzte, moderne Medien auf einem hohen ästhetischen Niveau einzusetzen. Dafür sprachen die Wirksamkeit der »Arbeiter-Illustrierte-Zeitung« ebenso wie die vielfältigen Publikationen des Neuen Deutschen Verlages.

Zehn Jahre Russische Revolution

Die KPD und Sowjetrußland

Im Verlaufe des Jahres 1927 trieb der Machtkampf in der Führung der KPdSU(B) seinem Finale zu. Wichtige Vorentscheidungen waren schon zugunsten des Stalin – Bucharin Flügels gefallen. Dennoch besaßen die Führer des »Blocks« um Sinowjew und Trotzki noch hohe nationale wie internationale Autorität. Es bedurfte eines ungeheuren Kraftaktes bis hin zu einer ungehemmten kriminellen Energie, die übergroße Mehrheit der alten Bolschewiki, die Parteiführer der »Leninschen Garde« zu Feinden, Verrätern, Spionen ausländischer Dienste etc. zu stilisieren. Das war nur möglich, wenn es gelang, die Deutungsmacht über die Geschichte zu gewinnen.

Das Jahr 1927 stand gleichsam im Schnittpunkt sich überkreuzender Tendenzen. Die Vollendung ihres ersten Dezenniums erschien den Kommunisten als endgültige Bestätigung des Be- und Widerstehens der Revolution und damit gleichzeitig als Rechtfertigung kommunistischen Selbstverständnisses und Tuns.

Das Hauptziel jedoch, dessen Verwirklichung der Gründungsimpetus der Komintern gewesen war – die Weltrevolution – lag ferner denn je. In Deutschland stabilisierte sich die Wirtschaft weiter und erreichte das Niveau der Vorkriegsproduktion. Der Zusammenbruch des Kapitalismus erwies sich für alle, die sehen wollten, als Illusion. Die

Linksentwicklung in Großbritannien, von der Stalin 1925/26 einen sowjetfreundlichen Umschwung erhofft hatte, war durch die Niederlage des englischen Generalstreiks gescheitert. Der davon beeinflußte Kurs der Komintern, der zur Zurückdrängung des linksradikalen Flügels geführt hatte, verlor seine Funktion als Stütze der sowjetischen Außenpolitik.

Gleichzeitig wurde die sowjetische Politik zunehmend dominiert durch die chinesische Revolution von 1925 bis 1927. Das Desaster der Stalin-Bucharin-Linie in China nach der antikommunistischen Wende Tschiang Kai-scheks im April 1927 führte zu einer Zuspitzung der innerparteilichen Auseinandersetzung in der KPdSU(B). Der oppositionelle Block um Trotzki, Kamenew und Sinowjew fühlte sich dadurch in seiner Position bestätigt und griff die Politik Stalins und der Komintern scharf an. Diese Situation prägte in nicht unbedeutendem Maße das Jahr 1927 und auch die Geschichtspolitik von KPdSU(B) und Komintern.

Die Deutungsmacht über die Revolution von 1917 war für die widerstreitenden Parteien im Wortsinne von existentieller Bedeutung. Hatte Trotzki schon im Herbst 1924 in seinen »Lehren des Oktober« gegen die beginnende instrumentalisierende Umdeutung der Geschichte der Russischen Revolution angeschrieben, so wurde im zehnten Jahr der Revolution ihre Deutung zu einem entscheidenden Faktor in den Auseinandersetzungen um die Macht und um den weiteren Weg der Sowjetunion.

Stalin nutzte die nach seinem jeweiligen politischen Kalkül ausgerichteten »Lehren des Oktober« um in unterschiedlichen Koalitionen seine Rivalen im Kampf um die Macht nacheinander auszuschalten.

Begann dieser Prozeß nach dem Tode Lenins in der Figuration der »Troika« (Stalin-Sinowjew-Kamenew) gegen Trotzki, so wandelte sich 1926 das Szenario: der »trotzkistisch-sinowjewistische Block« wurde zum Hauptgegner der »leninistischen Generallinie« Stalins, der Bucharin und dessen Anhänger in einem Zweckbündnis an sich zu binden wußte. Schon 1927 begann dieses Bündnis zu brökkeln. Das sich abzeichnende Abgehen Stalins von der Neuen Ökonomischen Politik und sich verändernde außenpolitische Konstellationen mußten Stalin und Bucharin in Gegensatz bringen. Aber erst die erneute ultralinke Wende der Komintern 1928/29 führte zur Ausschaltung Bucharins.

Was als politische Auseinandersetzung begann, führte über den skrupellosen Einsatz des bürokratischen Apparates und der Mittel der Politintrige bis zur physischen Vernichtung aller tatsächlichen, potentiellen oder nur befürchteten Gegner. Das Ergebnis – die Ermordung der übergroßen Mehrheit der Köpfe der Russischen Revolution – ist auch unter dem Blickwinkel des Kampfes um die geschichtliche Deutungsmacht relevant: Die Diadochenkämpfe um die Nachfolge Lenins und um den weiteren Weg Sowjetrußlands wurden geführt im Streit um die Revolution. Zu Recht oder zu Unrecht leiteten die Kombattanten ihre Legitimation aus der Geschichte der Bolschewiki und zuvörderst aus der Geschichte der Revolution ab, die von der oder den russischen Revolution(en) des Jahres 1917, zur Oktoberrevolution und schließlich zur Großen Sozialistischen Oktoberrevolution mutierte.

Die VII. Erweiterte Tagung des Exekutivkomitees der Komintern vom November/Dezember 1926 wurde gleichsam der Auftakt für eine »ideologische Kampagne« anläßlich des zehnten Jahrestages der Revolution.

Bereits Stalins Referat geriet über weite Strecken zu einem Exkurs über Probleme der Parteigeschichte. Immer nachdrücklicher etablierte er seine Positionen als alleingültigen leninistischen Kurs. Es gelang auch zunehmend, den Apparat nicht nur der KPdSU(B), sondern auch der Komintern in den Dienst der Durchsetzung der Stalinschen Linie zu stellen. Die Abteilung Agitprop des EKKI hob in einem Grundsatzartikel zu den Ergebnissen der VII. Erweiterten Exekutivtagung diesen Zusammenhang hervor: Die Auseinandersetzung mit der Opposition kann »nur voll verstanden werden, wenn erkannt wird, daß es sich hierbei nicht um das eine oder andere Problem der proletarischen Revolution, sondern um ihre Gesamtheit, um ihre leninistische Gesamtauffassung handelt. Es liegt auf der Hand, daß die Opposition des Genossen Trotzki und der Genossen Sinowjew – Kamenew in jeder Einzelfrage der russischen Diskussion, sei es in der Frage des Charakters des proletarischen Staates [...], sei es in der Frage der [...] Industrialisierung, der Politik gegenüber dem Dorfe usw. in Widerspruch mit dem Leninismus treten mußte, weil sie von *vornherein* die *leninistische Gesamtbeurteilung* des Charakters der russischen Revolution und daher auch der Entwicklungswege dieser Revolution gar nicht oder nur bruchstückweise sich zu eigen machte.«[43]

Es war für die Durchsetzung des Stalinschen Kurses nicht unwesentlich, ob die stärkste Sektion der Komintern außerhalb der Sowjetunion, die KPD, diesen Kurs unterstützte.

Die Aktivitäten zum zehnten Jahrestag der Russischen Revolution sind deshalb auch in der KPD in vielfältige Zusammenhänge einzuordnen.[44]

Zum einen ging die Initiative zu dieser »Kampagne« vom Stalin-Flügel der KPD unter der Führung Thälmanns aus.

---

43 Agitprop. EKKI: Die Beschlüsse der VII. Erweiterten Exekutive im Lichte des Leninismus (Zur Lenin Woche). In: Die Kommunistische Internationale. Wochenschrift der Exekutive der Komintern. Berlin. 8(1927)3 Hamburg. S. 153 (Hervorhebungen im Original).

44 Die DDR-Geschichtsschreibung widmete diesem Thema bereits seit den fünfziger Jahren Aufmerksamkeit. Auf folgende Auswahl sei verwiesen: Otto Kindzorra: Zu den Feierlichkeiten des Zehnten Jahrestages der Großen Sozialistischen Oktoberrevolution 1927 in Deutschland. In: WZ HUB (1957/58)1. S. 55-60.
Ders.: Zehn Jahre danach. Zu den Feierlichkeiten des zehnten Jahrestages der Großen Sozialistischen Oktoberrevolution 1927 in Deutschland. In: ZfG 6(1958) SH. S. 259-277. Sigrid Oppermann: Die marxistisch-leninistische Staatslehre in der Propagandaarbeit der KPD (Nov. 1925 bis Mai 1929). In: Beiträge zur Geschichte der Arbeiterbewegung. 16(1974)4. S. 577-579 u. 583-568. Helmut Neef/Siegfried Vietzke: Die Kommunistische Partei Deutschlands und die Aktion »10 Jahre Sowjetmacht«. Ein Beitrag zum 60. Jahrestag des Roten Oktober und anläßlich des Nationalfeiertages der Deutschen Demokratischen Republik 1977. Vorlesungen und Schriften der Parteihochschule »Karl Marx« beim ZK der SED. Berlin 1977. Aus gleichem Anlaß äußerte sich der Verf. in mehreren Aufsätzen zum Thema. Sie gingen in die Monographie Marxistische deutsche Geschichtswissenschaft 1917 bis 1933, Berlin 1982 ein.

Seine Intentionen waren von dem Bemühen geprägt, den offiziellen Kurs der KPdSU(B) und der Komintern in der KPD
durchzusetzen und damit die eigenen Positionen zu stärken.
Ernst Thälmann war ein überzeugter Parteigänger Stalins, der
– wohl subjektiv ehrlich – dessen Kurs als die authentische
Weiterentwicklung der Leninschen Linie ansah. Bereits auf
der VII. Tagung der Erweiterten Exekutive der Komintern
Ende 1926 stellte er fest, daß es in der Auseinandersetzung
mit Trotzki »nicht um einzelne Fragen des Leninismus, sondern um den gesamten Fragenkomplex des Leninismus, um
die Grundprobleme der proletarischen Diktatur«[45] gehe. In
diesem Sinne begründete er auf dem 11. Parteitag im März
1927 die Kampagne »10 Jahre Sowjetunion«.[46]

Formal in Übereinstimmung mit Thälmann waren die Intentionen der Vertreter der Mittelgruppe und der »Rechten«
dennoch andere. Als Vertreter eines realistischen Politikan-
satzes standen sie für eine an den Tagesaufgaben orientierte
Einheitsfrontpolitik, die ohne Aufgabe der kommunistischen
Identität auch in nichtrevolutionärer Zeit politikfähig bleiben
wollte. Bucharin nahestehend, konzentrierten sie sich in der
Kampagne »10 Jahre Sowjetunion« auf die Propagierung der
NÖP. In einem Umfang, der in der Geschichte der KPD bis
dahin kein Beispiel fand, wurden detailliert Grundprobleme
des wirtschaftlichen Aufbaus in der Sowjetunion erörtert. Der
Aufbau eines Systems von Schulungsformen, das von Ele-
mentarkursen bis zur Reichsparteischule führte, strebte ein
neues Niveau der theoretischen Arbeit an.

Mit Hermann Duncker, Ernst Meyer, Karl Becker gewannen entschiedene Anhänger eines flexibleren auf die
Einheitsfrontpolitik ausgerichteten Kurses zunehmend Einfluß auf die theoretische Arbeit der Partei. Die sich in dieser

---

45   Protokoll. Erweiterte Exekutive der Kommunistischen Internationale. Moskau, 22. November - 16. Dezember 1926. Hamburg/Ber-
lin 1927. S. 743.
46   Bericht über die Verhandlungen des XI. Parteitages der Kommunistischen Partei Deutschlands (Sektion der Kommunistischen Internationale). Essen vom 2. bis 7. März 1927. Hrsg. v. Zentralkomitee
der KPD. Berlin 1927. S. 281 f.

Zeit herausbildende Vielfalt und Breite in der massenpolitischen, propagandistischen und theoretischen Arbeit der Partei, die der Bolschewisierung verbunden war und die in der Tat in neuen Dimensionen versuchte, die Geschichte der Bolschewiki, der Russischen Revolution(en) und der Sowjetunion zu rezipieren, läßt sich nicht auf den Begriff der Stalinisierung verkürzen.

Eine dritte Richtung, deren Zusammensetzung sehr heterogen war und rasch wechselte, kritisierte die Entwicklung in der Sowjetunion vom Standpunkt einer linken Opposition.[47]

Alle drei hier skizzierten Richtungen beriefen sich entschieden auf Lenin und die Oktoberrevolution und begriffen sich als Leninisten.

Noch war die Entscheidung zugunsten der stalinistischen Instrumentalisierung des »Marxismus-Leninismus« nicht gefallen. Mit der Zerschlagung der »Vereinigten Opposition« in der Sowjetunion, der Ausschaltung Trotzkis und dem Heranreifen einer neuen »ultralinken« Wende der Komintern entstanden 1927 die Voraussetzungen und Bedingungen der totalen und endgültigen Durchsetzung Stalins in der KPdSU(B) und der Komintern.

Um die Haltung der deutschen Kommunisten zur Russischen Revolution und zur Sowjetunion zu erfassen, ist allerdings noch eine andere Ebene zu beachten, ohne die weder die Einwirkungen von außen noch die inneren Auseinandersetzungen in der KPD zu begreifen sind.

Entstanden in einer Zeit, in der die revolutionäre Krise bereits ihren Zenit überschritten hatte, begriff sich die KPD, begriffen sich die deutschen Kommunisten subjektiv dennoch als Avantgarde der Weltrevolution, die nach ihrer Überzeugung im Zuge des unaufhaltsamen Zusammenbruchs des Imperialismus mit Naturnotwendigkeit heranreifen mußte. Von diesem Gründungsaxiom ging die KPD Zeit ihres Bestehens

47   Siehe Annegret Schüle: Trotzkismus in Deutschland bis 1933. Pierre Broué: Die deutsche Linke und die russische Opposition 1926-1928. Selbstverlag. Köln und Grenoble 1989.

nicht ab. Diese geschichtsmächtige Utopie prägte ihre gesamte Politik, aber auch die Mentalitäten der von ihr beeinflußten Massen.

Gab die Wirklichkeit der Weimarer Republik diesem Traum von der Weltrevolution immer weniger Nahrung, so bot die Realität der Russischen Revolution Ersatz. Ihre Geschichte – in den frühen Jahren mit Selbstverständlichkeit als vorweggenommene deutsche Entwicklung begriffen – gemahnte die deutschen Kommunisten mit zunehmendem zeitlichen Abstand und dem Ausbleiben bzw. Scheitern des »deutschen Oktobers« einerseits an das eigene Versagen. Andererseits wirkte die Russische Revolution in ihrem Selbstverständnis als unzerstörbare Brücke zwischen der Wirklichkeit und der weltrevolutionären Utopie.

Die Realität der Russischen Revolution ermöglichte es den deutschen Kommunisten, Revolutionäre auch in nichtrevolutionärer Zeit zu bleiben und sich mit ihrer Utopie in der Wirklichkeit der Weimarer Demokratie einzurichten.

Das Auseinanderklaffen von Reform und Revolution, von Utopie und Realität prägten die verschiedenen Politikansätze wie die Lebenswirklichkeit der deutschen Kommunisten. Die Kampagne »10 Jahre Sowjetunion« widerspiegelte diese in sich widersprüchliche Verfaßtheit der KPD auf spezifische Weise.

Bereits der 11. Parteitag war Ausdruck dieser Ambivalenz. Thälmanns Inaugurierung der Kampagne war schon formal von jenem Wortradikalismus geprägt, der immer charakteristischer für die KPD werden sollte.

Zugespitzt kann formuliert werden: Je weiter sich die Möglichkeit der revolutionären Aktion entfernte, um so krasser wurde die revolutionäre Attitüde der Selbstdarstellung.

»Aber wir wollen diese Tatsache (der Russischen Revolution – d. Verf.) dem gesamten internationalen revolutionären Proletariat nicht nur in Erinnerung rufen, sondern der 11. Reichsparteitag wird in Erinnerung an den Oktober 1917, an dem die russischen Arbeiter und Bauern die proletarische Diktatur aufrichteten, das ZK unserer Partei beauftragen, eine große Massenagitation und Massenbewegung [...] einzuleiten, um diesen großen welthistorischen Kampfestag [...] zur Feier nicht nur des deutschen, sondern auch des Weltproletariats zu machen. Ich beantrage, daß der 11. Reichsparteitag das ZK der KPD beauftragt, eine Resolution vorzulegen, die zum Ausdruck bringt, daß dieser Parteitag der Ausgangspunkt sein muß, um mit allen sympathisierenden Organisationen und dem gesamten Proletariat diesen Tag als einen Tag des Aufmarsches der revolutionären Front gegen die Weltbourgeoisie vorzubereiten und zu organisieren.«[48]

Was sich in der Praxis als vielfältige massenpolitische und theoretisch-propagandistische Arbeit darstellte, geriet in den Thälmannschen Worthülsen zum »Tag des Aufmarsches der revolutionären Front gegen die Weltbourgeoisie«.

Im Gegensatz zu diesem Duktus forderten die »Thesen zur politischen Lage und den Aufgaben der KPD« relativ differenziert: »Die Partei muß ihre tagtägliche Arbeit durch theoretisches Denken befruchten, wenn sie nicht in leeres Agitatorentum verfallen will. Nur die angestrengte theoretische Arbeit gibt der Partei die Möglichkeit, die gewaltigen Erfahrungen der deutschen Revolutionsjahre für den proletarischen Klassenkampf nutzbar zu machen, die widerspruchsvollen Tendenzen der kapitalistischen Stabilisierung im Lichte der Leninschen Theorie des Imperialismus zu begreifen, [...] die Strategie und Taktik der Partei auf Grund der tatsächlichen Kampferfahrungen zu überprüfen und aus ihrer Selbstkritik die richtigen praktischen Schlüsse zu ziehen.«[49]

Wortradikalität und Attentismus, Militarisierung der Sprache standen hier gegen ein Programm, das bemüht war, die theoretische und propagandistische Arbeit an den Erfordernissen und Realitäten der Weimarer Republik auszurichten. Wie aus einem Bericht Willi Münzenbergs hervorgeht, wurden im November/Dezember 1926 – parallel zum VII. Er-

---

48 Bericht über die Verhandlungen des XI. Parteitages der Kommunistischen Partei Deutschlands, S. 281 f.
49 Thesen zur politischen Lage und den Aufgaben der KPD. In: Thesen und Resolutionen des XI. Parteitages der KPD. Essen, 2. bis 7. März 1927. Hrsg. vom ZK der KPD. Berlin, 15. März 1927. S. 34.

weiterten EKKI-Plenum – die Aktivitäten zwischen KPD und Komintern koordiniert.[50] Es entstand die Vorstellung, verstärkt der KPD nahestehende Massenorganisationen einzubeziehen, um dadurch eine größere Breitenwirkung zu erzielen.

Die bedeutendste Publikation, die anläßlich des Jahrestages in deutscher Sprache erschien, war die »Illustrierte Geschichte der Russischen Revolution 1917«, die vom Neuen Deutschen Verlag – wie damals üblich – zu einem auch für Arbeiter erschwinglichen Preis in Einzellieferungen in Bogenstärke herausgegeben wurde. Die wirkungsvoll u. a. von John Heartfield gestaltete »Illustrierte Geschichte« war weniger eine in sich geschlossene monographische Arbeit als eine Montage aus Dokumenten, Aufsätzen, Erinnerungen und Illustrationen. Auf fast 600 großformatigen Seiten entstand erstmals für den deutschen Leser ein breites Panorama der Russischen Revolution.

Überschaut man die gesamte von KPdSU(B) und Komintern beeinflußte Geschichtspublizistik aus Anlaß des Jubiläums in Deutschland, so ist ihre Funktion als historische Legitimation der herrschenden sowjetischen Politik signifikant. Die Auseinandersetzung mit Trotzki durchzog sie wie ein roter Faden. Die Lenin-Hagiographie erreichte einen neuen Höhepunkt. Der Leninismus wurde endgültig zum Signum allgemeingültiger marxistischer Theorie und Politik. Gleichzeitig war aber die Auseinandersetzung um die Deutungsmacht dessen, was unter Leninismus zu fassen war, welche »allgemeingültigen« Lehren aus der Russischen Revolution abzuleiten waren, nicht abgeschlossen. Aus all dem ergab sich eine relative Vielfalt der Publizistik, die die deutschen Kommunisten erreichte. Nikolai Bucharin als Vorsitzender des Exekutivkomitees der Komintern stand für die Möglichkeit eines – wenngleich zunehmend eingeschränkten – freien Diskurses.

Konzentrierte sich die KPD bis zum Sommer 1927 vor allem auf Presseaktivitäten, so verlagerten sich die Initiativen

---

50   [Bericht Willi Münzenberg o. O. u. J. Berlin, Ende 1926]. In: SAPMO. RY 5/ I 2/3/7.

seitdem deutlich. Schwerpunkte wurden in der Entsendung der dritten deutschen Arbeiterdelegation in die Sowjetunion, in der Vorbereitung des Internationalen Kongresses der Freunde der Sowjetunion in Moskau und in schrittweiser Steigerung von Kundgebungen gesehen. Erstmals in der Geschichte der KPD gelang es, eine Kampagne dieser Art vergleichsweise langfristig zu führen.

In einem vom Zentralkomitee beschlossenen »Plan der Kampagne 10 Jahre Sowjetunion« wurden die Verantwortlichkeiten und Aktivitäten festgelegt. In den gestanzten Wendungen der immer stärker von der Realität abgehobenen formelhaften »Komintern-Sprache« hieß es: »Das Ziel der Kampagne ist, in den breitesten Massen der Werktätigen folgende Gedanken lebendig zu machen:

1. Die Sowjetunion ist als der erste proletarische Staat das Zentrum der internationalen Revolution. Die Verteidigung der Sowjetunion gegen den Weltimperialismus ist die Pflicht jedes klassenbewußten Arbeiters, jedes werktätigen Bauern, jedes Menschen, der an der Sicherung des Friedens und dem Fortschritt der Menschheit interessiert ist.

2. Die Niederringung des Imperialismus, der Sieg des Proletariats in jedem Lande ist nur möglich, wenn das Proletariat den Grundsätzen des Leninismus folgt, die die russische Revolution zum Siege geführt haben.

3. Nur im engsten Bündnis mit der Sowjetunion kann der Befreiungskampf der Ausgebeuteten und Unterdrückten aller Länder siegen.«[51]

Im Unterschied zu der in der Realität der theoretisch-propagandistischen Arbeit der KPD dieser Zeit noch vorherrschenden Vielfalt orientierte der Plan im Klartext auf die strikte Ausrichtung des Wirkens der Komintern-Sektionen auf die Interessen der Sowjetmacht, deren Verteidigung nicht zufällig als erste Pflicht herausgestellt wurde. Die Revolution im eigenen Lande wurde immer mehr zur abstrakten Endzeithoffnung, deren Einlösung nur durch die Einhaltung der

---

51   Plan der Kampagne 10 Jahre Sowjetunion. In: SAPMO. RY 5/I 2/707/10.

Exerzitien des Leninismus im »engsten Bündnis mit der Sowjetunion« als möglich suggeriert wurde.

Begleitend zu Publizistik und Verlagsaktivitäten wurden die Bezirksorganisationen mit ausführlichen Rededispositionen zu den Themen »Geschichte der KPdSU(B)« und »Zehn Jahre UdSSR« versehen. Wettbewerbe für die Gestaltung wirksamer Plakate, eines Abzeichens und einer Gedenkmarke versuchten, die Ziele der Kampagne auch sinnlich wahrnehmbar mit politischer Ikonographie und Symbolik zu verfolgen.[52] Durch die Visualisierung abstrakter Begriffe und Zusammenhänge, »die Transformation verbal-kognitiver Deutungen und Orientierungen in bildlich-rhetorische Figuren ließen sich komplexe Strukturen und theoretische Aussagen auf einfache Situationen reduzieren«.[53] Durch die Verbindung von drei Traditionslinien unterschied sich die KPD von anderen politischen Parteien in dieser symbol- und bilderträchtigen Zeit. Es war dies ein Rückgriff auf die Symbolik und Ikonographie der Vorkriegssozialdemokratie, die Adaption sowjetischer Plakatkunst und die Einflüsse moderner Kunstentwicklung, wie sie in den Fotomontagen John Heartfields in der Gestaltung der Arbeiter-Illustrierten-Zeitung und dem aggressiven, expressiven Zeichenstil von George Grosz zum Ausdruck kamen.

Der Einsatz der von Willi Münzenberg geleiteten oder stark beeinflußten Zeitschriften, Verlage, Kultur- und Massenorganisationen für die Kampagne ist hoch zu veranschlagen.

In den Sommermonaten 1927 gewann die Reise der dritten deutschen Arbeiterdelegation in die Sowjetunion wachsende Bedeutung. Wie aus den Protokollen des Polbüros hervorgeht, war die Arbeiterdelegation langfristig geplant. Am 1. Februar, 30. März und 1. April konkretisierte das Polbüro die Schritte zur Entsendung der Arbeiterdelegation.[54]

---

52 Siehe dazu den Bestand in: SAPMO. RY 5/ I 2/3/7.
53 Klaus-Michael Mallmann: Kommunisten in der Weimarer Republik. S. 235.
54 Siehe Beschlußprotokoll Polbüro der KPD vom 1. Februar, 30. März und 1. April 1927. In: SAPMO. RY 5/I 2/3/7.

Nachdem am 18. Juli das offizielle Einladungsschreiben des Präsidiums des Zentralgewerkschaftrates der UdSSR bei der Zeitschrift »Die Einheit« eingetroffen war, begann eine »spontane« Bewegung zur Organisation der Arbeiterdelegation. Gemeinsam mit den Vorständen der ersten beiden »Rußlanddelegationen« wandte sich die Redaktion der Zeitschrift an die deutsche Arbeiterklasse und rief zu einer großen Solidaritätsaktion auf, »die den Zweck haben soll, den russischen Arbeitern zu zeigen, daß die deutsche Arbeiterklasse trotz mancher Meinungsverschiedenheiten keinen Angriff auf die russische Arbeiterklasse dulden werde«.[55]

Die sehr offenkundige Instrumentalisierung der Arbeiterdelegation im Interesse von KPD und KPdSU(B) und der sich im Verlauf des Jahres 1927 erneut verschärfende Ton gegen die SPD erleichterte es dieser, die Delegation als »kommunistischen Parteiladen« zu denunzieren.

Dennoch gelang es der KPD, besonders in den Veranstaltungen der »Rußlandfahrer«, zumindest partiell breitere Kreise der Arbeiterschaft zu erreichen.

Hatte die KPD in ihrem »Plan der Kampagne: 10 Jahre Sowjetunion« für das erste Halbjahr besonders auf die Intensivierung der theoretisch-propagandistischen Arbeit gesetzt, so verlagerte sie im zweiten Halbjahr das Schwergewicht auf die massenpolitischen Aktivitäten, die im Oktober/November ihren Höhepunkt fanden. Der Kurs der Führung der KPdSU(B), der durch das schon unsichere und schwankende Bündnis des Stalin- und Bucharin-Flügels geprägt war, bestimmte auch die Kampagne der KPD. Wenige Wochen vor dem 7. November schwor die Komintern die Sektionen nochmals in mehreren grundsätzlichen Dokumenten auf ihre Linie ein.

Ein detaillierter Kampagneplan,[56] Thesen der Agitprop. des EKKI[57] und schließlich ein Manifest des Zentral-Exekutivkomitees der Sowjetunion zum Zehnten Jahrestag

55 An die deutsche Arbeiterklasse! In: Die Einheit. Berlin (1927) S. 330.
56 Plan einer Kampagne für den 10. Jahrestag der Oktoberrevolution (Entwurf der Kommunistischen Internationale). In: Inprekorr. Berlin 7(1927)101. S. 2165-2175.

der Oktoberrevolution »An alle Arbeiter, werktätigen Bauern und Rotarmisten der UdSSR. An die Proletarier aller Länder und die unterdrückten Völker der Welt«[58] gaben die Leitmotive vor.

Führende Vertreter anderer Sektionen der Komintern würdigten die Bedeutung des Manifestes des Zentral-Exekutivkomitees der Sowjetunion.

All diese Aktivitäten zielten nicht zuletzt darauf ab, die Niederlage Trotzkis in der Sowjetunion wie in der Komintern endgültig zu besiegeln. Die separaten Demonstrationen der russischen Opposition anläßlich des Jubiläums zeigten ihre Isolierung.

»Das Wachsen des ökonomischen Drucks von Seiten der bürgerlichen und kleinbürgerlichen Schichten innerhalb des Landes auf Grund der Niederlagen der proletarischen Revolution in Europa und Asien«, so resümierte Trotzki 1928 rückblickend das Scheitern, » – das war die historische Kette gewesen, die sich vier Jahre lang nun um den Hals der Opposition zusammenzog.«[59]

Die Aktivitäten der KPD zum zehnten Jahrestag ordneten sich in diese Zusammenhänge ein. Es war von nicht geringer Bedeutung, wenn die in der Sowjetunion sehr populäre KPD dem Kurs der Führung der KPdSU(B) in einem so entscheidenden Punkt wie der Wertung der Oktoberrevolution und ihrer Perspektive bedingungslos folgte und die eigene ultralinke/trotzkistische Opposition zerschlug. Daraus aber zu schließen, daß die KPD mechanisch den Interessen der sowjetischen Machtauseinandersetzungen und deren außenpolitischen Zielen folgte, greift zu kurz. Die Gemengelage war

---

57   Zum Zehnten Jahrestag der Oktoberrevolution. Thesen der Agitprop. des EKKI für Referenten. In: Inprekorr. Berlin 7(1927)104. S. 2238-2243.
58   Manifest des Zentral-Exekutivkomitees der Sowjetunion zum Zehnten Jahrestag der Oktoberrevolution. In: Inprekorr. Berlin 7(1927)106. S. 2281-2284.
59   Leo Trotzki: Die internationale Revolution und die Kommunistische Internationale. In: Die III. Internationale nach Lenin. Das Programm der internationalen Revolution und die Ideologie vom Sozialismus in einem Land (1928/29). Dortmund 1977. S. 202.

komplizierter. Ohne eigenständige, innere Antriebe war eine große Partei wie die KPD unter den Bedingungen der parlamentarischen Demokratie und in einer wirtschaftlich vergleichsweise günstigen Lage nicht zu einer Kampagne für die Politik einer ausländischen Macht zu motivieren, selbst wenn sich diese als proletarisch begriff.

Dies war möglich mit der disziplinierten, sich als Avantgarde begreifenden Funktionärsschicht, nicht aber mit der Masse der Mitglieder und Sympathisanten. Der entscheidende Punkt, der es ermöglichte, Hunderttausende mit dieser Kampagne zu erreichen, war das Selbstverständnis, die Identität der Kommunisten und der mit ihnen sympathisierenden Gruppen und Schichten. Bei der Suche nach der Identität des Revolutionärs in nichtrevolutionärer Zeit bot die Solidarisierung mit dem »Vaterland aller Werktätigen« die Möglichkeit, »die Leere zwischen dem Kampf für die Verteidigung und Verbesserung der Lebensbedingungen der Arbeiter und dem Sturz des Kapitalismus« zu füllen.[60]

Die Kampagne vermochte die Avantgarde der »Berufsrevolutionäre« ebenso anzusprechen wie die in ihrer kommunistischen Milieuverwurzelung verharrenden Mitglieder und Sympathisanten, die sich angesichts der nichtrevolutionären Realität Nischen geschaffen hatten, in denen sie überdauerten.[61]

---

60 Aldo Agosti: Reform und Revolution in der Dritten Internationale. In: Detlef Albers/Franco Andreucci (Hrsg.): Der Weg der Arbeiterbewegung nach 1917. Zur sozialistischen Theorie der Zwischenkriegszeit. Frankfurt a. M. 1985. S. 44.
61 Siehe Klaus-Michael Mallmann: Kommunisten in der Weimarer Republik. S. 54 ff.

Für eine realistische Politik des Möglichen

Die Auseinandersetzungen
um ein Aktionsprogramm 1927/28

Die KPD des Jahres 1927 – zehn Jahre nach dem Oktober 1917 – stand kurz vor einer Wende, die die Entscheidung bot zwischen dem Weg genuiner proletarischer Emanzipation eines demokratischen Sozialismus in der Folge Rosa Luxemburgs, Paul Levis, August Thalheimers oder Antonio Gramscis oder dem Weg der Verabsolutierung der Russischen Revolution. Diese Ambivalenz prägte auch die Massenpolitik der KPD. Nach der Zurückdrängung des »ultralinken« Einflusses auf die politische Linie der Partei wuchs der Einfluß der Vertreter der Mittelgruppe. Das fand seinen Niederschlag in dem Bemühen, Massenaktionen gegen den Rechtskurs der Bürgerblockregierung auszulösen und gegen die erneut zunehmende Gefahr faschistischer und rechtskonservativer Vorstöße gemeinsam mit der Sozialdemokratie und den Gewerkschaften vorzugehen. Der Rote Frontkämpferbund wurde in dieser Zeit immer stärker zum Symbol für den deutschen Kommunismus unter der Bevölkerung. Sein Aufmarsch gegen den »Reichsfrontsoldatentag« am 7. und 8. Mai 1927 erzwang den vorzeitigen Abbruch der Provokation.

Verstärkt trat die KPD in ihren verschiedenen Gliederungen an SPD und ADGB mit dem Angebot heran, sich über Maßnahmen gegen die Bürgerblockregierung zu verständigen. Sie erklärte die Bereitschaft, die Bildung und Tätigkeit sozialdemokratischer Minderheitsregierungen zu ermöglichen. Alle diese Bemühungen scheiterten. Die SPD lehnte es ab, sich auf ein Regierungsprogramm festzulegen. Viele der Vorschläge der KPD waren allerdings auch so formuliert, daß die Ablehnung durch die Sozialdemokratie vorprogrammiert war und der propagandistische Effekt im Vordergrund stand. Dennoch konzentrierte sich die KPD im Verlaufe des Jahres zunehmend auf die Aufgabe, den Sturz des Bürgerblocks zu erreichen. Dieses Ziel verstand die Tagung des Zentralkomitees im September 1927 als Nahziel in ihrem Kampf um die Diktatur des Proletariats. Eine Ablösung der Bürgerblockregierung durch eine Regierung unter Beteiligung der Kommunisten wurde nicht in Betracht gezogen. Eine interne Erklärung des Zentralkomitees vom 28. Oktober 1927 stellte fest, eine solche Beteiligung sei für die Zukunft nicht auszuschließen, im Augenblick würde eine solche Fragestellung allerdings nur verwirren.[62] Die KPD engagierte sich mit zunehmendem Realismus in der Sozial- und Wohnungspolitik für die Interessen der werktätigen Bevölkerung. Sie wandte sich auf kultur- und schulpolitischem Gebiet gegen Vorstöße der Bürgerblockregierung. Sie schuf ein System von sozial- und kulturpolitischen Organisationen. Alle diese Schritte erforderten immer dringlicher ein geschlossenes Konzept, das programmatisch das Verhältnis von Teil- und Endzielen bestimmte und die Partei in den aktuellen Tageskämpfen handlungsfähiger machte. Wurde doch vielfach jeder praktische Schritt der kommunistischen Kommunalpolitiker und Parlamentarier, wenn sie ihr Gremium nicht nur als »Tribüne« zur Propagierung der Weltrevolution nutzten, von dem starken fundamentalistischen Flügel in der Partei als potentielle »Rechtsabweichung« oder »opportunistische Schweinerei« beargwöhnt.

Jacob Walcher analysierte in einem ausführlichen Brief an Nikolai Bucharin vom 26. Mai 1927 die Situation in der KPD. Hauptpunkt seiner Kritik an der Linie der Parteiführung war, »daß es die Partei nicht versteht, ein richtiges Ver-

---

62 Siehe Geschichte der SED. Bd. 2. S. 383. Der Verweis auf diese Erklärung erfolgt ohne Quellenangabe.

hältnis zu der sozialdemokratischen Opposition herzustellen«. Diese Grundfrage, die schon auf dem Essener Parteitag zwischen den unterschiedlichen Strömungen in der KPD strittig war, erwies sich in der Tat beim Versuch der Ausgestaltung einer nicht nur agitatorischen Einheitsfrontpolitik als entscheidend. In jeder konkreten Forderung des politischen Tageskampfes mußte ein konfrontativer Ton gegenüber der linken Sozialdemokratie, also das Ausschlagen der Zusammenarbeit mit dem potentiellen Partner, die Forderung selbst als plakativ desavouieren.

Walcher benannte scharfsinnig eine entscheidende Unterlassung von KPD und Komintern bei der Grundlegung des veränderten Kurses im Sommer/Herbst 1925: »Forscht man nach den Ursachen, auf die die Mängel und Unzulänglichkeiten in unserer Partei zurückzuführen sind, so will es mir scheinen, daß das Hauptübel darin zu suchen ist, daß die Vergangenheit der Partei von den Ultralinken in toller Weise verzerrt und entstellt wurde und daß bis heute die von den Ultralinken geschaffene *Parteilegende* aufrechterhalten wird. [...] Solange die Parteilegende besteht, ist auch ein erfolgreicher Kampf zur Vernichtung der Ultralinken undenkbar. Solange Maslow und Konsorten unwidersprochen darauf pochen können, daß sie jahrelang die bolschewistische Linie verfochten und gegen den Opportunismus gekämpft und schließlich die Partei gerettet haben, solange ist es nicht möglich, ihre Anhänger für die Partei zu gewinnen.«

In einer »gründlichen Klärung der Parteivergangenheit« sah Walcher die Voraussetzung für die Lösung der »aktuellen taktischen Probleme«.[63] Was Walcher nicht sah oder sagte, war: Mit der bestehenden Parteiführung war eine solche »gründliche Klärung« nicht möglich. Die von ihm beklagte »Parteilegende« war ihr unverzichtbares konstitutives Element.

Noch schienen jedoch – obwohl sich in Moskau die Großwetterlage erneut zu drehen begann – die Chancen für

---

63 [Jacob Walcher an N. I. Bucharin]. Berlin, den 26. Mai 1927. In: SAPMO. RY 5/ I 6/3/161 (Hervorhebung im Original).

eine realistischere Politik nicht gering zu sein. Mit Ernst Meyer und Arthur Ewert gewannen zwei profilierte Vertreter eines solchen Kurses starke Positionen in der Parteiführung. In diesem Sinne drängten sowohl »Rechte« als auch Vertreter der Mittelgruppe seit längerem auf ein Aktionsprogramm, das verläßliche Richtlinien für eine flexible Massenpolitik bot.[64]

Heinrich Brandler hatte bereits vor dem Essener Parteitag ein Aktionsprogramm entworfen, das Grundlage für entsprechende Vorschläge seiner Gesinnungsgenossen auf dem Parteitag war. Deren Ablehnung war eine reine Richtungsentscheidung. Dabei lag diese Forderung gleichsam in der Luft. Selbst S. A. Losowski, führender Gewerkschaftsfunktionär der Komintern und opportunistischer Abweichungen höchst unverdächtig, hatte schon auf der VII. Tagung des Exekutivkomitees in von ihm eingebrachten Thesen erklärt: »Angesichts des riesenhaften Drucks des Kapitals, der rapiden Senkung der Lebenshaltung der Massen, des Raubes der alten Errungenschaften muß der Kampf um die Einheit (der Arbeiterklasse – d. Verf.) natürlicherweise auf der Grundlage eines konkreten Aktionsprogramms geführt werden.«[65] Das »Manifest an die deutsche Arbeiterklasse« des 11. Parteitages faßte in diesem Sinne die »Generallinie für die nächsten Stufen des proletarischen Klassenkampfes« zusammen: Kampf gegen Kriegsgefahr, für Achtstundentag und höhere Löhne, Einheitsfront der deutschen Arbeiterklasse.[66] Jacob Walcher u. a. beantragten die Annahme ihres Konzeptes der Produktionskontrolle, das sie in einem Aktionsprogramm begründen wollten. Dieses Programm, das auf Heinrich Brandlers Vorschläge zurückging, knüpfte an Strategien der KPD

64 Siehe zum folgenden: Karl Hermann Tjaden: Struktur und Funktion der »KPD-Opposition«. S. 64 ff. Thomas Schmidt: Die Diskussion über das Aktionsprogramm der KPD. Unveröffentlichte Studie. Leipzig 1984.
65 Vertrustung, Rationalisierung und unsere Aufgaben in den Gewerkschaften (Thesen des Genossen Losowski). In: Inprekorr. Berlin 7(1927)16. S. 324 f.
66 Manifest an die deutsche Arbeiterklasse, an alle Kommunisten. In: DMGdA. Bd. VIII. Berlin 1975. S. 518.

aus der Zeit der Nachkriegskrise an, berücksichtigte jedoch die veränderten Klassenkampfbedingungen. In ihrem Kern versuchte diese Orientierung, ausgehend von den rasanten Konzentrationsprozessen in der deutschen Wirtschaft eine Strategie zu entwickeln, die es ermöglichte, über die konkrete Kontrolle der »Trustbourgeoisie« den »Kampf um die Produktionskontrolle (weiterzuführen) zur Bildung und Zusammenfassung von Klassenorganen, Betriebsräten, Kontroll-, Teuerungs- und Aktionsausschüssen [...], aus denen sich im Stadium der entscheidenden Kämpfe die Räte, die Herrschaftsorgane des siegreichen Proletariats, entwickeln können«.[67] Der Parteitag lehnte diesen Antrag ab. Dennoch blieb die Forderung nach einem Aktionsprogramm in der Partei virulent. Auf der Tagung des Zentralkomitees im Mai 1927 wurde sie erneut diskutiert. Die beiden Konzepte, Produktionskontrolle oder Kampf dem Bürgerblock, wurden abgewogen. Die »Produktionskontrolleure« waren in der Minderheit. Strittig blieb auch hier die Haltung zur linken Sozialdemokratie.

In der Auseinandersetzung zum Aktionsprogramm lenkte Ernst Thälmann jedoch ein: »Vielleicht fehlt uns etwas in der Partei, vielleicht fehlen uns im Kampf gegen die kapitalistische Rationalisierung außer dem Kampf um den Achtstundentag bestimmte Richtlinien über eine bestimmte konkrete Politik.«[68]

Auf seinen Tagungen vom Juli und September 1927 führte das Zentralkomitee die Auseinandersetzungen um ein praktikables Konzept für die kommunistische Politik in der gegebenen Situation der Machtstabilisierung fort. Ernst Meyer verdeutlichte im Juli-Plenum die zunehmende Kompliziertheit der Kampfbedingungen: die weitere Stabilisierung des Kapitalismus, den geschlossenen Block der deutschen Großbourgeoisie, die in ihrem Sinne agierende Regierung. Die zentrale Losung war »Sturz der Bürgerblock-

67 Bericht über die Verhandlungen des XI. Parteitages der Kommunistischen Partei Deutschlands. S. 388.
68 [Protokoll der Tagung des Zentralkomitees der KPD am 5. Mai 1927]. In: SAPMO. RY 5/I 2/1/55.

regierung«.[69] An diese Losung wurden vor allem sozialpolitische, gewerkschaftliche und allgemeine demokratische politische Forderungen geknüpft.

Das September-Plenum faßte diese Aufgabenstellung in der »Resolution über die nächsten Aufgaben der KPD« zusammen: »Das Mittel zur Erfassung und Organisierung der Millionenmassen zwecks Herbeiführung des Sturzes der Bürgerblockregierung ist die Herstellung der Kampfgemeinschaft der Werktätigen in Stadt und Land unter kommunistischer Führung.«[70] Der kommunistische Führungsanspruch blieb die conditio sine qua non dieser Politik. Da jedoch die Einheitsfrontpolitik als wichtigste Methode begriffen wurde, dieses Ziel zu erreichen, stellte sich die Dauerfrage nach dem Verhältnis zur Sozialdemokratie und insbesondere zu ihrem linken Flügel erneut und dringlich. Schon die Juli-Tagung rückte in ihren Richtlinien über das Verhältnis zur SPD von der schematischen Sicht des 11. Parteitages ab, die in der Formel gipfelte, daß die linke Sozialdemokratie der Hauptfeind sei.

Die Führung der KPD befand sich in der Debatte über ein Aktionsprogramm von Anbeginn in der Defensive. Ausgelöst auf dem 11. Parteitag durch die Vorschläge Heinrich Brandlers, überlagerten diese Positionen auch die Debatten des Sommers und des Herbstes 1927.

Das Polbüro befaßte sich am 13. Juli 1927 mit einem Brief Paul Böttchers, Robert Siewerts, Waldemar Bolzes, und Max Köhlers, in dem diese ein Aktionsprogramm forderten und in dem (dem Polbüro vorliegenden) Konzept Heinrich Brandlers die geeignete Grundlage für dieses Programm sahen.[71] Das Polbüro wies diesen Vorschlag zurück, beschloß jedoch die Veröffentlichung des Artikels von Brandler mit

---

69   Siehe [Protokoll der Tagung des Zentralkomitees der KPD am 21. Juli 1927]. In: SAPMO. RY 5/I 2/1/57.
70   Tagung des ZK der KPD am 8. und 9. September 1927. Resolution über die nächsten Aufgaben der KPD. In: DMGdA. Bd. VIII. S. 581.
71   Siehe Protokoll Nr. 24 der Sitzung des Polbüros am 13. Juli 1927. In: SAPMO. RY 1/I 2/3/7.

einer Stellungnahme des Polbüros.[72] Besonders Jacob Walcher versuchte ausgehend von seinem Arbeitsgebiet, der Gewerkschaftspolitik, im Sinne der Vorschläge Heinrich Brandlers initiativ zu werden. Er wandte sich gegen eine Politik, die voraussetzungslos die »Machtfrage« stellte.

Das Polbüro wies seine Auffassung ebenso wie die Brandlers zurück.[73] Dennoch wurde unter dem Druck dieser Debatten immer deutlicher, daß ein solches programmatisches Dokument, das die von der Partei vertretenen Forderungen bündelte, unerläßlich war.

Ein weiterer Vorstoß kam von der Bezirksleitung Großthüringen, die in einer Resolution forderte, »ein Aktionsprogramm der Partei zu schaffen«, um »die *Verbindung zwischen Tageskampf und Endziellosungen* bei der Mobilisierung der Werktätigen zum Kampf gegen die Vorherrschaft des Trust- und Monopolkapitals und den Bürgerblock *planmäßig* zu gestalten«.[74]

Das Zentralkomitee reagierte am 28. Oktober 1927 mit einer »Erklärung« scharf ablehnend auf diesen Vorstoß. Es verwies darauf, daß Ernst Thälmann auf der letzten ZK-Tagung erklärt habe, daß das Polbüro eine politische Plattform zum Kampf gegen den Bürgerblock ausarbeite. Den Kern dieses Konflikts brachte der folgende hervorgehobene Passus auf den Punkt: »Niemand ist dagegen, dieses Kampfprogramm ›Aktionsprogramm‹ zu nennen. Es geht nicht um die Frage eines Aktionsprogramms an sich, sondern es geht

---

72 Die Veröffentlichung der Vorschläge Heinrich Brandlers erfolgte allerdings erst 1928. Siehe Heinrich Brandler: Beiträge zu einem Aktionsprogramm für Deutschland. In: Die Kommunistische Internationale. Berlin 9(1928)1. S. 32 ff. 2. S. 75 ff. Parallel erfolgte die Veröffentlichung der Antwort des Polbüros: Das »Aktionsprogramm« des Genossen Brandler. Antwort des Polbüros des ZK der KPD. In: Ebenda. 1. S. 52 ff. 2. S. 95 ff.
73 Siehe SAPMO. RY 5/I 2/1/59. Zit. nach Thomas Schmidt: Die Diskussion über das Aktionsprogramm. S. 12.
74 [Resolution der Bezirksleitung Großthüringen zum Bericht der Bezirksleitung] Zit. in: Erklärung zur Frage eines »Aktionsprogramms« mit »Übergangslösungen«. Zentralkomitee der KPD. Berlin, den 28. Oktober 1927. In: SAPMO. RY 5/I 2/3/7b (Hervorhebungen im Original).

um den Inhalt. Es handelt sich darum, ob auf dem Wege so-
genannter Übergangslosungen die Beschlüsse des Essener
Parteitages in opportunistischer Richtung ›ergänzt‹ werden
sollen.«[75]

Ernst Thälmann hielt es für wichtig genug, diesen Sach-
verhalt in einem persönlichen Brief vom 23. Oktober 1927
neben anderen Informationen über die innerparteiliche Lage
Stalin mitzuteilen.[76] Daran ist bemerkenswert, daß sich offensichtlich schon eine direkte informelle Verbindung zwischen Thälmann und Stalin herausgebildet hatte, die am Vorsitzenden der Exekutive der Komintern Bucharin vorbeiging.

Unter völlig veränderten historischen Bedingungen, in
seinem Referat auf der Tagung des ZK der KPD am 7. Februar 1933 in Ziegenhals, kam Ernst Thälmann nochmals auf
die Debatten der Jahre 1927/28 zurück. In der historischen
Perspektive, gebrochen durch den 30. Januar 1933 und – für
den historischen Betrachter – durch die Erfahrung des Scheiterns der kommunistischen Weltbewegung vom Typ der
Oktoberrevolution, wirkt die obskure Logik der Ablehnung
der Idee eines Aktionsprogramms besonders frappant.

Die Ablehnung »eines besonderen Aktionsprogramms
und von Übergangsforderungen« erwuchs aus der Überle-
gung, daß unter »den Bedingungen der relativen Stabilisierung [...] derartige Losungen lediglich der Nährboden für opportunistische Illusionen [...] gewesen« wären. Anders unter
Bedingungen, die es erforderten, »die Massen so rasch wie
möglich an den Machtkampf heranzuführen. In diesem höheren revolutionären Kampfabschnitt können wir auf bestimmte
Aktionslosungen, die zwischen den bisherigen und den
Übergangslosungen liegen, sowie auf die Propagierung unserer Endziellosungen nicht verzichten.«[77]

---

75 Ebenda.
76 [Ernst Thälmann:] An den Genossen Stalin. Berlin, den 23. Oktober 1927. In: SAPMO. RY 5/I 2/3/204.
77 Aus dem Referat Ernst Thälmanns auf der Tagung des ZK der
KPD am 7. Februar 1933 in Ziegenhals. In: Die illegale Tagung des
Zentralkomitees der KPD am 7. Februar 1933 in Ziegenhals bei Berlin. Berlin 1981. S. 38 f.

Die Logik: Übergangsforderungen als Vehikel zur Mobilisierung der Massen in revolutionären Zeiten ja, weil sie den Prozeß der Revolutionierung vorantreiben könnten, in nichtrevolutionären Zeiten nein, weil sie demokratische und opportunistische Illusionen beförderten, war in sich schlüssig, aber falsch. Sie verurteilte letztlich die kommunistische Bewegung in nichtrevolutionären Zeiten zur Aufgabe einer Massenpolitik und zum reinen Fundamentalismus. Die reale Politik der KPD entsprach diesem Dogma selbst in den schlimmsten Zeiten der Fischer-Maslow-Ära nicht. Daß Thälmann ausgerechnet im Februar 1933 eine revolutionäre Situation heranreifen sah, die Übergangsforderungen gestattete, war Ausdruck der katastrophalen Fehleinschätzung der politischen Entwicklung 1932/33 durch die Führung von Komintern und KPD.

Im Herbst 1927 nahm dennoch – entsprechend der Beschlüsse des ZK – das ungeliebte Projekt »Aktionsprogramm« Gestalt an. Die ZK-Tagung vom 8. bis 9. Dezember 1927 nahm einen von Joseph Winternitz u. a. erarbeiteten Entwurf eines Aktionsprogramms entgegen. Ursprünglich war die Versendung des Entwurfs an alle Bezirksleitungen der KPD vorgesehen. Der Manuskriptdruck war mit dem Hinweis »Nur zur Verwendung für Mitglieder der Bezirksleitungen der KPD« versehen. Selbst das geschah jedoch nicht. Der Entwurf des Aktionsprogramms verblieb undiskutiert und folgenlos in den Händen eines kleinen Zirkels von Parteiarbeitern. Die Vermutung, daß die sich deutlich ankündigende erneute »Linkswendung« der Komintern ein solches »Aktionsprogramm« obsolet erscheinen ließ, liegt nahe. Wilhelm Florin nannte den Entwurf – sicher zutreffend – »Richtlinien des Kampfes der Partei gemäß den Beschlüssen des Essener Parteitages«.[78] Die im Verlaufe des Jahres 1927 gewonnenen Erfahrungen des Massenkampfes wurden unzureichend aufgegriffen. In seiner politischen Stoßrichtung blieb der Entwurf eher linkstraditionalistisch. In der Haltung zur Sozial-

---

78   SAPMO. RY 5/I 2/1/59. Zit. nach: Thomas Schmidt: Die Diskussion über das Aktionsprogramm. S. 12.

demokratie wurden bereits erreichte Positionen wieder preis-
gegeben. Die Sozialdemokratie war wiederum die »stärkste
Stütze der bürgerlichen Klassenherrschaft in den Massen«.
Den »Weg zum Siege« sah das Programm weniger in Nut-
zung der Möglichkeiten der parlamentarischen Demokratie,
in ihrem Voran- und über sich selbst Hinaustreiben, als in der
»Ersetzung der parlamentarischen Schwatzbuden durch die
Räte der Werktätigen«. »Bei Strafe ihres Unterganges durch
eine Kette von Krisen und Kriegen müssen die arbeitenden
Massen Deutschlands durch den revolutionären Kampf dieses
große Ziel erreichen: Ein freies sozialistisches Deutschland
im engen Bunde mit der Sowjetunion als ein Glied der kommenden Vereinigten Sozialistischen Staaten Europas.«[79] Die
Positionen des Programmentwurfs entsprachen im wesentlichen denen der Kritik des Polbüros des ZK der KPD an den
Überlegungen Heinrich Brandlers.

Die beiden in der Zeitschrift »Kommunistische Internationale« veröffentlichten Plattformen ermöglichen den Vergleich der unterschiedlichen Konzepte.

Brandlers Gedanken kreisten um die tatsächlich entscheidende Frage, wie angesichts eines erstarkenden kapitalistischen Wirtschaftssystems wirksam revolutionäre Politik
im Interesse der Massen betrieben werden kann. Dabei bewegte ihn besonders das schwierige Problem der schlüssigen
Verbindung von Tagesforderungen mit der Systemtransforma-
tion.

Die Polbüro-Replik thematisierte diese entscheidende
Frage gar nicht und griff auch die Argumente Brandlers nicht
auf. Das Polbüro löste das Problem administrativ: »Genossen, die die falschen Auffassungen des Genossen Brandler zu
einer Plattform entwickeln [...], müßten als eine opportunistische Gruppe bekämpft werden [...]«.[80]

---

79 Entwurf eines Aktionsprogramms. Vorgelegt vom ZK der KPD.
Nur zur Verwendung für Mitglieder der Bezirksleitungen der KPD.
Nur als Manuskript gedruckt. O. O. u. J. [Berlin 1927]. In: SAPMO.
RY 1/I 2/3/7.
80 Das »Aktionsprogramm« des Genossen Brandler. S. 57.

Der Zeitpunkt der Veröffentlichung dieser Erklärung fiel zusammen mit dem Abschluß des sogenannten Geheimabkommens zwischen sowjetrussischer und deutscher Delegation im Umfeld des IX. Plenums der Exekutive der Komintern im Februar 1928, das einen neuen »Linkskurs« einleitete.

Die letzte Wende der KPD

Das Ende des eigenständigen deutschen
Parteikommunismus 1928/29

Die erneute abrupte »Links«-Wendung ordnet sich ein in
übergreifende Entwicklungstendenzen der kommunistischen
Weltbewegung zwischen 1927 und 1929. In dieser Zeit
stellte sich für die kommunistischen Parteien und ihre
Weltorganisation, die Komintern, immer dringlicher die Frage nach dem Selbstverständnis und der Identität kommunistischer Politik.[81] Es war dies letztlich die Frage nach der Möglichkeit revolutionärer Politik in einer nichtrevolutionären
Zeit. Prinzipiell bestanden zwei Möglichkeiten, diese Frage
zu beantworten: zum einen mit einer auf Teilziele orientierten Realpolitik, die mit Blick auf den Sozialismus erreichbare
Ziele für die arbeitenden Massen in das Zentrum ihrer Bemühungen stellte, zum anderen die Orientierung auf einen abstrakten Revolutionarismus, der unter Verleugnung realer
Kräfteverhältnisse das »Endziel«, die proletarische Revolution, propagierte. Es war diese Grundentscheidung, die vor
den Komintern-Sektionen in der ganzen Welt unter ansonsten
unterschiedlichsten Kampfbedingungen stand. Das Ringen
um eine adäquate Antwort war das eigentliche Thema des
VI. Weltkongresses der Komintern, der am 17. Juli 1928 er-
öffnet wurde.

---

81   Siehe zum folgenden: Horst Helas/Klaus Kinner: Das Jahr 1928.
Die verlorene Alternative zu Stalin. In: Wolfgang Gehrcke (Hrsg.):
Stalinismus. Analyse und Kritik. Beiträge zu einer Debatte. Bonn
1994. S. 57-66.

Wie diese Antwort ausfallen würde, hing maßgeblich vom Ergebnis der Auseinandersetzungen innerhalb der KPdSU(B) ab. Der in der sowjetischen Parteiführung noch verdeckt geführte Fraktionskampf zwischen Stalin und Bucharin um das Tempo von Industrialisierung und Kollektivierung sowie um die dabei angewandten Methoden war letztlich der Kampf, in dessen Ergebnis Stalin und eine Funktionärskaste die sozialistische Staatsmacht usurpierten. Noch waren diese Konsequenzen nicht in aller Deutlichkeit abzusehen und die Komintern noch nicht beliebig verfügbare Schwungmasse im macht- und außenpolitischen Kalkül Stalins.

Der Versuch Bucharins, Vargas, Togliattis und anderer, im Vorfeld des VI. Weltkongresses der Komintern, zu einer realistischeren Analyse der Entwicklung des Weltkapitalismus zu gelangen, erschütterte das Paradigma von der unaufhaltsam heranreifenden Weltrevolution. Deshalb ziehen die Vertreter dieses Paradigmas Bucharin der Propagierung einer pessimistischen »Sumpfperspektive«. Bereits Anfang 1928 begann sich eine Konstellation herauszubilden, die auf dem VI. Weltkongreß und vor allem in seinem Gefolge zur erneuten ultralinken Wendung führte. Schon 1927 und verstärkt 1928 hatte sich bei mehreren kleinen Parteien Westeuropas (Großbritannien, Österreich) eine schärfere Politik gegenüber der Sozialdemokratie abgezeichnet. Auch in der KPD versuchten starke Kräfte, eine ähnliche Politik zu etablieren.

Erneut wurden durch sie – wie nach der Niederlage von 1923 – die komplizierten Probleme des weiteren Weges der kommunistischen Bewegung nicht in einem offenen Diskurs thematisiert, sondern ideologisiert. Es war diese Atmosphäre, die Clara Zetkin, die im November 1927 als Beauftragte der Komintern die Situation in der KPD-Führung analysieren sollte, immer als Grundübel zu bekämpfen suchte. Konzeptionelle Materialien sollten erst einmal unabhängig davon zur Kenntnis genommen werden, welchem Flügel der jeweilige Autor früher oder jetzt angehörte. Auf den Entwurf des gerade für den bevorstehenden Reichstagswahlkampf dringend benötigten Aktionsprogramms aus der Feder Heinrich Brandlers verweisend, forderte Clara Zetkin in einem Brief an Bucharin: »Über die einzelnen Forderungen, Etappenziele usw. muß und kann diskutiert werden [...] Diese Diskussion würde den Geist, das Denken und Studieren in der Partei beleben, der Gedankenarmut und dem Papageigeplapper entgegenwirken, die leider zu deren Wesenszügen gehören.«[82]

Es waren offensichtlich solcherart Urteile über den Zustand in der Führung der KPD und über die persönlichen Qualitäten einzelner ihrer Mitglieder, die Ernst Thälmann später selbstentlarvend nur von dem »Drecksbrief« sprechen ließen.[83]

Die Ratschläge waren letztlich in den Wind gerufen. Auch viele weitere produktive Diskussionsansätze, wie etwa Ausarbeitungen von Ernst Meyer über neue Entwicklungstendenzen in der Sozialdemokratie oder Bemühungen so erfahrener Funktionäre wie Jacob Walcher um eine flexiblere Gewerkschaftspolitik der KPD gewannen nicht die Oberhand.

Neben innenpolitischen Auseinandersetzungen drängte auch die objektive politische und wirtschaftliche Lage zu einer klareren Profilierung kommunistischer Politik. Dies erforderten die sich verschärfenden Wirtschaftskämpfe ebenso wie die sich abzeichnende Rechtsentwicklung der SPD, die im Juni 1928 mit dem sozialdemokratischen Kanzler Hermann Mueller an der Spitze in eine Regierung der Großen Koalition eintrat. Damit wurde es für die KPD auch objektiv schwieriger, eine Politik der Aktionseinheit durchzusetzen. Das erleichterte es jenen Kräften in der Partei, die in einer solchen Realpolitik seit jeher Rechtsopportunismus gewittert hatten, an Einfluß zu gewinnen.

82 Clara Zetkin an N. I. Bucharin. 11. November 1927. In: BzG 33(1991)6. S. 781.
83 Zitiert nach: Elfriede Lewrenz/Elke Reuter: Zum Kurswechsel in der KPD. Dokumente aus den Jahren 1927/1928. In: Ebenda. S. 773.

Es war der Thälmann-Flügel in der KPD-Führung, der im Februar 1928 bereitwillig die neue strategische Orientierung mit Stoßrichtung gegen die Sozialdemokratie mittrug. Sowohl Stalin als auch Bucharin hatten sich für diese Linie ausgesprochen. Auch Arthur Ewert und Gerhart Eisler beugten sich dem Druck der Mehrheit der deutschen Delegation um Ernst Thälmann.

War es schon bezeichnend, daß eine ganze Denkrichtung in der Partei erneut als »rechte Gefahr« an den Pranger gestellt wurde, so erwies es sich langfristig als noch verheerender, daß auch die »Duldsamkeit« gegenüber solchen Ansichten als falsch bezeichnet wurde.[84] Das hatten die später als »Versöhnler« gebrandmarkten Funktionäre in der KPD-Führung nicht bedacht. Lediglich Clara Zetkin, die aus guten Gründen auf ihre Teilnahme an dieser Beratung gedrängt hatte, verweigerte ihre Unterschrift und kennzeichnete die Beratung als einen »wohlvorbereiteten Überfall, nichts als Kulisse für eine fix und fertige Abmachung«. Die Resolution werde »die verhängnisvollsten Wirkungen haben«.[85] August Thalheimer sah in dem »Geheimabkommen« das Ende der Politik des »Offenen Briefes« (1925). »Es beginnt [...] ein ausgesprochener Linkskurs [...].«[86]

Dieses auch im Komintern-Alltag ungewöhnliche Vorgehen zweier Sektionen der Weltorganisation, Beschlüsse von strategischer Bedeutung vor der Mitgliedschaft der KPD geheimzuhalten, ging nicht auf. Schon wenige Wochen nach der Unterzeichnung druckten linkskommunistische Zeitungen wie der »Volkswille« (Suhl) das Dokument im Wortlaut ab.[87]

Als es wenige Wochen vor dem VI. Weltkongreß zum erwarteten Amtsantritt der Regierung der Großen Koalition

---

84 Siehe ebenda. S. 786 f.
85 Zit. nach Hermann Weber: Die Wandlungen des deutschen Kommunismus. Die Stalinisierung der KPD in der Weimarer Republik. Bd. 1. S. 192.
86 Ebenda.
87 Siehe Der angebliche Linkskurs der KPD. In: »Volkswille«. Suhl vom 8. April 1928.

in Deutschland kam, fühlten sich die Vertreter eines verschärften Kurses gegen die Sozialdemokratie in der KPD in ihren Positionen bestätigt. Für Stalin war mit der SPD die am stärksten auf die Westmächte orientierte deutsche Partei wieder in der Regierungsverantwortung. Darin sah er eine wachsende außenpolitische Gefährdung der Sowjetunion. Andererseits erleichterte diese Konstellation seinen innenpolitischen »Links«-Kurs.

Es war für den Stalin-Flügel in der KPdSU(B) zu dieser Zeit nicht unerheblich, sich der Unterstützung der in der Komintern außerordentlich stark präsenten KPD zu versichern. Auch deshalb war eine Unterstützung der Führungsgruppe um Thälmann, Neumann und Remmele, die auf Konfrontation mit der Sozialdemokratie setzten ebenso in seinem Interesse wie die Zurückdrängung und Ausschaltung der »Versöhnler« um Arthur Ewert, Ernst Meyer, Hugo Eberlein oder Georg Schumann und der »Rechten« um August Thalheimer und Heinrich Brandler, die politisch und teils auch persönlich Bucharin nahestanden.

Trotz der Vorentscheidung des IX. EKKI-Plenums zugunsten eines sektiererischen »Links«-Kurses erwiesen sich die realistischen Kräfte in der Komintern noch als stark genug, den Linksruck in den Entscheidungen des VI. Weltkongresses durch Kompromißformeln abzumildern.

Die eigentliche Ausrichtung der Sektionen auf den neuen Kurs erfolgte erst mit der geschickt inszenierten »Auswertung« der Beschlüsse des Kongresses und der Durchsetzung der personellen Konsequenzen, dem Ausschluß und der Verdrängung der »Rechten« und »Versöhnler« in allen Sektionen.

Zentraler Streitpunkt wurde die Interpretation einer neuen Entwicklungsetappe des Weltimperialismus. Aus der augenscheinlichen Fähigkeit der entwickelten kapitalistischen Länder zu rascher Produktivkraftentwicklung und zur Meisterung neuer technischer Herausforderungen sowie der Widersprüchlichkeit dieser Entwicklungstendenzen wurden unzureichende Schlußfolgerungen gezogen. Die dem »Links«-Kurs zuneigenden Funktionäre betonten, daß die zeitweise Stabilisierung des Kapitalismus nicht fester, sondern faulend, schwankend geworden sei. Aus dieser Sicht war es nur folgerichtig, von gewachsenen Aussichten für einen baldigen radikalen Umschwung der gesellschaftlichen Verhältnisse in diesen Ländern auszugehen.

Anders die Minderheit der »Versöhnler« um Arthur Ewert, sie warf der Mehrheit vor, nur jene Erscheinungen wahrzunehmen, die ihre These von der Zuspitzung der Lage stützten. Die andere Seite dieses Prozesses, *»die ökonomische Erstarkung der gegenwärtigen Basis der relativen Stabilisierung und damit der politischen Macht der Bourgeoisie,* das will sie nicht sehen, denn das paßt nicht in die Politik der radikalen Phrase hinein, mit der die Mehrheit des ZK die faktische Revision der Analyse der Weltlage durch den Kongreß zu übertönen versucht«.[88]

Mit Schärfe und Erbitterung wurde um die unterschiedlichen Positionen gestritten. Dabei darf nicht übersehen werden, daß die »heiligen Kühe« kommunistischer Identität von keiner Seite angetastet wurden. Alle Richtungen waren sich über die historische Überlebtheit des Weltkapitalismus einig und leiteten daraus die Negation der geschichtlichen Daseinsberechtigung der Sozialdemokratie ab. So schrieb etwa August Thalheimer im Oktober 1928 in einer Erklärung zu einem ihn als Verräter verleumdenden Artikel in der »Roten Fahne« unter anderem hinsichtlich der Sozialdemokratie: »Ich bin heute mehr denn je der Meinung, daß die Sozialdemokratie zerschmettert am Boden liegen muß, wenn die proletarische Revolution in Deutschland, wenn der Kommunismus siegen soll. Mein Kampf in der Partei gilt einem Kurs und einer Führung, die objektiv der Sozialdemokratie ebenso in die Hände arbeitet, wie dies die Führung unter Maslow und ihr Kurs getan hat.«[89]

---

88   Über die Meinungsverschiedenheiten bei der Durchführung der Beschlüsse des VI. Weltkongresses. In: SAPMO. RY 5/I 6/10/23 (Hervorhebung im Original).
89   [Erklärung August Thalheimers vom 19.Oktober 1928]. In: SAPMO. RY 5/I 6/3/79.

Mit den Beratungen einer Sonderkommission beim Exekutivkomitee der Komintern Ende 1928, die den Ausschluß führender »rechter« Funktionäre zum Ziel hatten, fielen weitreichende Entscheidungen. Auch die »Versöhnler« kämpften nun nur noch mit dem Rücken zur Wand. In den Beratungen kam man zwangsläufig nicht umhin, die Lage in der KPD insgesamt zu beleuchten und zu bewerten.

Noch hielt es Stalin höchstselbst für notwendig, in den Leitungsorganen der Komintern die Weichen zu stellen. Und es ging schon nicht mehr nur um die deutsche Partei. In schärfster Form unterstellte Stalin dem Schweizer Kommunisten Julius Humbert-Droz, daß er sich mit seiner Betonung der stabilisierenden Momente der Entwicklung des Weltkapitalismus »als feiger Opportunist« erweisen würde und sich der »Revision der marxistischen Auffassung« schuldig mache. Unverhüllt drohte Stalin, daß diese Position »nicht ohne Folgen für ihn bleiben wird«.[90] In der Tat wurde Humbert-Droz wie auch der Italiener Sierra (Angelo Tasca), der sich ähnlicher Vergehen schuldig machte, wenig später aus den Führungsgremien der Komintern verdrängt.

Wiederum war es Clara Zetkin, die in der gleichen Sitzung, in dieser scheinbar aussichtslosen Atmosphäre, mit ungebrochenem Mut ihre abweichende Meinung offen äußerte und als einzige gegen den Ausschluß der »Rechten« stimmte. Sie appellierte an die Kommissionsmitglieder: »Es ist nicht die innerparteiliche Entwicklung berücksichtigt, die nicht erfüllt hat, was der Essener Parteitag beschlossen hatte. Nämlich die notwendige Konzentration der Kräfte oben und unten. Es ist nicht die Voraussetzung dafür erfüllt worden: nämlich eine wirkliche Diskussionsfreiheit über strittige Fragen. Diese Diskussionsfreiheit hat bisher gefehlt und fehlt auch heute mehr als je. Innerhalb des Rahmens der Partei und ihrer Satzungen auf dem Boden der Beschlüsse der K.I. und der Partei über die politische Linie wäre eine solche freie

---

90   2. Rede des Genossen Stalin in der Sitzung des Präsidiums des EKKI vom 19. Dezember 1928. In: SAPMO. RY 5/I 6/10/20 (Hervorhebung im Original).

Aussprache möglich gewesen. Diese Voraussetzung hat infolge fraktioneller Einstellung und in der Folge auch die Konzentration der Kräfte, die meines Erachtens im Hinblick auf die politischen Aufgaben der KPD notwendig wäre, gefehlt. Gerade dieses Versagen der Partei gegenüber diesen Aufgaben ist eine der großen Ursachen, weshalb wir die verschiedensten oppositionellen Strömungen innerhalb der Partei haben.« Sie forderte: »Keine Ausschlüsse, dagegen Diskussionsfreiheit bis zum Parteitag für alle Meinungen, für alle Tendenzen; eine wirklich ernste Diskussion auf der Grundlage unserer programmatischen Auffassungen und innerhalb des Rahmens der statuarischen Vorschriften der Partei und mit den Mitteln und Organen, wie sie im Parteistatut für die Diskussion strittiger Fragen vorgesehen sind.«[91] Inzwischen aber hörte keiner mehr auf die wenigen Rufer in der Wüste.

Diese tragische Entwicklung, die der kommunistischen Bewegung erneut kreatives Potential entzog, war in der KPD durch die »Wittorf-Affäre« zusätzlich zugespitzt, beschleunigt und letztlich von der Stalin-Fraktion international zur Disziplinierung der Sektionen genutzt worden. Ernst Thälmann hatte seit Mai der Parteiführung den Korruptionsfall des Hamburger Bezirkssekretärs John Wittorf verschwiegen. Da dieser im März und im Juni auf Tagungen des Zentralkomitees als exponierter Vertreter einer »linken« Wende aufgetreten war und scharfe Angriffe auf die Gruppe um Ewert und Eisler vorgetragen hatte, mußte die Vertuschung eines solchen Skandals über einen so langen Zeitraum nicht nur aus moralischen Gründen auf Empörung und Kritik stoßen. Auf der Tagung des Zentralkomitees vom 26./27. September 1928 nutzten die oppositionellen Kräfte diese Affäre zu einem prinzipiellen Vorstoß gegen Ernst Thälmann und die von ihm verkörperte Linie eines neuen »Links«-Kurses.

Doch nicht nur das eklatante Fehlverhalten Thälmanns stand zur Debatte, sondern auch der Vorwurf genereller Füh-

---

91 Protokoll der Sitzung des Präsidiums des EKKI vom 19. Dezember 1928. In: SAPMO. RY 5/I 6/10/20.

rungsschwäche. Das ZK beschloß mit großer Mehrheit die Ablösung Thälmanns bis zur endgültigen Klärung des Falles durch die letztlich zuständigen Instanzen der Komintern.

Auf der September-Tagung des ZK der KPD hatte Thälmann selbstkritisch bekannt: »[...] daß die Angelegenheit selbst eine so ungeheure Auswirkung hatte, trifft mich in erster Linie. Das Schweigen in dieser Angelegenheit war nicht nur ein politischer Fehler, sondern kann auch ausgelegt werden als Duldung von Korruption, was in der Partei zu unmöglichen Konsequenzen führen kann.«[92] Thälmann erklärte seine Bereitschaft, jede Entscheidung der zuständigen Komintern-Organe über seine Person zu akzeptieren. Wenige Tage später, als in Moskau der »Fall Thälmann« verhandelt wurde, hatte sich der Wind schon gedreht, und auch Thälmanns Selbstkritik war nun gepaart mit Gegenangriffen. Seinen Kritikern unterstellte er »fraktionelle Boshaftigkeit«, die sein langes Schweigen gleichsam rechtfertige.[93]

Wie auch immer, das ZK der KPD hatte mit seiner ursprünglichen Resolution über das sofortige Ruhen aller Parteiämter ihres Vorsitzenden durchaus in Übereinstimmung mit Meinungen an der Basis, gerade auch in Hamburg, gehandelt. So beharrten die Straßenzellen 692 und 693 des Stadtteils H, entgegen der Revision des ursprünglichen ZK-Beschlusses, auf der Funktionsenthebung Thälmanns und auf einer offenen Debatte in der Parteimitgliedschaft über den Korruptionsfall selbst,[94] was von »oben« auch diesmal tunlichst abgeblockt wurde. Künftige Geschichtsschreibung wird zu untersuchen haben, ob dieser Versuch, eine Änderung in der Parteiführung herbeizuführen, nicht die letzte Chance für einen alternativen nichtstalinistischen Kurs der KPD war. Dieser Versuch scheiterte am Eingreifen der Komintern und damit Stalins sowie an der Unentschlossenheit

---

92 [Protokoll der Tagung des ZK der KPD vom 25./26. September 1928]. In: SAPMO. RY 5/I 2/1/62.
93 [Protokoll der] Sitzung der deutschen Kommission des Präsidiums des EKKI. 2. Oktober 1928. In: SAPMO. RY 5/I 6/3/177.
94 Siehe [Informationsmaterial des ZK der KPD]. In: SAPMO. RY 5/I 6/3/177.

der Mehrheit des ZK – 25 Mitglieder zogen bis zum 5. Oktober ihre Zustimmung zur Ablösung Ernst Thälmanns zurück, ein einmaliger Vorgang in der Geschichte einer deutschen Arbeiterpartei. Am 6. Oktober sprach das Präsidium des Exekutivkomitees der Komintern Ernst Thälmann sein volles Vertrauen aus.

Der Auseinandersetzung um Thälmann folgte noch im selben Monat der Beginn einer »Säuberung« des Zentralkomitees von »Rechten« und »Versöhnlern«. Bis Ende 1928/Anfang 1929 wurde dieser Prozeß in der gesamten Partei vorangetrieben, mit dem Ergebnis, daß fähige und erfahrene Funktionäre und Mitglieder der KPD aus der Partei oder an ihren Rand gedrängt wurden.

Die Art und Weise, wie diese Politik durchgesetzt wurde, zeugt davon, daß von innerparteilicher Demokratie in der KPD keine Rede mehr sein konnte. In Thüringen und Schlesien nahm man in Kauf, die Mehrheit der Funktionäre und viele Anhänger zu verlieren. Wie weit sich die Partei bereits von den Prinzipien der innerparteilichen Demokratie entfernt hatte, wird zum Beispiel an Forderungen schlesischer KPD-Funktionäre deutlich, die sie im November 1928 an die Zentrale ihrer Partei richteten:

»1. Wählbarkeit und Absetzbarkeit der Funktionäre der Partei in legalen Zeiten als Regel,

2. Kontrolle der Mitgliedschaft über die höheren Parteiorgane,

3. Heranziehung der Mitgliedschaft zur Ausarbeitung der politischen Linie [...],

4. Einberufung eines auf dem Wege des *demokratischen* Zentralismus vorbereiteten Bezirks- und Reichsparteitages durch Zulassung von Koreferenten und dem ZK nicht genehmer Meinungen in der Presse, damit die Mitgliedschaft ein klares und allseitiges Urteil zu fällen vermag,

5. Kampf gegen alle Korruptionserscheinungen in der Partei,

6. Vorlegung des gesamten Materials auf das sich die Anklagen des ZK gegen die Opposition stützen,

7. Diskussion und Kritik der gesamten Tätigkeit in der Organisation und in der Presse im Rahmen der Grundsätze der Komintern,
8. Kampf gegen alle wirklichen rechten Gefahren, Schluß mit der sachlich nicht begründeten Rechtshetze gegen die alten revolutionären Kader,
9. Heranziehung der alten Parteikader zur Parteiarbeit.«[95]

Demgegenüber bestimmten Vorgehensweisen und Verhaltensmuster zunehmend den Alltag, die zwar formal dem Statut widersprachen, insgesamt aber ohne nennenswerten Widerstand durchgesetzt werden konnten. Die KPD-Führung gestaltete den Prozeß der Durchsetzung und Behauptung dieses »neuen Kurses« durchaus »schöpferisch« mit.

Die Auseinandersetzungen um den Parteivorsitzenden und um die Grundrichtung der Politik der KPD insgesamt spiegelten einen sich später als irreversibel erweisenden Prozeß des Niedergangs der innerparteilichen Demokratie und der Selbstbestimmtheit kommunistischer Politik in Deutschland wider. Insofern war die Wittorf-Affäre weit mehr als einer der vielen Korruptionsskandale der Weimarer Zeit. Der Umgang von Komintern und KPD mit diesem Skandal steht als Beispiel für die zunehmende Dominanz stalinistischer Strukturen in der Partei. Die Wittorf-Affäre wurde gleichsam zum Sündenfall der KPD. Mit der Rücknahme ihres Beschlusses über die Amtsenthebung Thälmanns gab sich die KPD-Führung in die Hände der Stalin-Fraktion in der KPdSU(B). Thälmann geriet damit endgültig in die Abhängigkeit von Stalin und seiner Politik.

Die SED-Geschichtsschreibung feierte dagegen bis zuletzt diesen Vorgang als Abwehr des »letzte(n) ernste(n) Versuch(es), die Entwicklung der KPD als marxistisch-leninistische Kampfpartei in Frage zu stellen«.[96]

Tatsächlich entledigte sich die KPD im Verlaufe des Herbstes und Winters 1928/29 des größten Teils der Funk-

---

95 Erklärung [von Funktionären der KPD-Bezirksorganisation Schlesien] vom 21. November 1928. In: SAPMO. RY 5/I 6/3/179.
96 Geschichte der SED. Bd. 2. S. 418.

tionärselite, die die KPD begründet und in ihren ersten Jahren geleitet hatte. Es war dies nach dem Ausscheiden der Levi- und der Reuter-Friesland-Gruppe auf der einen und der Fischer-Maslow-Gruppe und der Kräfte um Korsch, Rosenberg, Scholem und Urbahns auf der anderen Seite der letzte große Exodus aus der KPD.

Der Verlust ging weit über die zwei bis drei Prozent der Parteimitglieder hinaus, die sich im Gefolge einer Reichskonferenz am 30. Dezember 1928 als KPD-Opposition organisierten. Es gehört zu den tragischen Kapiteln der Geschichte des deutschen Kommunismus, daß es nicht gelang, die nach dem Oktober 1923 auseinanderdriftenden Kräfte der damaligen »Mehrheit« in der Parteiführung unter den sich verändernden Bedingungen des Klassenkampfes wieder zusammenzuführen.

Die Entscheidung der führenden Köpfe der »Mittelgruppe« um Arthur Ewert, Ernst Meyer, Gerhart Eisler oder Georg Schumann, sich von den »Rechten« um Heinrich Brandler und August Thalheimer zu distanzieren, jedoch gleichzeitig für ihre Wiedereingliederung in die deutsche Partei einzutreten, war zwiespältig. Sie trug ihnen in historisch ungenauer Analogie zur russischen Parteigeschichte den semantisch nicht unzutreffenden Titel »Versöhnler« ein. Ihre teils tatsächliche, teils taktische Distanz zu den »Rechten« führte dazu, daß es die nunmehr von Stalin beherrschte Komintern-Führung vermochte, die »Rechte« aus der Komintern hinaus- und die »Versöhnler« an ihren Rand zu drängen.

Ein tief verinnerlichtes Parteiverständnis, das in der Zugehörigkeit zur kommunistischen Weltpartei die unerläßliche Voraussetzung revolutionären Handelns sah, trug dazu bei, nicht den Schritt des Bruches mit der KPD und der Komintern zu gehen.

Georg Schumann, Polleiter der Bezirksorganisation Westsachsen, brachte dieses Parteiverständnis auf den Punkt. Nach einer durch die »Thälmannsche Parteiführung« inszenierten Kampagne zur Absetzung des »Versöhnlers« Georg

Schumann antwortete dieser auf die Frage Hermann Remmeles, ob er bereit sei, nach seiner Absetzung durch die Bezirksleitung am 4. Januar 1929 sich der Bezirksparteiorganisation bis zum einberufenen außerordentlichen Parteitag im Februar weiter zur Verfügung zu stellen: »Auf die Ausführungen des Gen. Remmele habe ich zu erwidern, daß es für uns gilt, unbedingt bei der Partei zu bleiben und für die Partei zu arbeiten.«[97] Die Unterordnung unter die nunmehr die KPD dominierende Stalin-Fraktion Thälmann, Neumann, Remmele erwies sich als tragischer Irrtum.

---

97 [Protokoll der Beratung der Bezirksleitung der KPD Leipzig-Westsachsen/4. Januar 1929]. In: SAPMO. RY 5/I 3/10/114.

Das Beispiel Leipzig-Westsachsen

Die erneute »ultralinke« Wende der Komintern ist lediglich aus der Sicht auf die »Königsebene« nicht hinreichend zu begreifen. Die Interessen der sowjetrussischen Staatsräson im Stalinschen Verständnis waren nur ein, wenngleich maßgeblicher Faktor für die Wende in der Politik der Komintern. Das Drängen einer Reihe von Sektionen der Komintern auf eine stärkere Abgrenzung von der Sozialdemokratie hatte tiefere Ursachen. Ein Exkurs in die mittlere Ebene soll das am Beispiel von Leipzig-Westsachsen verdeutlichen.[98]

Neben den Parteibezirken Thüringen und Halle-Merseburg widersetzte sich Westsachsen am längsten dem neuen linksradikalen Kurs und der damit einhergehenden Beseitigung der innerparteilichen Demokratie. Das westsächsische Industriezentrum war traditionell eine Hochburg der Sozialdemokratie. Mit über dreißig Prozent Wählerstimmen erzielte die SPD am Ende der Weimarer Republik in Reichstagswahlen hier ihr bestes Ergebnis in ganz Deutschland.

Die traditionell linksorientierte, theoretisch dem Austromarxismus verbundene Leipziger Sozialdemokratie war in

---

98 Siehe zum folgenden: In der Revolution geboren. In den Klassenkämpfen bewährt. Geschichte der KPD-Bezirksorganisation Leipzig-Westsachsen. Leipzig 1986. Thomas Schmidt: »... daß es für uns gilt, unbedingt bei der Partei zu bleiben und für die Partei zu arbeiten« – Die Leipziger Kommunisten und die »Stalinisierung« der KPD 1928 bis 1929. (Unveröffentlichtes Manuskript) Leipzig 1988.

ihrer überwältigenden Mehrheit den Weg über die USPD zurück in die SPD gegangen. Die entgegengesetzte Entwicklung vollzog sich im nur eine Autostunde entfernten Parteibezirk Halle-Merseburg, wo der Zusammenschluß von USPD-Linke und KPD zum stärksten kommunistischen Parteibezirk Deutschlands führte. In Westsachsen konnte die KPD nur eine Minderheit der organisierten Arbeiterschaft an sich binden. Sechs- bis siebentausend Kommunisten stand die etwa fünffache Zahl Sozialdemokraten in Leipzig gegenüber. Besonders die Enttäuschung über die Niederlage der sächsischen Arbeiterregierung 1923 bildete einen Nährboden für die Tendenz, die Sozialdemokratie, die zudem eine linke Orientierung verfolgte, links überholen zu wollen. So war es nicht zufällig, daß Westsachsen seit Ende 1923 eine Hochburg der »Ultralinken« wurde und es als eine ihrer letzten Bastionen bis 1927 blieb. Der Einsatz Georg Schumanns als Polsekretär im Februar 1927 war Ergebnis des Kompromisses zwischen der Thälmann- und Meyer-Gruppe, der Ende 1926 ausgehandelt worden war.

Georg Schumann vermochte es, im Verlaufe der folgenden anderthalb Jahre den von den »Ultralinken« zerrütteten Parteibezirk neu aufzubauen. Erfahrene Funktionäre wie Paul Böttcher, Paul Frölich, Kurt Kresse, Otto Engert, Arthur Lieberasch u. a. standen ihm dabei zur Seite.

Kernproblem kommunistischer Politik, das sich im Umfeld Leipzigs noch plastischer darstellte als z. B. in Berlin, war das Verhältnis zur Sozialdemokratie. Angesichts erfolgreich durch linke SPD-Funktionäre geführter Streikbewegungen, wie dem Metallarbeiterausstand, erwies sich, wie Paul Frölich auf dem 11. Parteitag bekannte,[99] die Kennzeichnung der linken sozialdemokratischen Führer als gefährlichste Feinde der Arbeiterbewegung als noch absurder als anderswo.

Diese Positionen stimmten überein mit der Linie, die nach dem Parteitag im Zentralkomitee von der Gruppe

---

99 Bericht über die Verhandlungen des XI. Parteitages der KPD. S. 98.

um Karl Becker, Arthur Ewert, Erich Hausen und Ernst Meyer verfochten wurde und die am 21. Juli 1927 in den vom ZK in Abwesenheit Thälmanns beschlossenen bemerkenswerten Richtlinien über das Verhältnis zur SPD Ausdruck fanden.[100]

Paul Böttcher forderte in diesem Sinne im September 1927: »Es ist wichtig und notwendig [...], daß die Einheitsfronttaktik initiativreicher und aktiver durchgeführt wird. Auch in der Frage der Stellung gegen die SPD hat die Partei nicht gearbeitet, wie sie arbeiten sollte. Die Presse überschreit sich, kreischt zu viel [...] In Deutschland fehlt der Politik der Partei die zentrale Losung. Man muß der Partei ein Aktionsprogramm geben.«[101]

Aus den praktischen Erfahrungen der Tageskämpfe in Leipzig und Sachsen heraus schlug die Bezirksleitung in einem Resolutionsentwurf für den Bezirksparteitag vor, die linken SPD-Führer in bestimmten Situationen zu unterstützen.[102] Nach Rücksprache mit dem ZK, das den Entwurf kritisierte, mußte Georg Schumann diesen Entwurf modifizieren. Die endgültige Fassung lautete: »Die ›linken‹ sozialdemokratischen Führer müssen immer wieder vor die Frage des Kampfes um die Durchführung von Arbeiterforderungen gestellt werden. Zu diesem Zweck müssen die Parteiorganisationen in Verbindung mit der Mobilisierung der Arbeiter die ›linken‹ sozialdemokratischen Führer ... (zu) gemeinsame(n) Aktionen auffordern.«[103] Wenngleich nunmehr in kryptisches Kominterndeutsch gekleidet, blieb auch dies eine bemerkenswerte Nuancierung der Essener Beschlüsse, die noch auf eine Ausgrenzung der linken Sozialdemokratie hinausliefen.

---

100 Siehe Richtlinien der Tagung des ZK der KPD am 21. Juli 1927 über das Verhältnis zur SPD. In: DMGdA. Bd. VIII. S. 569-567.
101 [Protokoll der Beratung der KPD-Bezirksleitung Leipzig-Westsachsen. 10. September 1927]. In: SAPMO. RY 5/I 3/10/114.
102 Siehe ebenda.
103 Resolution des Bezirksparteitages der KPD Leipzig-Westsachsen. 10. bis 11. Dezember 1927. In: »Sächsische Arbeiter-Zeitung«. Leipzig vom 13. Dezember 1927.

Um die Jahreswende 1927/28 verstärkten sich in den internen Debatten die Differenzen über den politischen Kurs der Partei. Es waren dies im Kern gegensätzliche Politikansätze, die in einem unterschiedlichen Selbstverständnis wurzelten. Der stärker fundamentalistische Flügel in der Partei, für den Ernst Thälmann stand, sah in einer Fortführung der wichtigen realpolitischen Initiativen in Gewerkschaften, Parlamenten und außerparlamentarischen Kampagnen die Gefahr des Verlustes der kommunistischen Identität und drängte teils bewußt, teils instinktiv auf eine stärkere Abgrenzung von der Sozialdemokratie. Die linkssektiererische Grundstimmung in weiten Teilen der Mitgliedschaft, die nicht zuletzt in der nicht erfolgten Aufarbeitung der Erfahrungen des Jahres 1923 eine ihrer Quellen hatte, schlug erneut stärker durch. Diese Grundstimmung konnte sich die Stalin-Fraktion zunutze machen. Zunächst blieb jedoch – wie auch das Beispiel der Bezirksparteiorganisation Westsachsen zeigt – das labile Gleichgewicht zwischen den innerparteilichen Strömungen bestehen. Erst die Wittorf-Affäre, die sich zunehmend in eine Thälmann-Affäre verwandelte, brachte die offene Konfrontation.

Georg Schumann bemühte sich verzweifelt, das Aufbrechen der alten fraktionellen Gegensätze zu verhindern. Er geriet jedoch zunehmend zwischen die Fronten der sich stärker formierenden Fraktionen um Paul Böttcher und der alten Linkssektierer. Schumann hielt ihnen in einer Beratung am 28. September 1928 in Leipzig entgegen: »Es ist ein Verbrechen an der Partei, wenn man diesen Fall fraktionell auswertet, wie das hier geschehen ist. Wittorf ist nicht ausgeschlossen worden, weil er rechts oder links in der Partei gestanden hat, sondern weil er Gelder unterschlagen hat [...] Die einzelnen Gruppierungen in der Partei müssen mit aller Kraft gehindert werden, durch breite Diskussionen und Verdächtigungen die Partei zu zersetzen.«[104]

---

104 [Protokoll der Beratung der KPD-Bezirksleitung Leipzig-Westsachsen. 28. September 1928]. In: SAPMO. RY 5/I 3/10129.

Die Beschwörungen Schumanns erwiesen sich jedoch als wirkungslos. Die Phase der Latenz der Gegensätze war vorbei. Sie wurden nunmehr offen ausgetragen. Das führte auch in Westsachsen zur Ausschaltung der »Rechten« und zur Marginalisierung der »Versöhnler«. Das ZK der KPD nahm auf seiner Tagung am 19./20. Oktober 1928, die die Niederlage der »Rechten« und »Versöhnler« besiegelte, eine gesonderte Resolution über den Parteibezirk Westsachsen an. Stellungnahmen von Stadtbezirksorganisationen Leipzigs gegen den Beschluß des EKKI in Sachen Wittorf und Thälmann wurden als »parteifeindliche Maßnahmen der liquidatorischen Gruppe in Westsachsen« bezeichnet, Georg Schumann und der Mehrheit der Bezirksleitung ein »versöhnlerischer Standpunkt gegenüber den rechten Fraktionsmachern« attestiert.[105]

Die Gliederungen der Leipziger Parteiorganisationen durften nur noch in Anwesenheit von Referenten tagen, die durch das ZK bestellt waren. Rudolf Renner wurde als »Kommissar« des Zentralkomitees zur Durchführung einer innerparteilichen Kampagne nach Leipzig entsandt – eine de-facto-Entmachtung Georg Schumanns ohne demokratische Legitimation. Am 30. Oktober 1928 nahm die Bezirksleitung zu den Beschlüssen des Zentralkomitees Stellung.

Paul Merker brachte als Referent des Zentralkomitees in dankenswerter Offenheit den Konflikt auf den Punkt: das Verhältnis der KPD zur Sozialdemokratie. »Die Hauptangriffe gegen die Partei werden von der rechten Gruppe gegen unsere Stellung zur SPD gemacht [...] Es wird fortgesetzt von der rechten Gruppe der Versuch gemacht, die Beschlüsse des Essener Parteitages zu ändern, nach denen die ›linke‹ SPD unser Hauptfeind ist.«[106]

Noch standen große Teile der Bezirksorganisation hinter Georg Schumann und der Mehrheit der Bezirksleitung. Die

---

105 [Resolution des ZK der KPD über den Parteibezirk Leipzig-Westsachsen. 19./20. Oktober 1928]. In: »Sächsische Arbeiter-Zeitung«. Leipzig vom 22. Oktober 1928.
106 [Protokoll der Sitzung der Bezirksleitung der KPD Leipzig-Westsachsen am 30. Oktober 1928]. In: SAPMO. RY 5/I 3/10/114.

durch das ZK gesteuerte Parteidiskussion führte jedoch immer stärker zum Aufbrechen von fraktionellen Gegensätzen. Der ZK-Kommissar Renner beklagte am 8. November 1928 in einem Bericht an seine Auftraggeber: »Es besteht doch schon die katastrophale Tatsache, daß die Bezirksleitung sich aus 4 verschiedenen Gruppen, Ultralinke[n], Rechte[n], Versöhnler[n] und der relativ kleinen Gruppe der Parteitreuen zusammensetzt.«[107]

Die Ironie und Tragik dieser Entwicklung bestand darin, daß im Gegensatz zum Selbstverständnis der dominierenden Führungsgruppe um Ernst Thälmann die eigentlich »Parteitreuen« im Sinne der Gründer der KPD im Verlaufe dieser »Parteidiskussion«, die alle Merkmale einer »Säuberung« Stalinschen Stils trug, aus der Partei oder an ihren Rand gedrängt wurden. Ihr tief verinnerlichtes Parteiverständnis erwies sich je länger desto mehr als Fessel, die sie handlungsunfähig machte. Während sich die als »Rechte« diffamierten Kommunisten auch in Westsachsen von dieser Fessel befreiten, verblieben die Georg Schumann verbundenen Kräfte in ihrem Bann.

Die II. Reichsparteikonferenz der KPD am 3. und 4. November 1928 in Berlin leitete in tendenziöser Auswertung des VI. Weltkongresses aus der These von der »faulenden und schwankenden Stabilisierung« eine Perspektive revolutionärer Kämpfe in Deutschland ab.

Die ständige Prophezeiung neuer Krisen und sozialer Konflikte, die Beschwörung des Menetekels akuter Kriegsgefahr erfüllten die propädeutische Funktion der Begründung der linksradikalen Politik und ermöglichten es, die realpolitische Orientierung der »Rechten« und »Versöhnler« als opportunistisches Kapitulieren vor der Sozialdemokratie zu diffamieren.

Die westsächsischen Delegierten verhielten sich zu den Beschlüssen der Parteikonferenz uneinheitlich. Während Paul Böttcher u. a. sie konsequent ablehnten, stimmten Georg

---

107 [Rudolf Renner an das Zentralkomitee der KPD. (8. November 1928)]. In: SAPMO. RY 5/I 3/10128.

Schumann und seine Anhänger mit Vorbehalten zu, obwohl ihnen die Teilnahme an der Diskussion verweigert worden war. In einem Rundschreiben für den Bezirk Westsachsen begründeten sie am 8. November 1928 ihre Haltung: »Es gilt unter allen Umständen, die Partei geschlossen und aktionsfähig zu erhalten, um den kommenden Aufgaben gewachsen zu sein.«[108] In ihrer Konsequenz führte diese Haltung, die symptomatisch für die »Versöhnler« war, dazu, daß der falsche Kurs der KPD-Führung zementiert wurde und die Opposition, die zur organisatorischen Selbständigkeit gedrängt wurde, isoliert blieb.

Die Auswertung der II. Parteikonferenz in der Bezirksleitung Westsachsen am 21. November 1928 stand im Zeichen der weiteren Verhärtung. Mit Hermann Remmele war ein Repräsentant der neuen Führungs-Troika angereist. Wieder war es die Haltung zur Sozialdemokratie, in der die Gegensätze in krassester Weise aufeinander prallten. Remmele reanimierte die ältesten linkssektiererischen Parolen: »Die Sozialdemokratie ist eine bürgerliche Partei bis in ihre letzte Faser, die zu gegebener Zeit die reaktionärste bürgerliche Partei sein kann [...]«[109] Das war die Absage an eine Einheitsfrontpolitik, die diesen Namen auch nur im entferntesten verdiente.

Die Sozialfaschismusthese, die den Kurs von KPD und Komintern in den folgenden Jahren so katastrophal bestimmen sollte, klang hier unüberhörbar an. Noch stellte sich die Mehrheit der Bezirksleitung hinter Georg Schumann. Ungeachtet dieses Votums erteilte der ZK-Kommissar Renner Schumann Redeverbot für die Versammlungen der von ihm geführten Bezirksorganisation und setzte die Berichterstattung über den VI. Weltkongreß ab, da eine der KPD-Führung gemäße Linie nicht gewährleistet werden konnte. Dieser ungeheuerliche Eingriff in die innerparteiliche Demokratie geschah natürlich mit Rückendeckung durch das Polbüro.

---

108 [Rundschreiben vom 8. November 1928]. In: SAPMO. RY 5/I 3/10/128.
109 [Protokoll der Sitzung der Bezirksleitung der KPD Leipzig-Westsachsen am 21. November 1928]. In: SAPMO. RY 5/I 3/10/114.

Die massive Desavouierung Schumanns durch die Parteiführung ließ seine Stellung als Polsekretär immer unhaltbarer werden.

Auf der Sitzung der Bezirksleitung am 4. Januar 1929 gelang es schließlich Hermann Remmele, eine Mehrheit gegen Georg Schumann zu organisieren. Das war möglich, weil Paul Böttcher und Arthur Lieberasch zu Beginn der Tagung wegen ihrer Teilnahme an der konstituierenden Versammlung der KPD-O am 1. Januar 1929 in Leipzig aus der KPD ausgeschlossen wurden. Drei ihrer Anhänger und vier »Versöhnler« verließen ebenfalls die Sitzung der Bezirksleitung. Schrittweise wurden durch die Zusammenarbeit der ZK-Vertreter mit dem linkssektiererischen Flügel in der Bezirksorganisation die bemerkenswerten Erfolge der zurückliegenden zwei Jahre zerstört. Der Masseneinfluß der Partei ging rapide zurück. Täglich gab die »Sächsische Arbeiter-Zeitung« Parteiausschlüsse bekannt. Die Inszenierung des außerordentlichen Parteitages am 16./17. Februar war auf den Auftritt Ernst Thälmanns abgestimmt, der am 16. Februar bis 24.00 Uhr referierte. Ein Bericht Georg Schumanns über die bisherige Tätigkeit der Bezirksleitung wurde abgelehnt. Das Ergebnis der Politik der Parteiführung in Westsachsen war verheerend.

Bei den Gewerkschaftswahlen verlor die KPD fast alle der 1928 errungenen Positionen. Bei den Landtags- wie bei den Stadtverordnetenwahlen 1929 fiel die KPD deutlich zurück. Die KPD-Opposition erkämpfte im Leipziger Raum einen relativ großen Einfluß, vermochte es aber nicht, dem Schicksal der politischen Splittergruppen zwischen den Mühlsteinen der großen Parteien zu entgehen.

Das Beispiel Westsachsen verdeutlicht, daß die sich im Verlaufe der Jahre 1925 bis 1928/29 ausprägende Apparatherrschaft und die damit einhergehende Ausschaltung der innerparteilichen Demokratie immer geringeren Raum für offene Meinungsbildungsprozesse ließ. Wenn mit Blick auf die Gesamtentwicklung der KPD im Ergebnis der Prozesse des Jahres 1928 von einer zunehmenden Fremdsteuerung der

KPD gesprochen wurde, so ist dieser Befund mit Blick auf eine exemplarische regionale Struktur zu ergänzen durch den Verweis auf die inneren Befindlichkeiten nicht geringer Teile der Mitgliedschaft, ihr Suchen nach einem neuen Selbstverständnis in Zeiten der sich sichtbar festigenden Kapitalherrschaft und der sich in diesem System erfolgreich etablierenden Sozialdemokratie.

»Ankommen« oder Verweigerung

Die KPD am Ende der zwanziger Jahre

Die Entscheidung zwischen dem »Ankommen« in den Machtstrukturen und Möglichkeiten der Weimarer parlamentarischen Demokratie und einer Politik, die ausgehend von diesem Boden Veränderungen einforderte auf der einen Seite und einer Politik der Fundamentalopposition, die sich der realistischen Situationsanalyse entzog und in revolutionären Attentismus verfiel, war in einer Kombination von inneren und äußeren Faktoren zugunsten der letzteren erfolgt.

Die restaurative Grundstimmung der herrschenden Eliten der Weimarer Republik und die Ausgrenzung der Kommunisten taten ein übriges. Während die Sozialdemokratie zunehmend aus der Fluchtburg und dem Ghetto des Milieus herauswuchs, übernahm die kommunistisch geprägte Arbeiterschaft zunehmend diese Sozialisierung. Sie ähnelte in vielem der Sozialdemokratie der achtziger und neunziger Jahre des 19. Jahrhunderts mehr als die Sozialdemokratie der endzwanziger Jahre des 20. Jahrhunderts.[110]

Die seit der Jahreswende 1928/29 zunehmende Verhärtung der Auseinandersetzungen zwischen SPD und KPD erreichte mit dem »Blutmai« 1929 einen vorläufigen Höhepunkt. Gewaltsame Auseinandersetzungen zwischen Faschisten und Kommunisten, aber auch zwischen dem Roten Front-

---

110 Siehe Klaus-Michael Mallmann: Kommunisten in der Weimarer Republik. S. 53.

kämpferbund und dem Reichsbanner Schwarz-Rot-Gold boten den Vorwand, Versammlungen und Demonstrationen
unter freiem Himmel zu untersagen. Der Polizeipräsident der
Reichshauptstadt, der Sozialdemokrat Karl Friedrich Zörgiebel, entschloß sich mit Rückendeckung durch den sozialdemokratischen preußischen Innenminister Grzesinski, das
Demonstrationsverbot auch für den 1. Mai aufrechtzuerhalten. Das mußte auf den kommunistischen Flügel der Arbeiterbewegung als ungeheuerliche Provokation wirken. Nicht
der traditionelle Gegner, nicht das schwarz-braune Lager der
Konterrevolution machte den Arbeitern das Recht streitig, an
ihrem Kampftag unter freiem Himmel zu demonstrieren, sondern die Sozialdemokratie.

Wenn es noch eines Argumentes für die erneute Linkswendung der Komintern und der KPD bedurft hätte, Zörgiebel und Grzesinski lieferten es. Es war abzusehen, daß selbst
bei völliger Abstinenz der KPD-Führung Auseinandersetzungen unvermeidbar waren. Der Aufruf des Großberliner
Maikomitees, das von Kommunisten dominiert wurde, zu
Massendemonstrationen und zu Massenstreiks war die vor-
hersehbare und wohl kalkulierte Folge des Demonstrations-
verbots.

Mehr als 30 Tote, 194 Verletzte und 1228 Verhaftungen
waren das Resultat der ersten Maitage des Jahres 1929. Kein
kommunistischer Putsch, sondern ein wohlüberlegter, generalstabsmäßig geführter Einsatz von Polizeikräften mit Ma-
schinengewehren und Panzerwagen waren die Realität des
»Berliner Blutmai«.[111] Zörgiebels Schutzpolizei – nach dem
Urteil Carl von Ossietzkys eine »verhetzte, wildgemachte
Bürgerkriegstruppe« und »einseitig gegen Links gedrillt« –
machte rücksichtslos von der Schußwaffe Gebrauch und stei-
gerte ihre Ausschreitungen »bis zum eiskalten Mord«.[112]

In diesem Klima gedieh die für die kommunistische Bewegung selbstzerstörerische Sozialfaschismusthese, die von

111 Siehe Heinrich August Winkler: Der Schein der Normalität.
S. 673.
112 Carl von Ossietzky: Abdankung, Herr Polizeipräsident! In: Die
Weltbühne 25(1929)20. S. 732 f.

Anfang an falsch und irreführend Sozialdemokratie und Faschismus gleichsetzte. In dem Maße wie dieses schädliche Theorem das Denken der deutschen Kommunisten beeinflußte, blockierte es den Zugang zu einer wirksamen Einheitsfrontpolitik, einer Realpolitik, die – zumal in Deutschland – nicht gegen die Sozialdemokratie zu haben war. Es entwertete den kommunistischen Antifaschismus erheblich. Umgekehrt schien der Sozialdemokratie der 1. Mai 1929 als abgekartete Inszenierung der Kommunisten, die »Tote« brauchten, so erklärten am 3. Mai die Vorstände der SPD und der Reichstagsfraktion: »Sie brauchten sie in Berlin, wo ein Sozialdemokrat Polizeipräsident ist. Die Sozialdemokraten mußten wieder einmal zu ›Bluthunden‹ gestempelt werden.«[113] Fixiert auf ihr Feindbild waren beide Seiten nicht mehr zu einer objektiven Wahrnehmung bereit und wohl auch nicht mehr in der Lage.

Was in der Realität weder ein kommunistischer Putschversuch auf der einen noch auf der anderen Seite ein »Auftakt für die faschistischen Diktaturpläne der Bourgeoisie und der Sozialdemokratie«[114] war, wurde dieses in der virtuellen Fiktion der Kontrahenten. Der 12. Parteitag der KPD (9. bis 15. Juni 1929) zementierte diese Frontstellung. Er bestätigte den Erfolg der von Stalin gestützten Führungsgruppe Thälmann, Neumann, Remmele, er bestätigte die erneute »Linkswendung« der KPD, die in der Sozialfaschismusthese und der Erklärung der linken Sozialdemokratie zum gefährlichsten Gegner ihren Ausdruck fand. Dieser Kurswechsel wurde begründet mit den heranreifenden revolutionären Kämpfen, die sich aus der krisenhaften Entwicklung des Kapitalismus und der wachsenden Kriegsgefahr, der Vorbereitung eines imperialistischen Krieges gegen die Sowjetunion ergeben würden. Die Sozialdemokratie sei die führende Kraft der Kriegsvorbereitung.

---

113 An Deutschlands Arbeiterschaft. In: »Vorwärts«. Berlin vom 3. Mai 1929.
114 Aufruf des ZK der KPD vom 2. Mai 1929 zum Proteststreik gegen die Polizeiprovokation am 1. Mai in Berlin. In: DMGdA. Bd. VIII. S. 799.

Mit dieser grundfalschen Orientierung führte die KPD die Vielzahl realistischer, an den Interessen der Bevölkerung orientierten Maßnahmen, Aktivitäten, Beschlüsse im Umfeld des Parteitages ad absurdum. Die KPD-Opposition reagierte verbittert auf den Parteitag. Sarkastisch merkte das inzwischen etablierte Organ der KPD-O »Gegen den Strom« in einer Sondernummer unter dem Titel »Die schöne Welt des Scheins« an: »Man philosophiert über die ›unmittelbar bevorstehende revolutionäre Situation‹, aber in den ganzen Reden keine Richtlinie für das politische Wirken der Partei gegen die Folgen des Reparationspaktes, nichts Grundlegendes für die Steuerpolitik der Partei, nichts Faßbares gegen den antisozialen Kurs der Koalitionspolitik und die Angriffe des Kapitals. Was auf den Nägeln brennt, existiert nicht. Kein Versuch eines Kampfprogramms zur Sammlung der Massen um die Partei. Aber für die Methode, die der Partei unter der gegenwärtigen Führung den einzigen namhaften Erfolg bei der Kampagne gegen die Fürstenabfindung brachte, für die Einheitsfronttaktik hat der Parteitag ein ausdrückliches, donnerndes: Niemals wieder!«[115] Mit diesem vernichtenden Urteil traf die KDP-O den Kern der Politik der KPD. Der 12. Parteitag knüpfte unter verbaler Abgrenzung vom »Fischer-Maslow-Kurs« tatsächlich an der Linie des 10. Parteitages von 1925 an.

In der Tat wurde, wie es an anderer Stelle in der Sonderausgabe hieß, das, »was die Partei sich in mühevoller Arbeit aus Niederlagen und Erfolgen erkämpfte, das, was Lenin als die Voraussetzung für den Sieg der proletarischen Revolution bezeichnete, [...], aufgegeben.«[116]

Die Differenz dieser authentisch kommunistischen Sichtweise zur linksfundamentalistischen Position der KPD-Führung wurde besonders deutlich in der Analyse des kapitalistischen Systems. Zu Recht befand die KDP-O die Thesen des 12. Parteitages als »klassisches Dokument für eine revo-

---

115 Die schöne Welt des Scheins. In: »Gegen den Strom«. Berlin. 1929. Nr. 25/7 vom 17. Juni 1929.
116 Linkes Liquidatorentum. In: Ebenda.

lutionäre Illusionspolitik, für die Politik der revolutionären Phrase«.

Die Behauptung der Thesen, der Kapitalismus befinde sich in einer »allgemeine(n) Wirtschaftskrise« widersprach den fundamentalen Daten der Wirtschaftsentwicklung. Die in der marxistisch-leninistischen Geschichtsschreibung kolportierte Legende der Selbstdarstellung von KPD und Komintern, sie habe die Weltwirtschaftskrise frühzeitig prognostiziert, widerspricht eklatant den Tatsachen. Die Analyse der KDP-O, geprägt insbesondere durch August Thalheimer, ging von einer seriöseren Grundlage aus. Auch sie blieb der Theorie der allgemeinen Krise des Kapitalismus verhaftet, die durch Lenin und Varga gleichsam zur »Geschäftsgrundlage« der Komintern erklärt worden war. Im Unterschied zu einer weltrevolutionsfixierten Sicht differenzierte die KDP-O: »Allerdings, wir leben in einer Zeit des Kapitalismus, d. h. der allgemeinen Krise des kapitalistischen Systems; aber Niedergang des Kapitalismus und allgemeine Wirtschaftskrise, das sind zwei verschiedene Dinge. Auch die Niedergangsepoche des Kapitalismus kennt den Wechsel von Prosperität und Krise.«[117] Während jedoch diese, den Denkmodellen linkssozialistisch-marxistischer Kapitalismuskritik verhaftete Analyse offen blieb für die Wahrnehmung der Realität, schottete sich die KPD/Komintern-offizielle Theorie immer stärker von dieser ab. Das ging einher mit einer zunehmenden Abkopplung vom internationalen Diskurs linkssozialistisch-marxistischer Theorieentwicklung. Theoretischer Fortschritt fand fürderhin vor allem außerhalb oder am Rande von KPD und Komintern statt.

Der 12. (Weddinger) Parteitag schloß eine Entwicklung der KPD ab, die im November 1923 eingesetzt hatte, im 9. (Frankfurter) und 10. (Berliner) Parteitag kulminierte und auf dem 11. (Essener) Parteitag teilweise zurückgenommen worden war.

Abgeschlossen wurde die Verbindung zur Frühgeschichte des deutschen Kommunismus. Er stellte inhaltlich und perso-

---

117 Ebenda.

nell den Bruch mit der Partei Rosa Luxemburgs, Karl Liebknechts, Paul Levis, Heinrich Brandlers und August Thalheimers dar.

In ihrer Führung und ihrem Apparat hatte sich die KPD
endgültig auf den Kurs der von Stalin dominierten
KPdSU(B)-Führung eingeschworen.

KAPITEL III

Avantgardismus und Massenpolitik

Die KPD in der großen Krise
der Weimarer Republik 1929 bis 1933

Der Sturz in die Krise

Die KPD auf der Suche nach Gegenstrategien

War der Anfang 1928 einsetzende neue »Links«-Kurs noch ambivalent und unsicher und seine Durchsetzung im Verlaufe des Jahres 1928 von heftigen in ihrem Ausgang durchaus nicht von vornherein vorbestimmten Auseinandersetzungen geprägt, so markierte der 12. Parteitag für die KPD die endgültige Dominanz der Stalin-Fraktion. In der Komintern beseitigte das X. Plenum der Exekutive, das vom 3. bis 19. Juli 1929 tagte, die letzten Reste eines demokratischen Diskurses. Die platte Attitüde vom revolutionären Aufschwung, die Beschwörung der imperialistischen Kriegsgefahr, der Bedrohung der Sowjetunion beherrschte den Grundton.

Die Verdrängung der »Rechten« und »Versöhnler« aus den Sektionen führte zu einer verheerenden Gleichschaltung. An die Stelle nüchterner Analyse trat die Beschwörung des Heranreifens der revolutionären Krise, deren Tempo lediglich von den Sozialfaschisten, insbesondere von ihrer schlimmsten Spielart, den linken sozialfaschistischen Führern behindert wurde.

Gleichzeitig forcierte die KPD im Verlaufe des Jahres 1929 ihre Auseinandersetzung mit der NSDAP. Auf ihrer Tagung vom 24. und 25. Oktober beriet das Zentralkomitee der KPD im Zusammenhang mit der durch den Young-Plan ausgelösten chauvinistischen und nationalistischen Kampagne über die Einschätzung des Nazifaschismus. Die Resolution bezeugte jedoch das Dilemma, in das sich die Partei durch ihre Fixierung auf das weltrevolutionäre Dogma und den »Hauptfeind« Sozialdemokratie manövriert hatte. Die Forderung Ernst Thälmanns, »den revolutionären Kampf gegen den Faschismus weit mehr in den Vordergrund zu stellen«,[1] mußte Makulatur bleiben, wenn die Resolution der Tagung gleichzeitig feststellte: »Die Kommunistische Partei steht beiden Lagern der bürgerlichen Reaktion mit gleicher Todfeindschaft gegenüber. Sie ficht den unerbittlichen Kampf sowohl gegen den faschistischen Rechtsblock wie gegen den sozialfaschistischen Koalitionsblock [...]«[2]

Immer wieder wurde der radikale Antifaschismus der KPD durch den inflationären und fehlgeleiteten Faschismusvorwurf gegen nahezu alle politischen Gegner und Konkurrenten geschwächt und entwertet.

Hermann Weber hat in seiner umfänglichen Edition der Rundschreiben des Zentralkomitees der KPD an die Bezirke 1929 bis 1933 die Entwicklung des strategischen Konzepts und die taktischen Varianten detailliert dokumentiert. Er beschreibt zutreffend die zahlreichen »taktischen Wendungen« innerhalb dieser Politik »als Reaktionen sowohl auf eine veränderte Taktik der Komintern, als auch auf die veränderte Lage in Deutschland oder innerhalb der KPD«.[3] In ihrem Kern variieren diese Wendungen aus taktischem Kalkül die Schärfe der Angriffe auf SPD und NSDAP. Da sich die Alternative für die KPD in der Endphase der Weimarer Republik auf die Entscheidungsfrage »Faschistische Diktatur oder Sowjetmacht« reduzierte, verblieb ihr Antifaschismus in einer Axiomatik, in der er nur ein Vielfrontenkampf mit wech-

---

1   Ernst Thälmann: Unser Kampf gegen den Young-Plan. In: »Die Rote Fahne«. Berlin vom 27. Oktober 1929.
2   Resolution der Tagung des ZK der KPD am 24. und 25. Oktober 1929 über den Kampf gegen den Young-Plan. In: DMGdA. Bd. VIII. S. 908.
3   Die Generallinie. Rundschreiben des Zentralkomitees der KPD an die Bezirke 1929 bis 1933. Eingel. und bearbeitet von Hermann Weber unter Mitwirkung von Johann Wachtler. Düsseldorf 1981. S. XVI.

selnder Schwerpunktsetzung sein konnte. Die SPD als Gesamtpartei verblieb stets auf der Seite der Gegner. Ein Defensivbündnis gegen die NSDAP war nach dieser Strategie chancenlos. Wie Mallmann in seiner wichtigen Monographie »Kommunisten in der Weimarer Republik« zutreffend beschreibt, reduzierte sich jedoch der Antifaschismus der KPD nicht auf die Umsetzung der »Generallinie« des Zentralkomitees und der Exekutive der Komintern.[4] Die Verankerung der Mitglieder der KPD in den Strukturen ihres Milieus, die gemeinsamen Wurzeln der kommunistischen und sozialdemokratischen Arbeiterbewegung, ein daraus abgeleitetes Grundverständnis der Frontstellungen und des Feindbildes von der »Reaktion« sperrte sich gegen die »Generallinie« und speiste den häufig theoretisch unreflektierten Drang der Basis nach gemeinsamer Aktion gegen den zunehmend als »Hauptfeind« begriffenen Nazifaschismus.

Der Ausbruch der Weltwirtschaftskrise Ende 1929/Anfang 1930, mit dem der Aufschwung der zweiten Hälfte der zwanziger Jahre abrupt beendet wurde, schien den Krisentheoretikern der Komintern Recht zu geben. In der Tat entwickelte sich – ausgelöst durch den New Yorker »Börsenkrach« vom 29. Oktober 1929 – ein Szenario, das zum Sturz der Weltwirtschaft in die längste und verheerendste Wirtschaftskrise in der Geschichte des Kapitalismus führte. Die katastrophalen Folgen für die soziale Lage der Bevölkerung und den wirtschaftlichen Zustand der Staaten wirkten tief in Politik und Ideologie aller politischen Kräfte hinein.

Es kann nicht verwundern, daß die Partei, die ihre Existenz auf die Krisenhaftigkeit des Kapitalismus gegründet hatte, den Ausbruch der Weltwirtschaftskrise als glänzende Bestätigung ihrer Prognose verstand. Das rasch zunehmende Tempo der krisenhaften Entwicklung und ihre Tiefe ließen je länger desto mehr das Konstrukt der Dialektik von konjunkturellem Krisenzyklus und allgemeiner Krise, das für die Erklärung der »relativen Stabilisierung« des Kapitalismus not-

---

4   Siehe Klaus-Michael Mallmann: Kommunisten in der Weimarer Republik. S. 368.

wendig war, als entbehrlich erscheinen. Die konjunkturelle Krise wurde als Beginn der irreversiblen Endkrise des Kapitalismus begriffen. Faschismus und Sozialfaschismus waren in dieser Sicht das letzte Aufgebot des Kapitalismus, seinen Sturz abzuwenden.

Die beschleunigte Industrialisierung der Sowjetunion, die Schaffung einer starken metallurgischen Basis als Grundlage für die Modernisierung von Industrie, Landwirtschaft und Verkehrswesen, insbesondere für eine leistungsfähige Verteidigungsindustrie, erschienen bei Ausblendung des ruinösen Preises für diese Politik des »großen Sprungs« als überzeugende Alternative.

»Pflanzt einen Ziegelstein auf ihren Weihnachtsbaum«

Avantgardismus und proletarische Fundamentalopposition. Die KPD Anfang der dreißiger Jahre

Die KPD setzte in dieser Situation auf eine rasche Zuspitzung der Klassenkämpfe. Sie versuchte, sich an die Spitze der Erwerbslosenbewegung zu stellen. Wie Fritz Heckert auf der Sitzung des Mitteleuropäischen Ländersekretariats des EKKI am 31. Dezember 1929 berichtete, gelang das nur mühevoll. Erst Weihnachten 1929 kam es zu größeren Demonstrationen. »Hier haben die Erwerbslosen die Parolen der Partei aufgegriffen: Demonstriert in den Quartieren der reichen Leute, pflanzt einen Ziegelstein auf ihren Weihnachtsbaum.«

Vor der Partei stünde die Aufgabe, so Fritz Heckert, diese Bewegung weiter zu steigern durch »große ökonomische und politische Massenkämpfe«. Da jedoch in »den Betrieben [...] sich der Sozial- und Nationalfaschismus gegen unsere Genossen aus(tobt,) [...] werden (wir) Massenbewegungen nur auslösen können, wenn die Partei vollkommen intakt ist«. Eine »Generalkontrolle« der Partei, in der die Tätigkeit jedes Parteimitgliedes in der Partei und den Gewerkschaften geprüft werden sollte, stand deshalb auf dem Arbeitsprogramm des Monats Dezember. Der Anspruch, nach dem Beispiel der KPdSU(B) eine »Tschistka« (Säuberung) durchzuführen, war deutlich. Wohl könne man »so etwas [...] erst machen nach der Eroberung der politischen Macht«. Dennoch war »an eine gewisse Reinigung [...] von solchen Elementen gedacht, die mit den Renegaten in Beziehung stehen«. Heckert sprach vor diesem internen Gremium Klartext: »Wir wollen alle rechten Elemente aus der Partei herausnehmen, also nicht nur leitende Funktionäre, sondern auch einfache Mitglieder.«

Es wurde als unerträglich empfunden, daß bei Siemens oder in der Knorrbremse, einem Berliner Betrieb, die KPD-Organisation bei den Betriebsrätewahlen gemeinsame Listen mit den »berüchtigsten Sozialfaschisten« aufstellten und sich weigerten, mit eigenen Listen anzutreten. »Es ist ganz klar«, so Heckert, »daß solche Elemente aus der Partei herausgereinigt werden müssen.«

In mitteldeutschen Konsumvereinen wehrte sich die kommunistische Mehrheit, die Zusammenarbeit mit den Vertretern der Sozialdemokratie abzubrechen. Heckert: »Es ist ganz klar, daß man hier gründlich aufräumen muß [...] Solche Zustände sind in ungefähr 200 Ortsgruppen in Mitteldeutschland [...] Die Generalkontrolle muß mit sich bringen, daß der Funktionärsapparat umgestülpt wird.«[5] Tonlage und Diktion dieser Äußerungen waren kennzeichnend für den neuen Stil, der sich als der dominierende in der KPD durchsetzte: Die totale Übernahme des durch Stalin hypertrophierten bolschewistischen Avantgardeprinzips, das gekennzeichnet war durch die Dominanz der Apparatbürokratie, die Ausschaltung der innerparteilichen Demokratie und den Ersatz der theoretischen Diskussion durch generalstabsmäßig durchgeführte Kampagnen. »Generalkontrolle«, die »Herausnahme« und die »Herausreinigung« der rechten Elemente, die »Umstülpung« des Funktionärsapparates waren semantische Insignien für die Militanz und Militarisierung der kommunistischen Bewegung, die seit 1929 eine neue Qualität gewann. Nicht mehr Diskussion und Konsensbildung charakterisierten den innerparteilichen Umgang, sondern der »Parteibefehl«, die »Parteikommandierung«.

In dem Maße, in dem die KPD zunehmend eine Partei von Arbeitslosen wurde, wirkte dieser Stil der Entindividua-

---

5   Protokoll der Sitzung des Mitteleuropäischen Ländersekretariats am 31.12.1929 und 1.1.1930. In: SAPMO. RY 5/I 6/3/383.

lisierung und Militarisierung auch über den sich als Avantgarde begreifenden Apparat hinaus auf die Parteibasis. Überwiegend patriarchalisch erzogen und durch das traumatische Erlebnis des Ersten Weltkrieges geprägt, bot eine hierarchisch strukturierte, militärische Formen kopierende Partei, die dem damals weitverbreiteten Führerkult ihren Tribut zollte, Halt und Stütze. Der mit dem beruflichen Abstieg oder gar der Arbeitslosigkeit verbundene Autoritätsverlust und schwindendes Selbstbewußtsein trugen dazu bei, daß in der KPD wie – mutatis mutandis – in anderen Parteien die Akzeptanz autoritärer Strukturen und die Bereitschaft, in diesen Strukturen mitzuwirken, anwuchs. Die systematische Ausgrenzung kritischen Potentials bewirkte ein weiteres. Die Anfang der dreißiger Jahre wieder deutlich wachsenden Mitgliederzahlen besagen insofern wenig über die tatsächliche Aktionsfähigkeit der Partei. Sank doch das durchschnittliche »Parteialter« bis zum Ende der Weimarer Republik auf etwa zwei Jahre. Gleichzeitig wuchs die Fluktuation sprungartig. Ein Großteil der in die KPD drängenden Arbeiter und kleinen Angestellten wurden organisatorisch kaum erfaßt und verließen die KPD nach kurzer Zeit in Suche nach Alternativen. Zwangsläufig wuchs damit die Macht des via Komintern von Moskau finanzierten Apparates. Die Linie, die verstärkt seit dem 12. Parteitag der KPD und der X. Tagung der Exekutive der Komintern verfolgt wurde, erwies sich jedoch als wenig erfolgreich. Seit der Jahreswende 1929/30 verstärkten sich die Gegenstimmen. Sie wurden zunächst massiv zurückgedrängt.

Es war wiederum Fritz Heckert, der als Leiter der deutschen Vertretung beim EKKI gemeinsam mit dem Komintern-Funktionär Sergej Gussew in einem Brief an das Sekretariat des ZK der KPD vom 20. Januar 1930 einen Generalangriff gegen relativierende Positionen der Redaktion der »Roten Fahne« führte. Kernpunkt war die »Beurteilung der Rolle des Sozialfaschismus bei der Durchführung der faschistischen Diktatur«. Gegen eine differenzierende Betrachtung der Positionen der Vertreter der Sozialdemokratie und der bürgerlich-konservativen Kräfte machte die Komintern geltend, »daß die Regierung Mueller-Severing eben eine Regierung der faschistischen Maßnahmen, eine Regierung zur Durchführung der faschistischen Diktatur ist«.[6] Im Februar 1930 schlug Paul Merker in dieselbe Kerbe. Die »Rote Fahne« hatte unter dem Titel »SPD-Betriebsrat gegen SPD« über Differenzen innerhalb der SPD berichtet und formuliert: »Wir fordern die SPD-Arbeiter zur Diskussion auf.«[7] Dies stünde, so Paul Merker, »vollständig unserer allgemeinen Linie entgegen. Unsere Aufgabe besteht angesichts der wachsenden Klassengegensätze und der in schnellem Tempo herannahenden großen Klassenkämpfe beziehentlich (gemeint ist wohl bezüglich – d. Verf.) der SPD-Funktionäre und der SPD-Arbeitermitglieder in der rücksichtslosen Aufrollung ihrer konterrevolutionären Rolle [...] Und diese konterrevolutionäre Rolle spielen sie solange, bis sie organisatorisch mit der sozialfaschistischen Partei gebrochen und den Kampf gegen sie aufgenommen haben [...] Es ist unmöglich, ein ehrlicher Arbeiterfunktionär und gleichzeitig ein Mitglied der SPD zu sein.«[8] Auf Betreiben Merkers wurde diese Position durch einen Beschluß des Polbüros vom 14. Februar 1930 zum Standpunkt der Parteiführung. »Ganz besonders gefährlich«, so hieß es in der Resolution, ist jedes Zugeständnis an die brandleristisch-versöhnlerische Auffassung, als bestünde ein prinzipieller Gegensatz zwischen Sozialdemokratie und Faschismus.«[9] Doch schon die Tagung des Erweiterten Präsidiums des EKKI vom 18. bis 28. Februar 1930 leitete eine Kurskorrektur ein. Zumindest Einheitsfront von unten schien wieder denkbar. Auf der Sitzung der Deutschen Kommission des EKKI im Rahmen dieser Tagung sperrte sich Thälmann gegen den Kurs von Losowski und Merker auf eine kommu-

6 [Fritz Heckert und S. I. Gussew. Moskau 20. Januar 1930 an das Sekretariat des ZK der KPD]. In: SAPMO. RY 5/I 6/3/208.
7 Zit. in: [Paul Merker an Franz Dahlem. Berlin, den 21. Februar 1930]. In: SAPMO. RY 5/I 6/3/207.
8 Ebenda.
9 Resolution zu den aktuellen Fragen unserer Politik. Beschlossen in der Sitzung des PB. des ZK. Vom 14. Februar 1930. In: SAPMO. RY1/I 2/3/10.

nistische Parallelgewerkschaft.[10] Auf der Tagung des Zentralkomitees am 20./21. März 1930 kamen die Gegensätze schließlich offen zum Austrag. Die extremsten Zuspitzungen der konfrontativen Politik gegenüber der Sozialdemokratie wurden zurückgenommen. Paul Merker verlor am 6. April seine führenden Funktionen in der Parteiführung. Die Gründe für den taktische Kurswechsel waren vielfältig. Der abnehmende Masseneinfluß der KPD und ihre zunehmende Isolierung waren sicher nicht unwichtig. Bedeutsamer war zweifellos die Tatsache, daß mit der Krise der Regierung der Großen Koalition und ihrer Ablösung durch das Kabinett Brüning eine neue Kräftekonstellation entstand, in der die frontale Konfrontation mit der Sozialdemokratie keinen Platz hatte. Schließlich wirkte auch die vorübergehende Rücknahme des harten Kurses der Kollektivierung und des damit einhergehenden ultralinken innenpolitischen Kurses Stalins mäßigend auf die Komintern.

Die Begründung für die Kurskorrektur durch KPD und Komintern mußte fragwürdig bleiben. Ging es doch wiederum nicht um eine an die Wurzel gehende Kritik der Grundlagen der stalinistischen Politik, sondern um kosmetische, dem taktischen Kalkül verpflichtete Retuschen. Hermann Remmele unternahm im theoretischen Organ der KPD zwischen März und April 1930 einen aufwendigen, aber wenig ertragreichen Versuch, den Merkerschen »Linksopportunismus« und »umgestülpten Brandlerismus« zu widerlegen.[11] Die nicht zu lösende Aufgabe bestand darin, eine falsche Konzeption gegen deren graduell verschärfte Variante zu verteidigen und zu diesem Zweck die graduellen Unterschiede zu prinzipiellen theoretischen und politischen Gegensätzen aufzubauschen. Die oppositionellen Kritiker konfrontierten denn auch sarkastisch die ursprünglichen mit den rasch gewende-

---

10   [Protokoll der Sitzung der Deutschen Kommission des EKKI vom 25./26. Februar 1930.] In: SAPMO. RY5/I 6/3/90.
11   Hermann Remmele: Schritthalten – Warum muß der Kampf gegen zwei Fronten gerichtet werden. In: Die Internationale. Zeitschrift für Praxis und Theorie des Marxismus. Berlin 13(1930)5/6. S. 135-158. 7. S. 198-221. 8/9. S. 230-259. 10. S. 295-313.

ten Positionen Remmeles.[12] An derselben Stelle veröffent-lichte die Zentralstelle der KDP-O mit Datum vom 18. März einen Brief an das Exekutivkomitee der Komintern, in dem sie die neuerliche »Wendung« zum Anlaß nahm, eine wirkli-che Kursänderung einzufordern.

Die Politische Kommission des Politsekretariats des EK-KI reagierte prompt. Am 3. April beschloß es konzertierte Maßnahmen, diesem Vorstoß zu begegnen.[13] Die KDP-O ana-lysierte in ihrem Schreiben scharfsichtig die Halbheiten, genau-er die Demagogie dieser taktischen Wende: »Halbe Wendungen haben stets einen ganzen Rückfall in die alten Fehler zur Folge. Das haben wir beim »Offenen Brief« gegen Ruth Fischer in Deutschland erlebt. Der »Offene Brief« war eine Halbheit, und deshalb mündete er schließlich [...] in einen verschärften Ruth-Fischer-Kurs.« Die Kritik an dem linken Sektierertum durch das ZK der KPD »ist die Kritik an seiner eigenen Politik, die es auf Verantwortung des EKKI betrieben hat«.[14]

Die KDP-O setzte sich für die Wiederherstellung einer einheitlichen kommunistischen Internationale ein und for-mulierte dafür eine Reihe unerläßlicher Voraussetzungen wie die Rücknahme der Ausschlüsse und Maßregelungen gegen die Gegner des falschen ultralinken Kurses, eine internatio-nale Diskussion zur Herausarbeitung der politischen Linie der Kommunisten, die Neuwahl aller Leitungsgremien, die Durchsetzung des Grundsatzes, daß die Sektionen verpflich-tet sind, in legalen Zeiten ihre finanziellen Mittel aus den Beiträgen ihrer Mitglieder aufzubringen.

Die Tragik dieses Aufrufs wie der Politik der KDP-O be-stand darin, daß Einfluß und Reichweite nicht ausreichten, die Politik des Komintern-Apparates auch nur zu erschüttern. Die Machtstrukturen waren innerhalb Sowjetrußlands wie

---

12 Pistol-Remmele, oder: Der viermal gewendete Führer. In: »Gegen den Strom«. 3(1930)14. S. 218 f.
13 Siehe Auszug aus dem Protokoll Nr. 49 der Sitzung der Politi-schen Komm.[ission] d. P. S. [Politischen Sekretariats] des EKKI vom 3. April 1930. In: SAPMO. NY 5/I 6/10/41.
14 Der Weg zur Gesundung der kommunistischen Internationale. In: Sonderbeilage »Gegen den Strom«. Berlin. Nr. 11. März 1930. S. 203.

auch in der Komintern zugunsten Stalins konsolidiert. Taktische Wendungen waren ohne Gefährdung des Gesamtsystems möglich geworden. Die Komintern stellte sich hinter die Linie der KPD, die letztlich von ihr bzw. der KPdSU(B) initiiert worden war. Dennoch war ihre Zustimmung nicht vorbehaltlos. In einem geschlossenen Brief des Politischen Sekretariats der Exekutive wurden die Paul Merker angelasteten Fehler im Umgang mit der SPD und den von ihnen beeinflußten Arbeitermassen benannt, ohne darauf hinzuweisen, daß die Linie Merkers lediglich Ausfluß des Kurses der Komintern war.

Unter Beibehaltung der Sozialfaschismusthese ging es vor allem darum, die verkürzte Orientierung auf die »Einheitsfront von unten zu relativieren«, um eine der Hauptaufgaben der Partei bei der Eroberung der Mehrheit der Arbeiterklasse zu lösen: die »Losreißung der breiten Massen von der Sozialdemokratie«. Gleichzeitig wandte sich das Politsekretariat der Exekutive gegen verschiedene Positionen Remmeles, die dieser in der »Internationale« in Polemik gegen Merker vertreten hatte. Besonders die Differenzierung der Sozialfaschismusthese erweckte den Argwohn der Exekutive. »Es wäre falsch, anzunehmen, dass Sozialfaschismus lediglich eine Bezeichnung einzelner Taten und Handlungen der Sozialdemokratie, nicht aber ihres politischen Wesens als Partei ist.« Einer solchen Relativierung setzte das Politsekretariat eine prinzipielle Definition entgegen: »Der Sozialfaschismus ist eine *bestimmte*, und zwar die letzte Phase der Entwicklung der Sozialdemokratie als einer bürgerlichen Arbeiterpartei, mit der sich ihre Rolle im System des imperialistischen Systems wandelt, mit der sich ihre Klassenbasis verschiebt und ihre Methoden zur Erhaltung des Einflusses in den Massen andere Formen annehmen.«[15]

Die Bedeutung, die die Komintern dieser Kontroverse beimaß, wird deutlich, wenn man eine als »streng geheim!

---

15 Geschlossener Brief des Pol[it]sekretariats [der Exekutive der Komintern] an das Z.K. der KPD. Vorgeschlagen vom Mitteleuropäischen Ländersekretariat. [Moskau 26. April 1930]. In: SAPMO. RY 5/I 6/3/211 (Hervorhebung im Original).

Nur für den persönlichen Gebrauch!« deklarierte Skizze Béla Kuns heranzieht, die nur wenige Wochen nach dem Brief des Politsekretariats anhand der Positionen von Merker und Remmele »einige prinzipielle Fragestellungen zum Sozialfaschismus« erörtert. Ihr Anspruch bestand darin, gestützt auf Lenin, die Sozialfaschismusthese theoretisch zu fundieren. Der gemeinsame Fehler der Kontrahenten, so Kun, bestünde darin, Arbeiteraristokratie in der allgemeinen Krise des Kapitalismus gleichzusetzen mit jener der Jahrhundertwende. Während diese aus der qualifizierten Arbeiterschaft bestanden hätte, sei »an die Stelle der früheren Arbeiteraristokratie [...] die Arbeiterbürokratie der sozialdemokratischen Parteien« getreten. Nicht der Anteil am Surplusprofit der kolonialen Ausbeutung, sondern die Extraprofite durch die Rationalisierung im Lande und die Beteiligung der sozialdemokratischen Bürokratie an den Staatssteuereinnahmen sei die wirtschaftliche Grundlage des Sozialfaschismus. Kun wandte sich gegen eine Rückprojezierung des Phänomens Sozialfaschismus in die Noske- und Scheidemann-SPD. Im Gegensatz zu dieser könnten Severing und Grzesinski nicht mehr ausgeschaltet werden. Deren SPD sei fest im kapitalistischen Staatsapparat eingebaut.

Der Unterschied zwischen National- und Sozialfaschismus bestünde nicht darin, daß der eine Faschismus national und der andere sozial sei, sondern läge in dem Maß der Anwendung von Scheinkonzessionen und sozialer Demagogie bei der Niederhaltung der Arbeiterklasse.[16]

Die Argumentation Béla Kuns war zweifellos gekennzeichnet durch eine höhere Schlüssigkeit der inneren Beweisführung als die Merkers und Remmeles. Mit diesen gemein war ihr jedoch ein entscheidender Grundmangel: der frappante Verlust der Fähigkeit, die Realität auf der Grundlage empirischer Befunde zu analysieren. Die gesetzten irreversiblen Ideologeme wurden der sich wandelnden Realität

---

16 Béla Kun: Skizze über einige prinzipielle Fragestellungen zum Sozialfaschismus. Streng geheim! Nur für den persönlichen Gebrauch! [Moskau 22. Mai 1930]. In: SAPMO. RY5/I 6/3/212.

mit unterschiedlichem Geschick angepaßt, aber nicht in Frage gestellt, geschweige denn umgestürzt.

Hermann Remmele verteidigte seine Position auf der Sitzung der Politischen Kommission des EKKI am 17. Mai 1930. Er spitzte die gegensätzlichen Positionen auf die Frage zu, welche politischen Kräfte den Faschismus vorantreiben. Während Remmele und die Mehrheit des Polbüros der KPD die Position vertraten, »daß es die bürgerlichen Parteien sind, die die Faschisierung durchführen werden«, meinte Merker in der Deutung Remmeles, »daß der Sozialfaschismus die Macht und die Kraft in Deutschland ist, den Faschismus [...] zu verwirklichen. Er (Merker – d. Verf.) stellt die Frage nicht so, daß die Sozialdemokratie ein Bestandteil, eine Hilfstruppe, und zwar in Deutschland mehr als in anderen Ländern, mit stärkerer Beteiligung an den faschistischen Forderungen und der Diktatur ist, sondern er stellt die Frage so, daß nur die Sozialdemokratie in Deutschland die Kraft ist, die dazu in der Lage ist.«[17]

Für den Stil, der den Umgang zwischen den Gliederungen in der Komintern prägte, ist ein Detail nicht uninteressant. Die Politische Kommission des EKKI hielt es »nach Entgegennahme des Berichts des Genossen Remmele [...] für notwendig, folgende *Weisung* zu erteilen:«[18] Kern dieser »Weisung« waren Forderungen, der »Kapitaloffensive« mit einer Gegenoffensive zu begegnen. Dabei wurde davon ausgegangen, daß die Bourgeoisie der Sozialdemokratie »die überaus bedeutsame Rolle von Streikbrechern zugedacht« habe. Daß mit solchen Pejorativen die an gleicher Stelle eingeforderte »breitangelegte Einheitsfront« torpediert wurde, blieb unreflektiert.[19] Die Korrektur der taktischen Linie der KPD begrenzte sich vor allem auf die Korrektur der Haltung zu den von der SPD beeinflußten Arbeitern. Die Sozialfaschismusthese als Ganzes blieb von dieser Modifikation unberührt.

---

17   Protokoll Nr. 59 der Sitzung der Politischen Kommission des Pol. Sekr. Am 17. Mai 1930. In: SAPMO. RY 5/I 6/10/38.
18   Für das Sekretariat des ZK der KPD. Streng vertraulich [28. Mai 1930]. In: SAPMO. RY 5/I 6/3/211 (Hervorhebung d. Verf.).
19   Ebenda.

Der desorientierte Antifaschismus

Die KPD auf der Suche
nach dem Hauptfeind

Trotz ihrer Fixierung auf den feindlichen Bruder Sozialdemokratie konnte der rasante Aufstieg der NSDAP bei KPD und Komintern nicht unbeachtet bleiben.

Das Polbüro des ZK der KPD nahm im Juni 1930 in einer Resolution zum Faschismus Stellung. Der Eintritt der NSDAP in die erste Landesregierung (Thüringen, Frick) wurde als Alarmsignal begriffen. Dennoch blieb dieser Kampf, so das Zentralorgan der KPD, »Die Rote Fahne«, »undenkbar ohne den schärfsten Kampf gegen die Sozialdemokratische Partei, ihre Führerschaft, die eine entscheidende Waffe der Faschisierung darstellt«.[20]

Obwohl die deutschen Kommunisten sich in den praktischen Tageskämpfen immer stärker als antifaschistische Kraft profilierten, blieb ihr Antifaschismus unscharf, da ihr Faschismusvorwurf faktisch gegen alle politischen Gegner und Konkurrenten gerichtet war. Die Gefahr des Faschismus, von den anderen nichtfaschistischen Kräften eher unterschätzt, wurde von der KPD erkannt. Und zweifellos muß beachtet werden, daß ihre zeitgenössische Analyse, die nicht über die Erfahrungen der Späteren verfügte, nicht nur in der NSDAP diese Gefahr fokussieren konnte. Der Ansatz der KPD, die Weimarer Republik in einem permanenten Prozeß

---

20   Resolution über den Kampf gegen den Faschismus. In: »Die Rote Fahne«. Berlin vom 15. Juni 1930.

der Faschisierung zu begreifen und nahezu alle anderen politischen Kräfte als Faktoren bei der »Durchführung des Faschismus« zu sehen, mußte jedoch in die Irre führen.

Der Übergang zur Notverordnungspolitik im Juli 1930 auf Grundlage des Artikels 48 der Reichsverfassung wurde so folgerichtig als weiterer großer Schritt zur Faschisierung begriffen. Gleichzeitig verstärkte die KPD ihre Massenaktionen gegen die NSDAP. In den Gremien der Komintern, insbesondere im Mitteleuropäischen Ländersekretariat der Exekutive, war schon Anfang 1930 die Idee entwickelt worden, in einem Manifest des ZK der KPD die wichtigsten Forderungen und Ziele der Kommunisten verständlich zusammenzufassen. Einer solchen programmatischen Erklärung kam in mehrfacher Hinsicht beträchtliche Bedeutung zu. Zum einen drängte die zunehmende innenpolitische Konfrontation zu einer massenwirksamen Profilbestimmung. Die Reichstagswahlen im September erforderten eine solche Positionsbestimmung. Zum anderen verfügte die KPD seit dem Spartakusprogramm von 1918 über kein programmatisches Dokument. Weder der Programmentwurf von 1922 noch der Entwurf des Aktionsprogramms von 1928 waren zu Ende geführt worden.

Das Politsekretariat des EKKI übermittelte dem ZK der KPD am 23. Juli 1930 den Entwurf einer Deklaration, der in den wesentlichen Passagen mit der »Programmerklärung zur nationalen und sozialen Befreiung des deutschen Volkes« vom 24. August 1930 identisch war.[21] Ein Vergleich beider Dokumente verweist jedoch auf ein interessantes Detail. Bei weitgehender Übernahme des Textes der Exekutive finden sich einige wenige Abweichungen. Sie alle verschärfen die Fassung des EKKI. So ist in der endgültigen Fassung hinzugefügt worden: »Nur der Hammer der proletarischen Diktatur kann die Ketten des Young-Planes und der nationalen Unterdrückung zerschlagen. Nur die soziale Revolution der Arbeiterklasse kann die nationale Frage Deutschlands lösen.«

---

21 Siehe Deklaration (Entwurf des Mitteleuropäischen Sekretariats). 23. Juli 1930. In: SAPMO. RY 5/I 6/3/213.

Und in die abschließenden Losungen der Programmerklärung war eingefügt: »Nieder mit Faschismus und Sozialdemokratie!« Die Losung: »Es lebe Rätedeutschland!« des Entwurfs war in der endgültigen Fassung rückübersetzt worden in: »Es lebe Sowjetdeutschland!«[22] Die Tendenz, Moskau »links« zu überholen, erwies sich auch hier als eine in Betracht zu ziehende Variante. Es ist sicher nicht allzu spekulativ, den selbsternannten »Bolschewik« Heinz Neumann als »Verbesserer« des Entwurfes zu vermuten. Die seit Ossip Flechtheim durch die Literatur geisternde Vermutung, Heinz Neumann sei der Verfasser der Programmerklärung,[23] muß aber als widerlegt gelten.

Die Programmerklärung erfüllte nicht die in sie gesetzten hohen Erwartungen. Durch sie wurde nicht die Aufgabe gelöst, die in den Debatten der zurückliegenden Jahre artikuliert worden war. Die programmatische Fixierung auf Sowjetdeutschland und die Diktatur des Proletariats vermochte wohl die traditionelle Klientel anzusprechen, Vorstöße in Kreise der städtischen Mittelschichten und der Landbevölkerung waren damit wenig wahrscheinlich. Auch die sozialdemokratisch beeinflußte Arbeiterschaft erwies sich diesen Losungen gegenüber überwiegend als resistent.

Die Betonung der nationalen Komponente war ebenfalls nicht unproblematisch. Wenn wahltaktische Manöver, wenn der Versuch, der NSDAP dieses Terrain streitig zu machen, beiseite gelassen werden, stellt sich sachlich die Frage nach der Substanz der »nationalen Frage« für Deutschland. Es gab zweifellos im Gefolge des Versailler Vertrages eine Vielzahl komplizierter politischer und wirtschaftlicher Probleme und Situationen, die auch die werktätigen Massen substantiell berührten. Eine nationale Frage, die die nationale Existenz des deutschen Volkes zu thematisieren hatte, gab es aber wohl nicht. Die »nationale Befreiung« war keine Forderung, für

---

22 Programmerklärung der KPD zur nationalen und sozialen Befreiung des deutschen Volkes, 24. August 1930. In: Dokumente zur Geschichte der SED. Bd. 1: 1847 bis 1945. Berlin 1981. S. 246-255.
23 Siehe Ossip K. Flechtheim: Die KPD in der Weimarer Republik. Frankfurt a. M. 1969. S. 275.

die unter den Bedingungen der frühen dreißiger Jahre eine kommunistische Partei in Deutschland authentische Politik betreiben konnte. Die KPD versuchte, Massenstimmungen aufzugreifen und damit der NSDAP Zulauf abzugraben. Es gelang, mit dieser Propaganda einen relativen Fortschritt zu erreichen; eine grundlegende Wende erbrachte die Erklärung jedoch nicht.

Die KDP-O machte gegen die Programmerklärung geltend, daß es Abenteurertum sei, für den Fall des Sieges der proletarischen Revolution sich zur Aufkündigung des Versailler Vertrages zu verpflichten. »Eine Räteregierung wird in Deutschland ebenso wie es heute die Regierung der Sowjetunion tut, alles tun, um den Frieden aufrechtzuerhalten [...] Der Standpunkt der Thälmann und Neumann dient nur dazu, den Gedanken der Rätediktatur bei den Arbeitern in Deutschland und in den anderen Ländern zu diskreditieren.«[24]

Die Wahlen vom 14. September 1930 veränderten die Parteienlandschaft in Deutschland. Der erdrutschartige Sieg der NSDAP machte die Verschiebung der Anteile der anderen Parteien bedeutungslos. Die NSDAP war aus der (fast) Bedeutungslosigkeit von 2,6 Prozent des Jahres 1928 auf 18,2 Prozent emporgeschnellt und nach der SPD (24,5 Prozent) zur zweitstärksten Partei geworden. Die KPD hatte mit 13,1 Prozent (1928: 10,6) deutlich hinzugewonnen. Sie zog daraus jedoch nicht die einzig zwingende Schlußfolgerung, alles zu tun, um eine Front gegen den Hitlerfaschismus zu schmieden.

Dazu trug bei, daß nach den Reichstagswahlen die Politik des Sozialabbaus forciert wurde. Die Erhöhung der Beiträge zur Arbeitslosenversicherung und die Verringerung der Leistungen und der Dauer der Krisenunterstützung spitzte das soziale Klima zu. Die in der Regierungserklärung Brünings vom 16. Oktober angekündigten Maßnahmen des Sozialabbaus wurden in der »Notverordnung zur Sicherung von Wirt-

---

24 Im Sumpf des spießbürgerlichen Nationalismus. In: »Gegen den Strom«. 3(1930)36. S. 541.

schaft und Finanzen« vom 1. Dezember 1930 umgesetzt. Mitte Oktober streikten 130.000 Metallarbeiter gegen den Kurs der Brüning-Regierung.

In die Bewertung der Wahlergebnisse vom 14. September wirkte der Berliner Metallarbeiterstreik stark hinein. Erstmals seit langem war es der KPD gelungen, maßgeblichen Einfluß auf die Auslösung eines bedeutenden Massenstreiks zu nehmen.

Unter dem Einfluß dieser Entwicklung erschienen die Wahlergebnisse noch massiver positiv interpretierbar als unmittelbar nach dem 14. September. Hermann Remmele verstieg sich schon unmittelbar nach der Wahl zu einer obskuren Sicht des Ergebnisses, indem er die Wählerstimmen addierte, die gegen Notverordnungen, gegen die Diktatur mittels des Artikels 48, die gegen »die Versailler- und Youngsklaverei, gegen die Erfüllungspolitik« stimmten.[25] Die sprunghaft anwachsende faschistische Gefahr wurde durch solche Rechenexempel kleingeredet und der Stimmenzuwachs der KPD vor dem unverhältnismäßig größeren der NSDAP zum eigentlichen Wahlsieg erklärt. Dem hielt die KDP-O berechtigt eine andere Bewertung der Wahlergebnisse entgegen. Völlig außerhalb des Kalküls der offiziellen KPD, die sich vor allem in ihrer Konfrontation zur SPD definierte, stellte »Gegen den Strom« die Frage nach der Entwicklung des parlamentarischen Einflusses beider Arbeiterparteien. Der Zuwachs der KPD entsprach nicht den Verlusten der SPD. Die Arbeiterparteien hatten gemeinsam an Stimmen verloren.

Während Remmele kommunistische, rechtskonservative und faschistische Stimmen als Proteststimmen gegen die herrschende Politik zusammenzählte, verwies Thalheimer darauf, daß NSDAP und DNVP gemeinsam erstmals als absolut stärkster Block aus den Wahlen hervorgegangen waren.[26] Mit dieser Entwicklung begann sich ein Kräfteverhältnis abzuzeichnen, das am Ende der Weimarer Republik die

25 Hermann Remmele: Das Fazit der Septemberwahlen. In: Die Internationale. 13(1930)18. S. 545.
26 August Thalheimer: Der Aufschwung der faschistischen Konterrevolution. In: »Gegen den Strom«. 3(1930)38. S. 561.

Arbeiterparteien paralysieren sollte. In den Beratungen der Komintern im Herbst 1930, so auf der Sitzung des Präsidiums der Exekutive am 28. Oktober, spielten solche Überlegungen keine Rolle. Das Präsidium bestätigte die Linie der KPD-Führung und stellte fest, »daß der entschlossene Kampf der KPD auf der Grundlage dieser wichtigen Linie zu dem großen Erfolg am 14. September, wie auch zur Entfaltung des Metallarbeiterkampfes unter Führung der RGO beigetragen hat«.[27] Der Berichterstatter der KPD, Fritz Heckert, würdigte als Grund für den als Wahlsieg gefeierten Stimmenzuwachs für die KPD die Wahlstrategie, daß »die deutsche Partei Wert darauf gelegt (hat), alle Pseudonyme auszurotten, sie hat erkannt, daß es Pflicht der Kommunistischen Partei ist, sich klar und deutlich zu enthüllen. Wir traten in den Wahlkampf mit einer großen Programmerklärung ein [...], in der die Kommunistische Partei den Ausweg aus der jetzigen Krise zeigte [...] Es (das Programm – d. Verf.) sagt: national kann man Deutschland nur befreien, wenn man die Bourgeoisie in Deutschland stürzt, soziale Revolution macht, – nur in einer deutschen Sowjetrepublik ist die nationale Befreiung möglich. Hier wurde also nicht mehr in Anonymen oder Pseudonymen gesprochen, sondern ganz klar und deutlich das Programm der proletarischen Revolution entrollt [...]«[28]

Die Debatte erwies eine tiefgreifende Unsicherheit in der Bewertung der Entwicklungsprozesse in Deutschland. Die Unschärfe des offiziösen Faschismusverständnisses erschwerte es, den Entwicklungstrend genauer zu erfassen. In der Sicht Eugen Vargas stellte sich die Frage so: »Besteht heute außer der Gefahr einer suksessiven Faschisierung mit Hilfe der Sozialfaschisten nicht auch die Gefahr eines echten faschistischen Umsturzes, so wie er in Italien und in Finnland gewesen ist?«[29] An eine dritte Variante, wie sie sich am 30. Januar 1933 realisierte, wurde 1930 noch nicht gedacht.

---

27 Protokoll Nr. 27 der Sitzung des Präsidiums des EKKI am 28. Oktober 1930. In: SAPMO. RY 5/I 6/10/24.
28 Ebenda.
29 Ebenda.

Die Sozialdemokratie begriff Varga vor allem als Platzhalterin des ausländischen Kapitals in Deutschland. Aus diesem Verständnis erklären sich u. a. die zahlreichen taktischen Wendungen der Komintern zur Sozialdemokratie. Jede Verschlechterung der außenpolitischen Beziehungen der Sowjetunion zu einer der ehemaligen Entente-Mächte führte zu Rückkopplungen der Politik der Komintern gegenüber dem jeweiligen politischen Konkurrenten oder Partner. In der Diskussion tendierte die Grundstimmung zu einer Warnung vor der Überschätzung der NSDAP. Im gleichen Atemzug wurde in Polemik zu Varga, der zumindest differenzierte, behauptet: »Der Kurs der *ganzen* deutschen Bourgeoisie geht auf die faschistische Diktatur. Man soll die Errichtung der faschistischen Diktatur nicht als eine Teilaufgabe eines Teils der deutschen Bourgeoisie auffassen, die deutsche Bourgeoisie als Klasse hat keinen anderen Ausweg als die faschistische Diktatur.«[30] Das alte Raster der Losung »Klasse gegen Klasse« ließ grüßen.

Unter dem Einfluß der Wahlergebnisse und der Arbeitskämpfe im Herbst 1930 setzten sich in KPD und Komintern die Kräfte durch, die auf die Bildung »revolutionärer« Gewerkschaften drängten. Mit der Bildung der ersten selbständigen Industriegewerkschaft, dem Einheitsverband der Metallarbeiter Berlins, wurde am 4. November 1930 ein folgenschwerer Schritt gegangen, der die Kraft des gewerkschaftlichen Widerstandes gegen den Sozialabbau schwächte.

Bereits eine Woche nach diesem Schritt waren der Metallarbeiterstreik und die Gewerkschaftspolitik der KPD Gegenstand der Beratung der Politischen Kommission der Exekutive der Komintern. Die führenden (russischen) Funktionäre der Komintern vertraten energisch den Kurs der Schaffung paralleler Gewerkschaften unter Führung der KPD. Ossip Pjatnitzki verfocht vehement den Kurs des V. RGI-Kongresses vom August 1930, der die Bildung selbständiger Verbände gefordert hatte. Die Bildung eigener Verbände verfolgte erklärtermaßen das Ziel der Zerschlagung der re-

---

30 Ebenda (Hervorhebung im Original).

formistischen Gewerkschaften. Das schloß den Austritt der kommunistisch orientierten Gewerkschafter aus dem Deutschen Metallarbeiter-Verband ein. Gegen diese Orientierung gab es in der KPD-Führung starke Vorbehalte. Hermann Remmele machte diese in den Beratungen der Politkommission geltend. Die Differenz, so wurde in seinem Beitrag deutlich, war allerdings nicht prinzipieller, sondern taktischer Natur. Die KPD-Führung favorisierte, den Kampf gegen die reformistischen Gewerkschaften von innen durch die kommunistischen Mitglieder zu führen. Die Komintern-Führung wollte diesen Kampf um die Schwächung der traditionellen Gewerkschaften durch Austritt der kommunistischen Gewerkschafter und Gewinnung der Unorganisierten erreichen. Hermann Remmele sprach sich gegen Tendenzen »in der Profintern« (RGI) aus, »mit fliegenden Fahnen aus dem reformistischen Verband hinaus und in den neuen Verband überzulaufen«.[31] Bei allen taktischen Differenzen über den Weg bestand jedoch Einigkeit über das Ziel: Zerschlagung der reformistischen Einheitsgewerkschaften. Um die Jahreswende 1930/31 wurde dieser Kurs der Schaffung kommunistisch geführter Gewerkschaften, die auch bisher Unorganisierte aufnahm, forciert. Mit dieser Politik isolierte sich die KPD, die ohnehin immer stärker eine Partei der Arbeitslosen wurde, zusätzlich in den Bereichen, in denen sie noch Einfluß auf die Industriearbeiterschaft hatte, von deren Mehrheit. Insofern stand hinter dem beträchtlichen Zuwachs an Wählerstimmen und Mitgliedern im Herbst 1930 kein gleicher Zuwachs an Einfluß. Ossip Flechtheim beschreibt zutreffend die tatsächliche Situation: »Die wirkliche Aktionskraft der KPD wurde von Jahr zu Jahr geringer, und zwar in demselben Maße in dem die Krise die Kampfkraft des Proletariats schwächte. Die Masse der beschäftigten Betriebsarbeiter verharrte in größter Passivität in den traditionellen Organisationen [...] Hier war die KPD so gut wie einflußlos. Aber auch bei den Erwerbslosen und dem

---

31   Protokoll Nr. 99 der Sitzung der Politischen Kommission des Pol.[itischen] Sekr.[etariats des] EKKI am 11. November 1930. In: SAPMO. RY 5/I 6/10/39.

verelendeten Mittelstand war ihr Einfluß auf Stimmengewinn bei allgemeinen Wahlen beschränkt.«[32] Darauf und auf die sich verschärfende Notverordnungspolitik reagierte die KPD mit Aktionismus. Dazu trug bei, daß sich seit Ende 1930 in der kommunistischen Bewegung die Tendenz verstärkte, die Brüning-Regierung in unterschiedlicher Akzentuierung als faschistisch, halbfaschistisch oder Frühphase der faschistischen Diktatur zu begreifen. Gegen den nunmehr zum »Hauptfeind« erklärten »Faschismus« suchte und fand man eine Losung, die geeignet schien, die unveränderte Generallinie, die auf die Errichtung der Diktatur des Proletariats und Sowjetdeutschland zielte, doch wieder in »Synonymen« und »Anonymen« zu verkleiden. Diesmal war es die Losung der Volksrevolution, die darauf abzielte, über die traditionelle Klientel hinaus in die Mittelschichten und die Anhängerschaft der Sozialdemokratie einzudringen.

Die »Internationale« vom Jahresende 1930 kennzeichnete in ihrem redaktionellen Leitartikel die Brüning-Regierung als die »Errichtung der faschistischen Diktatur [...], die Verwirklichung dieser Diktatur in ihrer ersten Anfangsform und Anfangsetappe«. Das stelle »zweifellos einen Wendepunkt in der gesamten bisherigen Entwicklung dar, die ihrerseits durch das Eintreten und die Entfaltung der Weltwirtschaftskrise einerseits, durch den revolutionären Aufschwung andererseits bestimmt war«.[33] Der Wert der formal deutlichen Frontstellung gegen den Faschismus ist gering zu schätzen. Wurde doch mit der Brüning-Regierung ein eher konservativer politischer Gegner unzutreffend als faschistisch denunziert und die Sozialdemokratie als »organisatorischer Bestandteil bei der Errichtung dieser Diktatur« fehlgedeutet.[34]

Die KPD manövrierte sich zunehmend in eine Pattsituation hinein. »Wer die Arbeitermassen heute einschläfert«, so

---

32 Ossip K. Flechtheim: Die KPD in der Weimarer Republik. S. 178 f.
33 Über die Losungen, die Methoden und Organisationsformen unseres Kampfes gegen die faschistische Diktatur. In: Die Internationale. Berlin 13(1930)23/24. S. 705.
34 Ebenda. S. 706.

Ernst Thälmann am 12. Dezember 1930, »den Ernst der Situation verkleinert, die klare Erkenntnis des Faschismus als des Hauptfeindes verwirrt [...], der hilft selber mit, die Entwicklung der faschistischen Diktatur zu ihren höchsten, grausamsten Stufen heraufzubeschwören.«[35] Über die falsche Beschreibung der realen Situation kehrte so die KPD bei einer verbal richtigen Benennung des Hauptfeindes zu ihren Positionen von der Sozialdemokratie als dem Hauptübel zurück. Das Zentralkomitee der KPD versuchte, auf seiner Tagung vom 15. bis 17. Januar 1931 auf die sich dramatisch verändernden politischen und wirtschaftlichen Bedingungen zu reagieren. Die in der Komintern-Politik nicht neue Losung der Volksrevolution, die für die Italienische Kommunistische Partei nur wenige Monate zuvor als opportunistisch abgewiesen worden war, erschien für Deutschland, wie Ernst Thälmann auf dem Plenum formulierte, verwendbar als »eine zentrale zusammenfassende Propagandalosung ...« Und mehr noch als »das strategische Hauptziel, zu dem wir die Massen auf der Linie unseres sozialen und nationalen Freiheitsprogramms voranführen und sammeln«.[36] Die Tagung nahm insofern eine gewisse Korrektur des rigiden Dezemberkurses vor, als sie von der Kennzeichnung der herrschenden Regierung als »Brüning-Faschismus« abging. Unter dem Einfluß der Komintern, die diese Beurteilung des Brüning-Regimes nicht teilte, kam man zu dem Schluß, daß in Deutschland der allmähliche Übergang zur faschistischen Diktatur eingeleitet worden sei. Diesen Prozeß bezeichnete man nunmehr als »Durchführung der faschistischen Diktatur«. Entgegen der These vom Faschismus an der Macht, den es zu stürzen gelte, wurde auf Gegensätze innerhalb der herrschenden Klasse verwiesen. So findet sich im Referat Ernst Thälmanns der Ansatz einer differenzierteren Analyse, der geeignet war, die vorherrschenden Verkrustungen und Schemata zu durchbrechen. Gedankenführung und Stil weisen auf den persönlichen

---

35   Ernst Thälmann: In: »Die Rote Fahne«. Berlin vom 12. Dezember 1930.
36   Ders.: Volksrevolution über Deutschland. Rede auf dem Plenum des ZK der KPD. 15. bis 17. Januar 1931. (Berlin) 1931. S. 28.

Mitarbeiter Thälmanns Werner Hirsch. Die Tatsache, daß diese Passage sich nur im unkorrigierten stenographischen Protokoll, nicht aber in der Druckfassung findet, legt die Vermutung nahe, daß diese Überlegungen wohl doch als zu gewagt erschienen, um sie der Öffentlichkeit zu präsentieren.

Ernst Thälmann verwies darauf, daß die »Erfahrung des Sieges der russischen Revolution 1917 [...] die ganze Weltbourgeoisie gezwungen (hat), [...] zu überprüfen, ob die früheren Methoden ihrer Herrschaftsformen noch ausreichen, ob nicht neue Herrschaftsformen notwendig sind, von denen wir heute vielleicht noch keine Ahnung haben, weil die Frage, ob der Faschismus die letzte Phase des Monopolkapitalismus ist, heute noch nicht endgültig entschieden ist. Es ist wahrscheinlich, daß es noch andere Formen in der Entwicklungsepoche des Imperialismus geben kann, als uns heute schon bekannt sind. Deswegen ist das Problem der faschistischen Diktatur eines jener neuen Probleme, trotzdem es in der Komintern und in einigen Dokumenten der Komintern eine alte Frage ist. Sie ist deswegen neu, weil in Deutschland die Frage der faschistischen Diktatur viel schwieriger ist und anders steht, als in allen anderen Ländern, wo wir in den letzten Jahren ähnliche Erfahrungen gesammelt haben.«[37] Bis 1933 sollte eine solche reflexive Problemsicht in der KPD nicht wieder gewonnen werden. Auch 1931 blieb sie folgenlos.

Auch hinsichtlich der Losung der Volksrevolution enthielt das Referat Wertungen, die über die oben zitierte Funktion hinauswiesen: »Die Volksrevolution als strategische Hauptlosung bedeutet also nicht nur eine populäre Formulierung für den Begriff der sozialistischen proletarischen Revolution, sondern zu gleicher Zeit auch eine stärkere Einbeziehung der breiten Mittelschichten in der gegenwärtigen Situation in die revolutionäre Klassenfront.«[38]

---

37 Ebenda. S. 26.
38 Ders.: Volksrevolution über Deutschland. In: Protokoll des Plenums des ZK der KPD. 15. bis 17. Januar 1931. In: SAPMO. RY 5/I 2/1/78.

Von solchen differenzierenden Überlegungen unberührt blieb das Verhältnis zur Sozialdemokratie. Wenngleich der Faschismus zum Hauptfeind erklärt wurde, blieb die Sozialdemokratie das »Haupthindernis für die proletarische Revolution im Lager der Arbeiterklasse«.[39]

Nur einen Monat später, am 22. Februar 1931, beschäftigte sich das Mitteleuropäische Ländersekretariat der Exekutive der Komintern mit der Analyse von National- und Sozialfaschismus erstmals seit deren X. Plenum. Die Begrenztheit der Sichtweise verdeutlichte sich schon in den Ausgangsthesen. Diese waren: Die Faschisierung der bürgerlichen Herrschaftsformen ist gesetzmäßig; zu differenzieren ist zwischen verschiedenen, historisch bedingten Varianten der Faschisierung; der Nationalfaschismus bedient sich unmittelbar diktatorischer Formen unter Ausschaltung der parlamentarischen Demokratie; der Sozialfaschismus ist die ebenso folgerichtige Entwicklungsform der Sozialdemokratie; sie bedient sich der demokratisch-parlamentarischen Methoden; die Bourgeoisie nutzt die Flügel des Faschismus je nach gegebener Situation zur Ruhigstellung der Massen. Wilhelm Pieck brachte sein Verständnis von National- und Sozialfaschismus in das nicht nur – wie von ihm selbst zugestanden – vereinfachende, sondern falsche Bild der zwei von »der Bourgeoisie« geführten »Truppenteile«, »die die Aufgabe haben, den Massenanhang irrezuführen, zu betrügen, damit sie sich zu diesem Zweck gebrauchen lassen, die Bourgeoisie vor der Revolution zu schützen. So führt sie auf der einen Seite den Truppenteil des Sozialfaschismus gegen die revolutionäre Front und auf der anderen Seite Truppenteile des Faschismus gegen die revolutionäre Front. Sie manövriert mit diesen Truppenteilen, einmal stösst sie mehr mit dem einem, einmal mehr mit dem anderen vor, je nachdem es die Situation erfordert.«[40]

---

39 Ders.: Volksrevolution über Deutschland. S. 32 (Druckfassung).
40 Protokoll der Sitzung des Mitteleuropäischen Ländersekretariats zu Fragen des Faschismus. 22. Februar 1931. In: SAPMO. RY 5/I 6/3/391.

Eine solche vulgärmaterialistische Betrachtungsweise blieb völlig losgelöst vom erreichten Stand der Faschismusdebatte. Es wurde zunehmend Merkmal der Erörterung des Faschismus im Parteikommunismus dieser Zeit, daß er sich vom internationalen Diskurs der Linken, selbst von dem sich dezidiert als marxistisch definierenden, abkoppelte.

Der rot-braune Volksentscheid

Die KPD 1931:
Zwischen Massenpolitik und Selbstdemontage

In den ersten Monaten des Jahres 1931 ergab sich in Deutschland erneut eine äußerst komplizierte politische Konstellation. NSDAP und DNVP nutzten die Einschränkung parlamentarischer Rechte durch die Brüning-Regierung zu einer demonstrativen Verweigerung gegenüber dem »System« und zogen aus dem Reichstag aus. Dadurch ergab sich für einige Wochen ein Kräfteverhältnis, in dem SPD und KPD gemeinsam über eine Mehrheit verfügten. In dieser Situation entschied sich die SPD gegen starken inneren Widerstand für eine Politik der Tolerierung der Regierung und für die Zustimmung zum Etat. Das schloß die Zustimmung zum Bau des Panzerkreuzers B ein. Sie gab selbst dem Verlangen der Regierung nach, den Reichstag bereits Ende März bis zum Oktober in die Ferien zu schicken. An dieser Politik zerbrach die Fraktionsdisziplin der sozialdemokratischen Abgeordneten. In der Partei gab es heftigen Unmut über die Tolerierungspolitik der Führung. Diese Politik der »Selbstausschaltung« der SPD arbeitete entgegen den anderslautenden Erklärungen der SPD-Führung objektiv den abwartenden rechtsradikalen Parteien in die Hände. Es nimmt nicht wunder, daß dieser Kurs in KPD wie Komintern den starken Stimmungen Nahrung gab, erneut die Auseinandersetzung mit der SPD in den Vordergrund zu stellen.

Die 11. Tagung der Exekutive der Komintern vom 26. März bis 11. April 1931 brachte folgerichtig eine solche neuerliche Zuspitzung. Hauptsächlich befaßte sich das Plenum mit den Perspektiven der Weltwirtschaftskrise und der Frage des »Umschlagens« in die politische Krise. Als letzte größere Beratung des Führungsgremiums der Komintern bis zum Herbst 1932 waren seine Beschlüsse offizieller Rahmen für die Strategie und Taktik der Komintern bis zum Herbst 1932. Wilhelm Knorin hatte am Vorabend des Plenums in einem Artikel den Tenor der Sicht auf dieses Grundproblem bereits vorgegeben. Die Komintern habe von 1928 bis 1930 eine klare Perspektive aufgezeigt, die Voraussetzungen für eine revolutionäre Krise würden unvermeidlich wachsen. Keine andere als diese »dynamische« Charakterisierung wäre möglich. Daher sei der Streit über das »Wesen« der politischen Krise heute nichts anderes als eine scholastische Abweichung von der Erfüllung der Aufgaben, die die Komintern vorgezeichnet hat.[41] Das historisch Bleibende der geschichtlichen Situation sei deshalb, so Ernst Thälmann auf dem Plenum, »der revolutionäre Aufschwung. Demgegenüber ist die faschistische Entwicklung der deutschen Bourgeoisie und ihrer Hilfskräfte gewissermaßen erst die zweite Tatsache.« Folglich sei der Faschismus »kein Produkt einer besonderen Stärke der Bourgeoisie«, »auch nicht das Produkt der Niederlage des Proletariats«.[42] Daraus ergab sich: Der inneren Logik der Entwicklung kapitalistischer Herrschaftssysteme zum Faschismus konnte nur mit deren Alternative, der Errichtung der Diktatur des Proletariats, begegnet werden. Die Sozialdemokratie war auf diesem Weg das größte Hindernis. Mehr noch: Seit Dezember 1930, so Ernst Thälmann, würden die sozialdemokratischen Führer die größte Aktivität bei der Durchführung der faschistischen Diktatur entfalten. Sie seien

---

41 Siehe W. I. Knorin: Wankende Stalinisierung, revolutionärer Aufschwung und politische Krise. In: Die Kommunistische Internationale. 12(1931)11. S. 474.
42 Ernst Thälmann: Die Lage in Deutschland und die Aufgaben der Kommunistischen Partei Deutschlands. In: Inprekorr. 11(1931)52. S. 1204.

die »aktivsten Helfershelfer des Faschismus«, der »Sturm-bock der Faschisierung Deutschlands« geworden.[43] Genährt durch verschiedene Konflikte innerhalb der NSDAP, schlug auf der Basis einer fehlerhaften Gesamtanalyse auf dem 11. Plenum die Hoffnung durch, der Vormarsch der NSDAP sei gestoppt. Der 14. September sei Hitlers letzter Tag gewe-sen.[44] Später, im Herbst 1932, gestand Ernst Thälmann ein, daß der deutschen Delegation in ihrem Bericht auf dem 11. Plenum eine »Unterschätzung der Hitlerbewegung« un-terlaufen war.[45] Auf dem Plenum dominierte diese Unter-schätzung. Der Vormarsch der NSDAP sei gestoppt, der Hauptschlag müsse nunmehr wieder gegen die Sozialdemo-kratie geführt werden.[46] Besonders Dmitri Manuilski und Otto Kuusinen machten Bedenken gegen einen solchen Kurs geltend, vermochten sich jedoch nicht durchzusetzen. So mahnte Manuilski im Schlußwort des Plenums, den Faschis-mus nicht nur als eine unvermeidliche historische Stufe beim Niedergang des Kapitalismus zu betrachten. »Daraus würde folgen, daß das Kommen des Faschismus geradezu wün-schenswert sei, gewissermaßen nach dem Grundsatz: je schlimmer, desto besser. Das Wachstum des Faschismus be-reite den Sieg des Kommunismus vor.« Aber der Faschismus sei »auch eine der Formen der Offensive«, die in sich die Ele-mente der bürgerlichen Krise trägt. Der Faschismus ist so-wohl Offensive als auch Verteidigungsmaßnahme des Kapi-tals.«[47] Im Gegensatz dazu verstand Heinz Neumann den Faschismus lediglich als eine der Formen der Diktatur des Finanzkapitals und polemisierte gegen eine Panik in den Reihen der Komintern, die dem Faschismus eine größere Rolle zuschreiben würde, als er spielen könnte. »Den Haupt-

---

43 Ebenda. S. 1204.
44 Siehe ebenda. S. 1210.
45 Ders.: Die neue Etappe der Bolschewisierung der KPD. In: Die Internationale. 15(1932)7/8. S. 316.
46 Siehe XI. Plenum IKKI. Stenografičeskij otčet. Bd. I. Moskva 1932. Bd. II. Moskva/Leningrad 1931 (in der Quelle russisch – d. Verf.).
47 D. S. Manuilski: Die Kommunistischen Parteien und die Krise des Kapitalismus. Bericht vor dem XI. Plenum des EKKI. Hamburg 1931. S. 117.

kampf führen wir nicht gegen eine der Formen der bürgerlichen Diktatur, sondern gegen die Diktatur der Bourgeoisie in allen ihren Formen. Praktisch muß man Faschismus und bürgerliche Demokratie unterscheiden, aber dieser Unterschied trägt keinen prinzipiellen Charakter.«[48] In den Thesen des Plenums war in diesem Sinne zu lesen, daß es ein Fehler sei, einen Gegensatz zwischen Faschismus und bürgerlicher Demokratie zu konstruieren. Die gesamte Entwicklung der Sozialdemokratie seit dem Weltkrieg würde einen ununterbrochenen Evolutionsprozeß zum Faschismus darstellen.[49]

In der Auswertung der Plenartagung überwogen eher sektiererische Positionen. Gegen die Auffassung, der Hauptfeind sei der Faschismus, wurde so im theoretischen Organ der Komintern geltend gemacht, daß eine solche Auffassung eine große Gefahr darstelle, denn sie leite Wasser auf die Mühlen der Sozialdemokratie.[50]

In der Analyse des Zusammenwirkens wirtschaftlicher und politischer Krisenprozesse stellte das Plenum einen Rückschritt im Vergleich zu erreichten Erkenntnissen z. B. der Wirtschaftskommission oder des Mitteleuropäischen Ländersekretariats der Exekutive oder auch der Tagung des Zentralkomitees der KPD vom Februar 1931 dar. Es gelang nicht, eine strategische Neuorientierung vorzunehmen. Die politische Strategiebildung wurde zu kurzschlüssig auf eine Betrachtung der bürgerlichen Politik als bloße Reaktion auf die Wirtschaftskrise reduziert. Dennoch boten die in den Thesen des Plenums enthaltenen Teilziele die Möglichkeit, wirksame Tagespolitik im Interesse der Bevölkerung zu betreiben. Barbara Timmermann bemerkt treffend: »Obwohl aber auf dem XI. Plenum jede Unterscheidung zwischen bür-

---

48   XI. Plenum IKKI. Stenografičeskij otčet. Bd. II. Moskva/Leningrad 1931. S. 231 (in der Quelle russisch – d. Verf.).
49   Siehe Über die Aufgaben der Sektionen der KI im Zusammenhang mit der Vertiefung der Wirtschaftskrise und der Steigerung der Voraussetzungen der revolutionären Krise in einer Reihe von Ländern. In: Inprekorr. 11(1931)38. S. 948, 950.
50   Siehe Wie nutzen wir die günstige Lage aus und überwinden das Zurückbleiben? In: Die Kommunistische Internationale. 12(1931)14/15. S. 617.

gerlicher Demokratie und Faschismus abgelehnt wurde, wurden für die konkrete politische Auseinandersetzung Ziele angenommen, die praktisch identische waren mit dem Kampf für die vom Faschismus bedrohten politischen Freiheiten und Rechte der bürgerlichen Demokratie.«[51]

Die folgenden Wochen und Monate erbrachten in der Politik der KPD eher eine Verschärfung des sektiererischen Kurses. Das Zentralkomitee der KPD wertete auf seiner Tagung vom 14./15. Mai 1931 das 11. Plenum der Exekutive der Komintern aus. Hermann Remmele unterstützte in seinem Referat die problematische Identifikation von politischer und revolutionärer Krise, die auf dem Plenum getroffen worden war, und kennzeichnete die Sozialdemokratie als gefährlichste Basis der Bourgeoisie innerhalb der Arbeiterklasse. Bei der Anwendung der Losung der Volksrevolution wandte er sich scharf gegen deren Interpretation durch die KP Italiens. Diese habe 1927 darin eine Übergangslosung gesehen, um in einer Einheitsfront aller nichtfaschistischen Parteien Mussolini zu stürzen und von dieser Basis ausgehend, zur proletarischen Revolution zu gelangen.

Inzwischen orientierte die sowjetische Führung jedoch erneut stärker auf die Auseinandersetzung mit dem Faschismus und warnte vor dessen Unterschätzung. Den ZK-Mitgliedern lag in deutscher Übersetzung ein Prawda-Artikel vom 24. April 1931 vor, der die Korrektur signalisierte.[52]

Die Debatte des Führungsgremiums der KPD zeigte insgesamt ein widersprüchliches Bild. Ernst Thälmann warnte davor, die preußische Regierung Braun-Severing als das »kleinere Übel« gegenüber dem Brüning-Kabinett anzusehen.[53] Die innere Widersprüchlichkeit bestand darin, daß die rasche Diskreditierung der Sozialdemokratie als der Weg be-

---

51 Barbara Timmermann: Die Faschismusdiskussion in der KI. Phil. Diss. Köln 1977. S. 316.
52 Siehe Zu den Ergebnissen des XI. Plenums des EKKI. In: Inprekorr. 11(1931)39/40. S. 977 f.
53 Vorwärts unter dem Banner der Komintern. Rede des Genossen Thälmann auf der Tagung des ZK der KPD am 14. Mai 1931. Hrsg. Vom ZK der KPD. O. O. u. J. (Berlin 1931). S. 15.

griffen wurde, die Mehrheit der Arbeiterklasse zu erobern. Die tägliche Einlassung in das Ringen um demokratische und soziale Rechte wurde wegen der Gefahr unzureichender Abgrenzung von der Sozialdemokratie kritisch beargwöhnt. Der vorsichtige Versuch von Joseph Winternitz, die Stellung zur bürgerlichen Demokratie zu überdenken, stieß auf Widerspruch. Die abstrakte These – so Winternitz –, daß zwischen bürgerlicher Demokratie und faschistischer Diktatur kein Unterschied bestehe, schwäche die Mobilisierung der Massen gegen die faschistische Gefahr. Hermann Remmele stellte solchen differenzierenden Betrachtungen das Diktum entgegen, daß jede Gegenüberstellung von bürgerlicher Demokratie und Faschismus zurückzuweisen sei.[54] Die bürgerliche Demokratie sei deshalb gefährlich, weil sie Illusionen erzeuge, während der Faschismus als ungeschminkte Diktatur die Arbeiter in Bewegung bringe. Von hier aus war es nicht mehr weit zu der Auffassung, den Faschismus als Durchgangsstadium zur Revolutionierung der Massen für wünschenswert zu halten. Zur gleichen Zeit bemühte sich die KPD-Führung, alternative Teilziele im Kampf gegen die ruinöse Wirtschaftspolitik des Brüning-Regimes und gegen den Faschismus zu entwickeln. Ernst Thälmann informierte das Zentralkomitee, daß das Politbüro auf seiner letzten Sitzung über konkrete Losungen für Teilkämpfe gegen das Sparprogramm der Regierung beraten habe. Diese »Volksaktion für Arbeit, Brot, Boden und Freiheit« wurde in den folgenden Wochen mit einem Bauernhilfsprogramm und einem Arbeitsbeschaffungsplan umgesetzt. Im Unterschied zur Programmerklärung von 1930 versuchte die KPD hier, ihre Forderungen auf die unmittelbare Minderung des Massenelends auszurichten und ihre Realisierung nicht unmittelbar an den revolutionären Systemwechsel zu koppeln.

Fast schien auf diesem Wege auch eine Annäherung der beiden Flügel der Arbeiterparteien möglich zu sein. Vertraten doch ADGB und AfA-Bund ähnliche Forderungen zur Ände-

---

54 Siehe [Protokoll der Tagung des ZK der KPD am 14./15. Mai 1931]. In: SAPMO. RY 5/I 2/1/80.

rung der Wirtschaftspolitik.[55] Auch in der SPD verstärkten sich die Stimmen derer, die nicht mehr an die »Selbstheilungskräfte« des Kapitalismus glaubten und den offiziösen Konzepten vom »organisierten Kapitalismus« mißtrauten. Doch im Sommer 1931 änderten sich erneut dramatisch die Rahmenbedingungen der Klassenauseinandersetzungen, was zu einer erneuten Kurskorrektur der KPD mit verheerenden Folgen führte. In den Monaten Juni und Juli 1931 stürzte mit der Bankenkrise die deutsche Wirtschaft in ein neues, das zweite, gefährlichste Tief der Wirtschaftskrise. In den USA setzte im August eine wirtschaftliche Talfahrt ein. Eine Welle von Bankenzusammenbrüchen bahnte sich an. Großbritannien ging im September vom Goldstandard ab. Diesem Beispiel folgten insgesamt 25 Staaten. Die Finanzkrise im Sommer 1931 leitete einen beispiellosen Abstieg der deutschen Wirtschaft ein. Was sich aus dem historischen Rückblick bereits seit dem Herbst 1929 als Eintritt in eine globale Wirtschaftskrise abzeichnete, gewann für die zeitgenössischen Analytiker erst mit dem Absturz der Weltwirtschaft im Sommer und Herbst 1931 endgültig Ausmaß und Konturen einer Weltwirtschaftskrise. Für KPD und Komintern erschien diese Entwicklung folgerichtig als weiterer Beweis für eine neue Qualität der Verknüpfung von allgemeiner und zyklischer Krise, aus der als einziger Ausweg nur die revolutionäre Alternative möglich schien.

Als entscheidendes Hemmnis für die Revolutionierung der Massen wurde wiederum die Sozialdemokratie und insbesondere ihr linker Flügel ausgemacht. Die KPD verfolgte mit größter Aufmerksamkeit die sich in der SPD abzeichnende Auseinandersetzung zwischen verschiedenen Flügeln. In Verbindung mit der Eskalation der Wirtschafts- und Finanzkrise wuchs die illusionäre Hoffnung, die Sozialdemokratie im Einfluß unter dem Proletariat zu überflügeln und letztlich zerschlagen zu können. Nach dem Leipziger Parteitag der SPD (31. Mai bis 5. Juni 1931) beschäftigte sich das Sekreta-

---

55 Siehe August Heinrich Winkler: Der Weg in die Katastrophe. S. 313 f.

riat des ZK der KPD – so ein Bericht an die Exekutive der Komintern – »mit dem Problem der Auslösung einer Krise innerhalb der Sozialdemokratie« und gelangte zu der Auffassung, »daß die Voraussetzungen zum Auslösen einer inneren Krise der Sozialdemokratie nach Leipzig vorhanden seien«. Die bisherige zentristische »Linke« – so die Analyse – »würde ihre Funktion des Schutzwalls der SPD gegen den Kommunismus« angesichts »der Verschärfung der Klassengegensätze und dem faschistischen Kurs der Bourgeoisie, wie auch der Faschisierung der Sozialdemokratie [...] nicht fortsetzen [...] Die Rolle des Zentrismus übernimmt eine gemäßigte Linke.« In der Zersetzung der »alten Linken« sah die KPD eine Chance zur Spaltung der SPD. Neben der öffentlichen Begleitung dieser Entwicklung ging die KPD dazu über, »durch direkte Fühlungnahme und fraktionelle Arbeit innerhalb der linken SPD [...] den Prozeß der Spaltung der SPD zu beschleunigen [...] und die Teile, die sich von der SPD loslösen, zu einer möglichst raschen Entwicklung zum Kommunismus zu treiben.« Zu diesem Zweck müsse es gelingen, auch einige Vertreter der bisherigen zentristischen Führerschaft zu gewinnen.[56] Die Rede Ernst Thälmanns am 11. Juni 1931 im Berliner Sportpalast, eine Woche nach Abschluß des SPD-Parteitages, war als Signal auch an linke Führer der SPD inszeniert. »Wir fragen euch, sozialdemokratische Klassengenossen,« – so hatte Thälmann in Abweichung zur früheren Beschränkung auf die proletarischen Mitglieder formuliert – »wollt ihr für Brüning kämpfen oder für den Sozialismus? Das ist die Entscheidungsfrage, die heute vor jedem sozialdemokratischen Arbeiter, vor jedem sozialdemokratischen *Funktionär* steht.«[57] Damit waren Akzente gesetzt, die sich deutlich abhoben von früheren rigiden Abgrenzungen von den »kleinen Zörgiebels«.

---

56   Die KPD und die SPD. (Streng vertraulich). Berlin, den 25. Juli 1931. In: SAPMO. RY 5/I 6/3/371.
57   Ernst Thälmann: Katastrophe oder Sozialismus? Kampfruf gegen die Notverordnung. »Wir bieten den SPD-Arbeitern die Hand.« O. O. u. J. (Berlin 1931). S. 17 f. (Hervorhebung d. Verf.).

Thälmanns Erklärung war gedeckt durch einen einstimmigen Beschluß des Polbüros. In der Folge machte jedoch Heinz Neumann Einwände gegen diese Taktik geltend. Wie in dem internen Bericht an die Exekutive der Komintern vom 25. Juli informiert wurde, sprach sich Neumann dagegen aus, »führende Funktionäre der linken SPD in die Partei aufzunehmen«. Demgegenüber vertraten die übrigen Mitglieder der Parteiführung den Standpunkt, »daß die Partei reif genug sei, um auch einige früher führende zentristische Funktionäre zu verdauen, wenn dadurch eine erhebliche Schwächung der SPD und ein massenmäßiger Gewinn an sozialdemokratischen Arbeitern für den Kommunismus erzielt würde«.[58] Die sich seit dem Frühsommer 1931 abzeichnenden Differenzen zwischen Ernst Thälmann und den ihn stützenden Kräften mit Heinz Neumann, Hermann Remmele u. a. können jedoch nicht, wie es die SED-Geschichtsschreibung versuchte, zu grundsätzlichen Gegensätzen zwischen einem realistischen und einem sektiererischen Kurs hochstilisiert werden. Es handelte sich um taktische Differenzen innerhalb einer strategischen Linie, die in starkem Maße durch ultralinke Elemente geprägt war. Dabei reproduzierte sich dieser ultralinke Kurs teils als Reflex von Stimmungen, die in der Geschichte der kommunistischen Bewegung in Deutschland wurzelten und die durch die Realität der Weltwirtschaftskrise mit ihrem Massenelend und ihrer Massenarbeitslosigkeit Nahrung erhielten, teils in der bedingungslosen Gefolgschaft zum Komintern-Kurs, der in hohem Maße der Kurs der von Stalin beherrschten KPdSU(B) war.

Zur entscheidenden Nagelprobe bei der Beantwortung der Frage, ob die KPD noch willens und in der Lage war, eigenständige, an den Bedingungen des Klassenkampfes in Deutschland orientierte Politik zu betreiben, wurde im Sommer 1931 die Haltung der KPD zu dem vom Stahlhelm und den faschistischen und Rechtsparteien herbeigeführten Volksentscheid über die Auflösung des preußischen Landta-

---

58 Die KPD und die SPD. (Siehe Anmerkung 56)

ges und damit zur Ablösung der sozialdemokratischen Landesregierung. Die KPD hatte im Frühjahr dem Volksbegehren, das dem Volksentscheid als Voraussetzung vorgelagert war, ablehnend gegenübergestanden und auch noch im Juni/Juli eine Beteiligung am Volksentscheid zurückgewiesen. Im Juli 1931 spitzte sich jedoch die Auseinandersetzung um diese Frage zu.

Nachdem das Polbüro Mitte Juli erneut die ablehnende Haltung bekräftigt hatte, signalisierten Heinz Neumann und Hermann Remmele in einem Brief vom 15. Juli an Ossip Pjatnitzki dem Politischen Sekretariat der Exekutive und gleichlautend dem Vertreter der KPD bei der Exekutive, Wilhelm Pieck, eine bevorstehende Kursänderung der Partei. Die Führung der Komintern reagierte prompt zustimmend auf den von Neumann und Remmele angekündigten, aber (noch) nicht gefaßten Beschluß, den Volksentscheid zu unterstützen. Auch in der folgenden Sitzung des Polbüros am 17. Juli wurde der avisierte Beschluß nicht gefaßt. Nachdem der Führung der KPD der Standpunkt der Komintern bekannt wurde, revidierte sie ihre bisherige Position und erklärte in einer rasch einberufenen Beratung am 21. und 22. Juli 1931 ihren Entschluß, am Volksentscheid teilzunehmen.

Während in der SED-Geschichtsschreibung ein krasser Gegensatz zwischen der Linie Ernst Thälmanns und dem Kurs Heinz Neumanns behauptet wurde und die Beteiligung der KPD am Volksentscheid als Resultat einer Intrige Neumanns und Remmeles erschien,[59] betonte die westliche Forschung vor allem die Fremdsteuerung der KPD durch Moskau.[60] Gegen beide Positionen ist geltend zu machen, daß zum einen die Gegensätze innerhalb der Parteiführung der KPD überhöht und zum anderen das Eigengewicht der Politikentwicklung in der KPD unterschätzt wurde.

Die Briefe des Vertreters der KPD bei der Exekutive der Komintern, Wilhelm Pieck, geben über die Entscheidungs-

---

59 Siehe Ernst Thälmann. Eine Biographie. Berlin 1979. S. 598 f.
60 Hermann Weber: Die Generallinie. S. XXXVI f.

findungsprozesse jener Tage einigen Aufschluß. Mit Datum vom 20. Juli 1931 teilte Pieck der Parteiführung der KPD mit, daß »hier unter den führenden Genossen nicht nur der Komintern, sondern auch der Partei (gemeint ist offensichtlich die KPdSU(B)) die einmütige Auffassung vorhanden (ist), daß die Partei sich unbedingt an der Abstimmung beteiligen muß [...] Die Begründung für diese Stellungnahme entspricht ungefähr den in Eurem Sekretariatsbrief an mich niedergelegten Auffassungen.«[61] Wilhelm Pieck taktierte. Wahrscheinlich ohne Kenntnis der Tatsache, daß der sogenannte Sekretariatsbrief nur von Neumann und Remmele getragen wurde, wog er die Gründe ab, die für oder gegen die Beteiligung der KPD sprachen. Für die bisherige Ablehnung spräche, »daß [...] (wir) in dieser Zeit, wo wir die besten Anknüpfungspunkte an die sozialdemokratischen Arbeiter haben, nichts unternehmen dürfen, was diese Beziehungen wieder zerstört. Das würde zweifellos bis zu einem gewissen Grade durch die Beteiligung an dem Volksentscheid eintreten, wo wir parallel mit den Deutschnationalen und den Nationalsozialisten die Entscheidung herbeiführen.« Diese und andere Gründe würden jedoch, so Pieck, von den Genossen in Moskau nicht anerkannt, weil sie die Tatsache in den Vordergrund stellten, »daß wir in dieser Zeit, wo die Faschisten die stärkste Agitation zum Sturz der Preussenregierung unternehmen, uns nicht bei der Wahl der Stimme enthalten können«. Es würde als Argument ins Feld geführt, daß die KPD nicht, wie beim Young-Plan, den Faschisten erst hinterher mit dem Befreiungsprogramm den Wind aus den Segeln nehmen dürfe. »Der arbeiterfeindliche und konterrevolutionäre Charakter der Preussenregierung ist offensichtlich genug, daß es uns nicht allzu viel Mühe kosten wird, den Arbeitern verständlich zu machen, daß ihr Sturz von den Kommunisten unbedingt herbeigeführt werden muß.« Die Mimikry Piecks erreichte ihren Höhepunkt als er erklärte: »Ich muß Euch offen sagen, daß

---

61 [Wilhelm Pieck an das ZK der KPD. Moskau, 20. Juli 1931]. In: SAPMO. RY 5/I 6/10/17.

ich eigentlich froh war, als ich den Sekretariatsbrief bekam, in dem in Aussicht gestellt wurde, daß die Mehrheit der Genossen für die Beteiligung sein würde. Dabei habe ich den Genossen hier auch die Schattenseiten einer solchen Stellungnahme vor Augen geführt [...] Ich habe nur das eine Bedenken, daß unter Umständen doch nicht die 13 Millionen Stimmen herauskommen und die Neuwahl des Landtags nicht erfolgt. Dann kämen wir um den eigentlichen Effekt, der uns auch helfen wird, die anfänglichen Schwierigkeiten zu überwinden.«

Neun Tage später berichtete Wilhelm Pieck, nunmehr aus Deutschland, wo er auf eigenen Wunsch an der Kampagne für den Volksentscheid teilnahm, der Exekutive über die Situation. Über den Verlauf der Diskussion über die Teilnahme am Volksentscheid berichtete Pieck detailliert: »Der Sekretariatsbrief vom 15. Juli wurde nur von 2 Genossen geschrieben, ohne Kenntnis der übrigen, und man hat hier auch über den Brief mit niemandem weiter gesprochen, so dass es zweckmässig ist, wenn dieser Brief nicht mehr auf den Beratungen drüben noch etwa in der Korrespondenz mit der Partei erwähnt wird. Es bestand leider nicht die Möglichkeit, für die beiden Genossen, noch mit anderen Genossen darüber zu sprechen, und als dann am nächsten Tage das Politbüro den einstimmigen Beschluss im entgegengesetzten Sinne fasste, haben die beiden Genossen auch diesen Brief nicht weiter erwähnt.

Im Politbüro hat der Genosse T. zunächst die Frage, ob Beteiligung oder Nichtbeteiligung, offen gelassen. In der Diskussion wurde dann aber von einigen Genossen aus den Bezirken Bedenken gegenüber einer Beteiligung ausgesprochen, und so kam überraschender Weise in der Abstimmung die einstimmige Ablehnung der Beteiligung heraus. Es wird mir versichert, dass eigentlich die Genossen von vornherein mit diesem Beschluß innerlich selbst nicht zufrieden waren. Unsere telefonische Verbindung von drüben mit den hiesigen Genossen hat dann in persönlicher Aussprache unter den hiesigen Genossen sofort einen völligen Umschwung der Stimmung herbeigeführt, und es wurde die Einberufung des ZK vereinbart, wo dann bereits der Genosse T. unter völliger Zustimmung aller Genossen für die Beteiligung referierte. Auch in der Diskussion kam eine völlige innere Übereinstimmung mit diesem Vorschlag zum Vorschein.

Es hat diese Disharmonie zwischen dem Beschluss des Politbüros und dem Beschluss des ZK keinerlei innere Konflikte zwischen den führenden Genossen ausgelöst, sondern im Gegenteil, die endgültige Erledigung dieser Angelegenheit hat die restlose Übereinstimmung gefördert. Es ist also gut, wenn sowohl der Sekretariatsbrief wie auch die Beschlüsse des Politbüros nicht mehr in der Diskussion drüben stark hervorgehoben werden. Vielleicht kann einmal die gelegentliche Anwesenheit von T. benutzt werden, darüber im internen Kreis zu sprechen. Aber ich erwähnte schon, dass Genosse T. selbst gar nicht so sehr von der Richtigkeit des Beschlusses des Politbüros überzeugt war und froh war, den Ausweg zu finden, durch das ZK diesen Beschluss zu korrigieren.«[62]

War Wilhelm Pieck vor Wochenfrist noch überwiegend skeptisch, so überwog jetzt eine überzogen optimistische Sicht, die bei einem so erfahrenen Funktionär nur als opportunistisches Einschwenken auf den offiziellen Komintern-Kurs oder als taktisches Kalkül gewertet werden kann: »Der Beschluss des ZK auf Teilnahme am Volksentscheid hat überall in der Arbeiterschaft die stärkste Begeisterung ausgelöst [...] Es ist schon heute ziemlich sicher, daß die SPD-Arbeiter durch diesen Beschluss der Partei nicht in dem Maße abgestossen wurden, als man das befürchtet hat. Natürlich ist die Zeit für die Umstellung unserer Taktik sehr kurz. Aber mit dem Schwindel, den die SPD-Führerschaft über die angebliche Gemeinschaft zwischen Kommunisten, Stahlhelm, Nazis, Hugenberg etc. macht, sind die Arbeiter nicht mehr zu bluffen. Auch innerhalb der Partei hat dieser Beschluss wie

62 [Wilhelm Pieck an das EKKI. Berlin, 29. Juli 1931]. In: SAP-MO. RY 5/I 6/10/17.

eine befreiende Tat gewirkt gegenüber der bisherigen nahezu kampflosen Situation.«[63]

Diese Fehleinschätzung entsprach offenkundig weithin der offiziösen Sprachregelung in der KPD.

Ernst Thälmann hatte vor dem Zentralkomitee am 22. Juli 1931 betont, »daß gerade die Aktion der Partei für den Volksentscheid ein gutes Mittel sei, um die innerhalb der SPD miteinander ringenden Gruppen stärker zu differenzieren [...]«[64]

In der schon zitierten Analyse des Polbüros zum Verhältnis zur Sozialdemokratie vom 25. Juli 1931 wurde im gleichen Sinn prognostiziert, »daß die KPD im Begriff steht, [...] einen Einbruch von größerem Ausmaß in die Sozialdemokratie [...] zu vollziehen. Verläuft diese Entwicklung weiter günstig, so dürfte mit einer außerordentlichen Schwächung der Sozialdemokratie und mit ihrer Überholung durch die KPD hinsichtlich ihrer Einflußstärke unter den Massen im gesamtdeutschen Maßstabe in absehbarer Zeit gerechnet werden.«[65]

Dieser frappierende Wirklichkeitsverlust ließ sich auch durch das Scheitern des Volksentscheids, den man in der kommunistischen Sprachregelung zum »roten Volksentscheid« umwidmete, nicht beirren. Die nicht zu schönende gemeinsame Frontlinie der Kommunisten mit dem Rechtsblock schränkte für die KPD die Möglichkeit stark ein, die durch ihre antifaschistischen Politik entstandenen realistischen Ansätze für ein Zusammengehen mit den Sozialdemokraten zu nutzen. Nicht zuletzt der »rote Volksentscheid« bewegte einen Teil der linken sozialdemokratischen Opposition, sich nach dem Ausschluß aus der SPD für die SAP und damit für eine weitere Zersplitterung der Linken zu entscheiden.

---

63 Ebenda.
64 Die KPD und die SPD. Ernst Thälmann wird in dieser Quelle indirekt zitiert.
65 Ebenda.

Die Komintern feierte in einer Resolution des Politischen Se-kretariats der Exekutive die Beteiligung der KPD am Volks-entscheid vom 16. September 1931. Wichtigstes Resultat sei die Gewinnung der politischen Hegemonie durch die KPD gewesen. »Das Ergebnis des Volksentscheids zeigt, daß die KPD es verstanden hat, den parlamentarischen Illusionen in der Arbeiterklasse, die von der SPD genährt und ausge-schlachtet werden, einen ernstlichen Schlag zu versetzen.«[66]

Im Gegensatz zu dieser zeitgenössischen Wertung ist aus dem historischen Abstand und mit dem Wissen um den wei-teren Verlauf der Entwicklung zu betonen, daß mit der Ent-scheidung der KPD/Komintern für die Beteiligung am Volksentscheid eine historische Chance verschenkt wurde, die Linke in der Auseinandersetzung mit dem Faschismus wirksamer zusammenzuführen. Der Graben zwischen Kom-munisten und Sozialdemokraten wurde tiefer. Kommunisti-sche Angebote zu gemeinsamen antifaschistischen Aktionen waren künftig belastet mit der fortwirkenden Fehlentschei-dung für den Volksentscheid.

Das Organ der KPD-Opposition »Gegen den Strom« erwies sich ein weiteres Mal als Stimme unabhängiger kommunisti-scher Politik, wenn sie das Ergebnis des Volksentscheides als schmähliche Niederlage der kommunistischen Bewegung im Ergebnis einer »falschen, opportunistischen Taktik« kenn-zeichnete.[67]

Clara Zetkin, so zeigen ihre Briefe, litt schwer unter die-ser Politik. »Ein ›Manöver‹ nach der Art des Volksent-scheids«, so schrieb sie schon am 13. August 1931 an eine Freundin, »mußte, so wie es durchgeführt wurde, zur gestei-gerten und ›verbesserte[n]‹ Spaltung und Verwirrung in der Arbeiterklasse und in der Partei selbst [führen]. Das um so mehr, als die ›historisch gewordene Führung‹ (Ernst Thäl-manns – d. Verf.) durch die Losung der ›nationalen und so-

---

66 Resolution zur Frage über den Volksentscheid in Deutschland. 16. September 1931. Vertraulich. In: SAPMO. RY 5/I 6/3/224.
67 Nach dem Volksentscheid. In: »Gegen den Strom«. Berlin 4(1930)17 S. 935.

zialen Befreiung‹ die Grenzlinien zwischen uns und den Nazis verwischt hat.«[68]

Clara Zetkin stand zu dieser Zeit in strikter Opposition zur offiziellen Linie von KPD und Komintern und vertrat, wie ihr Briefwechsel zeigt, grundsätzlich Positionen, die mit denen der KDP-O übereinstimmten. Warum sie jedoch nicht wie »ihre Freunde« – so ihr Kürzel für die KDP-O im Briefwechsel – den Bruch mit KPD und Komintern vollzog, reflektiert sich in ihren Briefen als quälender Prozeß der Selbstbefragung, der Zweifel und Schwankungen. »Wie die Dinge liegen«, so notiert sie am 26. September 1931, »ist es freilich unseren Freunden verflucht schwer, Geschichte zu machen. Sie laufen gleichsam neben dem Gros der organisierten Genossen her und – was weit schlimmer ist – neben den gärenden, unzufriedenen Massen der Sozis, Parteilosen etc. Sie haben nicht einmal die der gegebenen Situation entsprechende Fühlung mit ihnen geschweige denn die Führung.«[69]

Die Vorstellung sich von der Masse der kommunistisch organisierten Arbeiterbewegung zu trennen, war für Clara Zetkin offensichtlich unerträglich. Außerdem hoffte sie: »Die hundertfach verknäulte Entwicklung kann überraschend eine Wendung bergen, bringen, die den ultralinken Torheiten und Selbstbetrügereien ein Ende macht und dem Proletariat eine wirklich ernste revolutionäre kommunistische Führung und Politik gibt.«[70] Diese Hoffnung trog. Inwieweit sie auch ein Stück Lebenslüge der um den Erhalt ihres Lebenswerkes bangenden greisen Sozialistin enthielt, mögen künftige biographische Forschungen erhellen.

Wenngleich die Ergebnisse der Beteiligung am Volksentscheid vom 9. August 1931 zu einem Sieg der KPD umge-

---

68   Clara Zetkin: Brief an Fanny Jezierska. Birkenwerder. 13. August 1931. In: Tânia Ünlüdag: »Die Tragödie einer Kämpferin für die Arbeiterbewegung? – Eine ausgewählte Dokumentation.« In: Internationale wissenschaftliche Korrespondenz zur Geschichte der deutschen Arbeiterbewegung. Berlin 33(1997)3. S. 350.
69   Clara Zetkin: Brief an Fanny Jezierska. In: Ebenda. S. 352 f.
70   Ebenda. S. 353.

fälscht wurden, mußte es allen realistisch Denkenden deutlich geworden sein, daß die KPD im Verlaufe des Jahres 1931 weder an Boden gewonnen hatte im Ringen um die unter sozialdemokratischem Einfluß stehenden Arbeiter, noch es ihr gelungen war, den wachsenden Masseneinfluß der Nazis zu stoppen.

Die sektiererische und unrealistische Politik der KPD in diesen Monaten behinderte immer spürbarer den Willen breiter Kreise der organisierten Arbeiterschaft, den gemeinsamen Kampf der Arbeiterparteien gegen die Rechtsentwicklung einzufordern.

Der Hauptschlag gegen
die Sozialdemokratie

Die »ideologische Offensive« ins Abseits

Im Herbst 1931 mehrten sich in der KPD und der Komintern die Stimmen, die dem sektiererischen Kurs in der Gewerkschafts- und Einheitsfrontpolitik gegensteuern wollten. So wurde die Orientierung auf die weitere Bildung eigenständiger »roter« Gewerkschaftsverbände in Frage gestellt. In die gleiche Richtung zielte der Beschluß des Zentralkomitees vom 10. November 1931 gegen den individuellen Terror. Mit diesem Beschluß, so erklärte Rudolf Breitscheid, sei eines der Hindernisse zwischen den Arbeiterparteien gefallen. Letztlich blieben diese Schritte jedoch Stückwerk, da sie in ein strategisches Konzept eingebunden blieben, das die Machtergreifung der Nazis mit der eigenen, der Errichtung von Sowjetdeutschland, verhindern wollte.

Die Sozialdemokratie war nach diesem Verständnis das Haupthindernis, das auf dem Wege zur Diktatur des Proletariats zu überwinden war.

Die Differenzen, die 1931 zwischen Ernst Thälmann und der Mehrheit der KPD-Führung einerseits und Heinz Neumann, Hermann Remmele u. a. andererseits aufbrachen, waren taktischer und machtpolitischer Natur. Inhaltlich richtete sich die Kritik der Mehrheit nicht gegen grundsätzliche Positionen Neumanns und Remmeles, sondern gegen »Überspitzungen«. Die Linie der KPD blieb diffus und widersprüchlich.

196

Einerseits gab es im Herbst 1931 Anzeichen, die schlimmsten sektiererischen Einengungen im Bemühen um die Einheitsfrontpolitik zu überwinden, andererseits verschärfte sich besonders auf theoretischem Gebiet die Auseinandersetzung mit der Sozialdemokratie und mit »Abweichungen« von der nunmehr zunehmend mit absolutem Wahrheitsanspruch vertretenen Stalinschen Lesart des »Marxismus-Leninismus«.

Die sich verschärfende innenpolitische Situation in der Sowjetunion im Zusammenhang mit der gewaltsamen »Kollektivierung« der Landwirtschaft und dem Kurs der Schaffung der schwerindustriellen Basis um jeden Preis schufen ein Klima, das nur mit äußerster ideologischer Gleichschaltung und Repression zu beherrschen war. Die Stalinsche »Gesetzmäßigkeit der Verschärfung des Klassenkampfes« bei der Errichtung des Sozialismus war demagogischer Reflex dieser Entwicklung. In dem Maße der Usurpation der Staatsmacht durch die neue bürokratische Klasse, die die Stalinsche Diktatur trug, richtete sich deren Politik gegen das eigene Volk. Je größer die Opfer, die der »Entkulakisierung« und »Kollektivierung« gebracht wurden, um so höher das Bedürfnis nach ideologischer Legitimation. Jede Infragestellung der offiziellen Doktrin mußte als tödliche Bedrohung der Gesellschaftsstrukturen verstanden werden. Es entbehrt nicht einer inneren gedanklichen Stringenz, daß alternative theoretische Ansätze, die in den gleichen Quellen wurzelten wie der offizielle sowjetische »Marxismus-Leninismus«, von seinen Trägern als stärkste Bedrohung begriffen wurden. Das Ringen um die Deutungsmacht über die Geschichte gewann die Dimension einer existenziellen Auseinandersetzung, in der Stalin nicht ruhte, bis alle ernstzunehmenden Kontrahenten physisch vernichtet, verfemt und aus dem Katechismus getilgt waren. Die inneren »Zwänge« reproduzierten immer wieder die erbitterte Feindschaft gegenüber allen linken Strömungen in der Arbeiterbewegung, die ihre Identität bewahrten. In ihnen mußten die Gralshüter der »reinen Lehre« eine schlimmere Bedrohung sehen als in tatsächlich gegnerischen Positionen. Je stärker der Rechtfertigungsdruck auf

Grund millionenfacher Repression und Vernichtung, desto schärfer der Anspruch auf ideologisch-theoretische Unfehlbarkeit und Alleinherrschaft.

Das außenpolitische Kalkül der Sowjetunion, das in dem Bemühen Ausdruck fand, die jeweils günstigste Konstellation zu befördern, führte dazu, daß in Deutschland jeweils die politischen Kräfte gefördert oder bekämpft wurden, die diesen Intentionen entsprachen oder ihnen entgegenstanden, modifizierte diese Grundtendenz nur teil- und zeitweise.

War diese Tendenz schon bei Lenin angelegt, so wurde sie bei Stalin dominant.

Die kommunistischen Parteien konnten sich ihr nach 1928/29 ohne Bruch mit der Komintern nicht entziehen. Zudem wirkten in ihnen – wie schon dargelegt – ebenfalls Strömungen, die – nicht nur im Sinne der Fremdsteuerung durch Moskau – aus unterschiedlichen Gründen solche Trends trugen und beförderten. Es gelang vor allem nicht, Selbstverständnis und Identität in Verzicht auf das Feindbild Sozialdemokratie auszuprägen. Die Versuche, ein solches Selbstverständnis als kommunistische oder linkssozialistische Partei links von der SPD zu gewinnen, waren seit 1919 immer wieder gescheitert. Die Protagonisten einer solchen Entwicklung wurden aus der Partei oder an ihren Rand gedrängt. Die KDP-O und seit 1931 die SAP hatten zudem diesen Platz besetzt und wurden von der KPD mit besonderer Intoleranz und Härte bekämpft. Die Hoffnungen, einen nennenswerten Teil der sozialdemokratischen Mitgliedschaft für den Kommunismus zu gewinnen, waren nicht zuletzt, aber auch nicht vor allem wegen der sektiererischen Politik der KPD gescheitert. Wesentlicher war jedoch, daß es in der KPD in keiner Phase grundsätzlich und dauerhaft gelang, ein Verständnis von der Sozialdemokratie zu gewinnen, das diese als unverzichtbaren Faktor der deutschen und internationalen Politik und Arbeiterbewegung begriff, zu dem die kommunistische Bewegung in kritischer Distanz und auch in Konkurrenz stand. Die Zielstellung, den Masseneinfluß der Sozialdemokratie zu zerschlagen, erwies sich – zumindest für

Deutschland – je länger desto mehr nicht nur als unrealistisch, sondern als grundsätzlich falsch.

Im Herbst 1931 bündelten sich erneut solche Faktoren, die einen verschärften Kurs gegen die Sozialdemokratie beförderten. Das Mitteleuropäische Ländersekretariat der Exekutive beriet am 6. Oktober 1931 über die »Spaltung der deutschen Sozialdemokratie«. Dabei interessierte in diesen Beratungen nicht die Möglichkeit politischer Zusammenarbeit, sondern vor allem die Frage, ob die SAP mit den »Brandlerianern« zusammengehen und so die Rolle des Schutzwalls vor dem Übergang sozialdemokratischer Mitgliedermassen spielen würde, oder ob es gelänge, über die »Seydewitz-Gruppe« einen Erdrutsch zugunsten der KPD herbeizuführen. Wilhelm Pieck knüpfte an die Abspaltung selbst für den Fall Hoffnungen, daß sich daraus kein unmittelbarer Zugewinn für die KPD ergäbe. Es sei dann wenigstens mit einer Tradition der Arbeiterschaft gebrochen. Nach dem Bruch dieser Tradition der Einheit der Arbeiterbewegung würde es für die kommunistische Partei leichter sein, größere Teile der Sozialdemokratie für sich zu gewinnen. In der Diskussion wurde eine weitere Frontstellung gegen die Linken in der Sozialdemokratie aufgebaut: »Unsere Partei hat einen gewissen Tempoverlust, eine Schwankung bei der Entlarvung dieser Manöver (der linken Sozialdemokratie – der Verf.), die hier korrigiert werden.« Es würde sich jetzt rächen, daß man mit diesen Leuten verhandelt hat. Das wirke sich jetzt aus. Jetzt sei die wichtigste Frage die Gewerkschaftsarbeit und die Anwendung der Einheitsfronttaktik mit dem Ziel, in den reformistischen Organisationen »organisierte Zersetzungsarbeit« zu leisten »und ganze Gruppen zu uns zu überführen«. Eine »Einheitsfrontpolitik« in diesem Sinne erfordere folgerichtig die »Stärkung unserer theoretischen Grundlage in der Diskussion mit dem Zentrismus«.[71]

---

71 Sitzung des Mitteleuropäischen Ländersekretariats über die Frage der Spaltung der deutschen Sozialdemokratie am 6.X.31. In: SAPMO. RY 5/I 6/3/394.

Diese »Stärkung« setzte ein mit einer Untersuchung, die die Publikationsorgane der KPD nach »Abweichungen« von der offiziellen Linie durchforstete. Mit dem Funktionärsorgan »Der Propagandist« fand man den notwendigen Fall, an dem eine Kampagne zur Disziplinierung der »theoretischen Front« festzumachen war. Am 15. November 1931 befaßte sich das Mitteleuropäische Ländersekretariat detailliert mit dieser Zeitschrift und stellte fest, wie Wilhelm Pieck umgehend der KPD-Führung aus Moskau signalisierte, daß »dieses für die Schulung unserer Parteikader verbreitetste und wichtigste Organ in der schlimmsten Weise versagt, ja, im Gegenteil eine der Parteilinie völlig entgegengesetzte Politik verfolgt. Es kommt darin eine trotzkistisch-brandleristische Auffassung zum Ausdruck.«[72] Die Hauptangeklagten in diesem ideologischen Tribunal waren der Leiter der Propagandaabteilung des Zentralkomitees der KPD Lenz (Joseph Winternitz) und sein Stellvertreter Emel (Alexander Moise-Lurje). In vier Bereichen wurden ihnen schwerwiegende Abweichungen vorgeworfen:

Volksrevolution, Faschismus, Sozialfaschismus, Sowjetunion.

In ihrem Kern richtete sich die Kritik gegen die Tendenz, die »Generallinie« im Sinne von Übergangslosungen, von Stadien im Heranreifen der proletarischen Revolution zu differenzieren.

Die im »Propagandist« vorsichtig und inkonsequent vorgenommene Auflösung der Identität von proletarischer und Volksrevolution paßte im Herbst 1931 nicht mehr ins Konzept der Komintern. Daß Ernst Thälmann auf dem Januar-Plenum desselben Jahres ähnliche, wohl von Werner Hirsch formulierte Auffassungen vortrug, war vergessen. Auch Thälmann hatte sich auf Lenins Schrift »Zwei Taktiken [...]«, die damals noch nicht in Deutschland vorlag, gestützt. Im Herbst kritisierte der Referent des Ländersekretariats gerade

---

72 [Wilhelm Pieck an das ZK der KPD. Moskau,] den 15.11.1931. Liebe Freunde! Btr. Kontrolle der Sektions-Publikationen durch die KI. In: SAPMO. RY 5/I 6/10/17.

diese Berufung auf Lenin als fehlerhaft. In Deutschland, anders als beispielsweise in Spanien, entspringe die proletarische Revolution nicht aus der Volksrevolution, sondern umgekehrt. Die proletarische Revolution verwandle sich in Deutschland auf Grund des nationalen Elements in eine Volksrevolution, weil nur die proletarische Diktatur die Massen vom Versailler Vertrag befreien könne.[73] Hatte sich die KPD 1931 in ihrer konkreten Politik etwas von der kurzschlüssigen Orientierung auf die Errichtung der Sowjetmacht in Deutschland gelöst, so drängte die Komintern im Herbst erneut ihre deutsche Sektion in diese Richtung. Dabei bediente sie jedoch gleichzeitig starke Tendenzen und Strömungen in der Partei selbst.

Die Kritik an der Zeitschrift »Der Propagandist« war ein Signal für die erneute Verschärfung der Auseinandersetzung mit der Sozialdemokratie und gleichzeitig der zunehmenden Restriktion und Repression nach innen. Die zusammenfassende Wertung des Mitteleuropäischen Ländersekretariats atmete schon den Ungeist des großen Terrors, mit dem ein halbes Jahrzehnt später tatsächliche oder angebliche Abweichungen von der Stalinschen Linie mit physischer Vernichtung geahndet wurden.

»Die im Propagandisten entwickelte Auffassung der Volksrevolution«, so insistierten die Zensoren weiter, »die falsche Entstellung (sic! – der Verf.) der strategischen Linie der Partei und der Komintern führt zwangsläufig zu einer ganz bestimmten Auffassung aller taktischen Probleme und Aufgaben der Partei und zu ihrer entsprechenden Auslegung [...] Und so finden wir im Propagandisten nicht einzelne, nicht isolierte Fehler [...], sondern ein *System* von Fehlern, ein antibolschewistisches System von taktischen Auffassungen, das sich aus der ›Strategie‹ des Propagandisten zwangsläufig ergibt.« Diese »Strategie« beträfe alle zentralen Probleme der Politik wie »Faschismus, Sozialfa-

---

73 Siehe Protokoll der Sitzung des Mitteleuropäischen Ländersekretariats am 15.11.1931 zu Fagen der Zeitschrift »Der Propagandist«. In: SAPMO. RY 5/I 6/3/396.

schismus, ökonomische Kämpfe, revolutionäre Situation, Sowjetunion«.[74]

Was sich besonders in der Sowjetunion schon seit 1930/31 abzuzeichnen begann, wurde nunmehr zum Stil aller Sektionen der Komintern: Nicht mehr die Diskussion, der Diskurs theoretischer Probleme war gefragt, sondern die bedingungslose Umsetzung der jeweils dominierenden Generallinie. Theoretische Arbeit wurde zum »Kampf an der theoretischen Front«. Wer abweichende Positionen vertrat, fand sich unversehens jenseits der Frontlinie im Lager der Trotzkisten-Brandleristen, also im Lager der Konterrevolution wieder. Das war 1931 noch nicht tödlich. Wohl aber ein halbes Jahrzehnt später. In den Anklageschriften der Moskauer Prozesse finden sich die »Abweichungen« dieser Jahre häufig als entscheidendes »Beweismaterial« wieder. In dieser Konstellation verfestigten sich in der KPD erneut dogmatisch-sektiererische Positionen, die im Verlaufe des Jahres 1931 teilweise zur Disposition gestanden hatten. Der noch latent schwelende Machtkampf zwischen der Thälmann- und der Neumann-Remmele-Gruppe wurde zu einem Wettstreit um die Interpretationsmacht des von Stalin bestimmten Komintern-Kurses in der KPD. Heinz Neumann, der – soweit bekannt – der einzige in der KPD-Führung war, der die russische Sprache beherrschte, suchte sich als berufenster Sachwalter des Stalin-Kurses zu profilieren.

Der Beschluß der KPD gegen den individuellen Terror vom November 1931, dem eine Audienz Neumanns, Piecks und Thälmanns bei Stalin vorangegangen war, deutete jedoch darauf hin, daß Stalin wohl doch bei seiner Option für den ihm spätestens seit der Wittorf-Affäre endgültig verpflichteten Thälmann blieb. Es ist sicher nicht allzu spekulativ anzunehmen, daß Stalin in Thälmann den leichter zu beeinflussenden Führer der wichtigsten Sektion der Komintern außerhalb der Sowjetunion ansah als den jungen, ehrgeizigen und ambitionierten Neumann.

---

74 Ebenda (Hervorhebung im Original).

Ernst Thälmann leitete in diesen Wochen mit seinem Artikel »Einige Fehler in unserer theoretischen und praktischen Arbeit und der Weg zu ihrer Überwindung«, der im November/Dezember-Heft der »Internationale« erschien, eine sogenannte ideologische Offensive ein. Im Sinne einer offensiven Verteidigung kritisierte er – immanent auch eigene – Abweichungen von der Linie der XI. Tagung der Exekutive der Komintern. Der Tenor des Artikels wurde von der Beschwörung der dogmatisch sektiererischen »Generallinie« des EKKI-Plenums bestimmt: »Wir haben die notwendige *Verschärfung des prinzipiellen Kampfes gegen die Sozialdemokratie* nicht in vollem Umfang durchgeführt.«[75]

Als Beispiel für solche Verirrungen führte Thälmann unzulässige Einheitsfrontangebote von oben durch Gliederungen der RGO an ADGB-Führungen oder die Bildung eines antifaschistischen Komitees durch Einheitsfront von oben mit »radikaldemokratischen Gruppen« an. Einheitsfrontangebote, wie die Rudolf Breitscheids anläßlich der Wahlen in Hessen, sind die »neuesten Manöver des Sozialfaschismus«, der »den Teufel des Hitler-Faschismus an die Wand malt, um die Massen vom wirklichen Kampf gegen die Diktatur des Finanzkapitals abzuhalten«.[76]

Der Widersinn der Linie der KPD führte dazu, daß sie sich in ihren eigenen Widersprüchen verhedderte. So vertrat Ernst Thälmann in ein und derselben Rede den Standpunkt, daß in der KPD »Stimmungen (vorhanden waren), als ob die Braun-Severing(-) vielleicht doch ein ›kleineres Übel‹ gegenüber einer Hitler-Goebbels-Regierung in Preußen wären«[77], um elf Seiten später als »völlig falsche Einschätzung des Faschismus« den Standpunkt im »Propagandist« anzugreifen, nach dem eine »sozialdemokratische Koalitionsregierung, der ein kampfunfähiges, zersplittertes Proletariat gegenüber stünde, ein tausendmal größeres Übel (wäre), als

---

75 Ernst Thälmann: Einige Fehler in unserer theoretischen und praktischen Arbeit und der Weg zu ihrer Überwindung. In: Die Internationale. Berlin. 14(1931)11/12. S. 488 (Hervorhebung im Original).
76 Ebenda. S. 488 f.
77 Ebenda.

203

eine offen faschistische Diktatur, der ein [...] in seiner Masse geeintes Proletariat gegenübertritt«.[78] Der Widersinn dieser sich ausschließenden Kritiken löst sich zwar nicht auf, erklärt sich aber im Verständnis vom Zweifrontenkampf gegen National- und Sozialfaschismus als den zwei Methoden des Finanzkapitals zur Unterdrückung des Proletariats. Je nachdem, welcher der beiden Faschismen größeren Masseneinfluß gewinne, bediene sich die Bourgeoisie der NSDAP oder der SPD. Aus dieser grob funktionalistischen, vulgärmaterialistischen Betrachtungsweise ergab sich die abenteuerliche Konsequenz, daß »die *Faschisten* [...] überhaupt *nur* geschlagen werden (können), wenn man die SPD« schlägt.[79] Dieser unbestimmt schlingernde Kurs, der mehr machtpolitischem Kalkül als nachvollziehbarer Politikentwicklung verpflichtet war, erhielt durch den später berühmt-berüchtigt gewordenen Brief Stalins an die Zeitschrift »Proletarskaja Rewoluzija«, der ebenfalls im November 1931 veröffentlicht wurde, einen weiteren Schub, der die Wendung gegen die Sozialdemokratie verstärkte. Der in erster Linie nach innen gerichtete Brief Stalins »Über einige Fragen der Geschichte des Bolschewismus«[80] wurde in der KPD zum Gegenstand einer Kampagne, die die sogenannte ideologische Offensive überlagerte und zum Teil dominierte. Stalin hatte in diesem Brief gegen angeblich trotzkistische Entstellungen in der Parteigeschichtsschreibung der KPdSU(B) polemisiert und dabei in grob verfälschender Weise Rosa Luxemburg sowie die deutschen Linken diffamiert und Lenin sowie den Bolschewiki gegenübergestellt. Das gab in der KPD jenen Kräften Auftrieb, die schon seit 1924/25 im »Luxemburgismus« ein Grundübel des deutschen Kommunismus gesehen hatten. Zu ihnen zählte auch Heinz Neumann.

---

78 Ebenda. S 499.
79 Ebenda. S. 490 (Hervorhebung im Original).
80 Siehe J. W. Stalin: Über einige Fragen der Geschichte des Bolschewismus. Brief an die Redaktion der Zeitschrift »Proletarskaja Rewoluzija«. In: J. W. Stalin: Werke. Bd. 13: Juli 1930-Januar 1934. Berlin 1955. S. 76-91.

Der Briefwechsel zwischen Ernst Thälmann und Wilhelm Pieck, dem Vertreter der KPD bei der Exekutive der Komintern, gibt Aufschlüsse über die Debatten, die durch den Stalin-Brief und die damit verbundene Verschärfung des dogmatisch-sektiererischen Kurses ausgelöst wurden.

Wilhelm Pieck verwies am 8. Dezember 1931 auf Debatten am Institut der Roten Professur, wo die Vorbemerkung der Redaktion der »Roten Fahne« zur Veröffentlichung des Stalin-Briefes kritisiert wurde. Die Vorbemerkung enthielt, so gab Pieck zustimmend wieder, »ernste Fehler [...] in der Beurteilung des Trotzkismus und der Seydewitz-Gruppe«. Die Fehler, die Rosa Luxemburg in ihrer Stellung zum Reformismus und zur Spaltung der Sozialdemokratie begangen habe, seien ungenügend beleuchtet worden.[81]

Eine Woche später, am 14. Dezember, kam Pieck auf dieses Thema zurück. An der Internationalen Lenin-Schule sei es aus Anlaß des Stalin-Briefes zu schwerwiegenden Konflikten gekommen. »Von einer größeren Anzahl der Lehrer wurde die Bedeutung des Briefes nicht nur unterschätzt, sondern zum Teil versucht, die vorhandenen Fehler und Abweichungen in dem Buche von Jaros[lawski] über die Geschichte der KPdSU(B) zu verschleiern. Auch das Zellenbüro machte sich dieses Fehlers schuldig in einer Resolution, die es zum Stalin-Brief annahm [...] Das alles hat dazu geführt, daß das Rayonkomitee der Partei energisch eingriff und aufzeigte, wie sich auch in der Lenin-Schule eine Art Gruppe im Lehrkörper herausgebildet hat, die in der Beurteilung der Geschichte der Partei halb trotzkistische und halb menschewistische Auffassungen vertritt [...] Näheres hat ja darüber der Gen. Kaganowitsch in seiner Rede am 1. Dez[ember] auf der Zehnjahresfeier der Roten Professur gesagt [...]«[82] In der Internationalen Lenin-Schule, der höchsten Bildungseinrichtung der Komintern, führte diese Auseinandersetzung zum »Ausscheiden« von zehn Lehrkräften und zur Ablösung der

---

81 [Wilhelm Pieck. Moskau,] den 15.11.1931. Btr. Kontrolle der Sektionspublikationen durch die KI. In: SAPMO. RY 5/I 6/10/17.
82 [Wilhelm Pieck an Ernst Thälmann. Moskau,] den 14.12.1931. Lieber Teddy! In: SAPMO. RY 5/I 6/3/219.

Rektorin Klawdija Kirsanowa. »Es ist natürlich sehr pein-
lich,« so Pieck, »daß auch die Vorbemerkung in der RF (Die
Rote Fahne – d. Verf.) diese fehlerhafte Einschätzung des
Briefes von Stalin enthielt. Es wird gut sein, wenn Du dafür
Sorge trägst, daß vielleicht in einem Artikel darauf eingegangen wird. Als Orientierung kannst Du die Rede von Kaganowitsch benutzen.«[83]

Der Brief Wilhelm Piecks bietet gleichsam einen Bau-
stein für ein Psychogramm eines der führenden Funktionäre
der KPD dieser Zeit. Es kann nicht ernsthaft davon ausgegangen werden, daß Wilhelm Pieck seine eigene Biographie
so weit zu verdrängen vermochte, um innerlich mit der Linie
des Stalin-Briefes übereinzustimmen. Wohl aber kann angenommen werden, daß sein Verständnis von Parteidisziplin,
von bedingungsloser Unterordnung und Zurücknahme von
Individualität zu einer solchen Verinnerlichung der Mentalität des Funktionierens führte, die letztlich nur noch in den
Maßstäben und Kriterien des Apparates agierte. Gleichwohl
nutzte Pieck die Möglichkeit, eigene Intentionen zum Ausdruck zu bringen, wenn er, wie es in späterem Funktionärs-
deutsch gleicher Couleur hieß, »durch ein großes Maul« reden konnte. Diese Gelegenheit bot sich im Januar 1932.
Stalin hatte sich im Politbüro zu seinem Brief geäußert. Pieck
berichtete am 11. Januar an Thälmann: »Zu der hiesigen Diskussion aus Anlaß des Briefes von St.[alin] hat sich dieser im
P.B. dahin geäußert, daß er nicht für eine analphabetische
Anwendung geschrieben sei [...] Der Brief soll die Aufmerksamkeit auf die Notwendigkeit einer richtigen marxistisch-
leninistischen Erziehung unserer Kader richten und den unversöhnlichen Kampf gegen alle Abweichungen und Konter-
bandisten zur Pflicht machen. Er soll auch nicht, wie es vielfach schon begonnen hat, dazu dienen, das Hauptgewicht auf
die von Rosa Luxemburg gemachten Fehler zu legen [...] Das
wird also auch bei uns zu berücksichtigen sein, wenn wir

---

83   Ebenda. Die erwähnte Rede siehe L.M. Kaganowitsch: Für ein
bolschewistisches Studium der Geschichte der Partei. In: Inprekorr.
11(31)117. 15.12.31. S. 2661-2667.

über die Fehler von Rosa reden oder schreiben. Du mußt also Anweisung an die Genossen, die darüber reden oder schreiben, geben, daß sie vorwiegend die Fehler behandeln, die in unmittelbarer Beziehung zu unseren Aufgaben stehen.«[84]

Wilhelm Pieck trat Anfang 1932 nach einer Übergangsleitung durch Knorin die Nachfolge der abgelösten Rektorin der Internationalen Lenin-Schule für ein knappes halbes Jahr an. Seine umfangreichen akribischen Notizen aus dieser Zeit vermitteln das Bild eines nüchtern funktionierenden Organisators.[85]

Ende 1931 registrierte Pieck seismographisch die Stimmungen und übermittelte sie Thälmann nach Berlin: »Es ist hier aufgefallen, daß in der neu erschienenen Nummer des ›Propagandisten‹ mit keinem Wort auf die in dieser Zeitschrift gemachten Fehler eingegangen wurde und vor allen Dingen Dein Artikel in einer völlig ungenügenden Weise behandelt wurde.« Pieck empfahl, einen größeren Artikel für die folgende Nummer in Auftrag zu geben. »Du siehst, wie hier von den russischen Gen(ossen) der Brief Stalins in der umfassendsten Weise in der Partei ausgewertet und ziemlich scharfe Schlußfolgerungen gezogen werden. Wir sollten das auch in der deutschen Partei tun.«[86] Thälmann reagierte promt. Im Heft 2 des »Propagandisten« erschien ein kritischer redaktioneller Artikel, der vor allem aus Zitaten und Kommentaren von und zu Thälmanns Artikel in der »Internationale« bestand.[87] In einem zweiten Brief am selben Tag (23. Dezember 1931) warnte Pieck Thälmann, daß in den Auseinandersetzungen über den Stalin-Brief in der Lenin-Schule im Gegenzug angegriffene Dozenten der deutschen Parteiführung vorgeworfen hätten »faulen Liberalis-

84 [Wilhelm Pieck an Ernst Thälmann. Moskau, den 11.1.1932.] Lieber Freund! In: SAPMO. RY 5/I 6/10/17.
85 [Handschriftliche Notizen von Wilhelm Pieck als Rektor der Lenin-Schule in Moskau vom 15.1. bis 8.5.1932]. In: SAPMO. NY 4036/537.
86 [Wilhelm Pieck an Ernst Thälmann. Moskau, den] 23. Dez.[ember]. Lieber Freund! In: SAPMO. RY 5/I 6/3/219.
87 Siehe Unsere Zeitschrift und die Wendung der Partei an der theoretischen Front. In: Der Propagandist. Berlin. 3(1932)2. S. 1-6.

mus« gegenüber den Fehlern von Lenz und Emel bei der Anwendung der Losung der Volksrevolution gezeigt zu haben.[88]

Mit deutlichem Blick auf Neumann und Remmele schrieb Pieck wider besseren Wissens, daß »tatsächlich zwei Genossen solche Behauptungen aufgestellt, die aber sofort ihren Fehler eingesehen und korrigiert« hätten. Die latent schwelenden Machtkämpfe in der KPD-Führung waren, das verdeutlichen auch diese Quellen, stark geprägt von Atmosphäre und Klima der sich zuspitzenden Auseinandersetzung über den weiteren Weg der Sowjetunion, dem Versuch Stalins, seine Macht innerparteilich und damit auch in der Komintern endgültig zu zementieren. In dieser Situation war es für den Machterhalt höchst gefährlich, wenn, wie Pieck noch am selben Tage berichtete, in der Politischen Kommission der Exekutive am 27. Dezember festgestellt wurde, daß »gegenwärtig sich außerordentlich starke Rechtsgefahren in der Partei zeigen«, die sogar zur Kapitulation vor den sozialdemokratischen Einheitsfrontmanövern geführt hätten.[89]

Die Unterbezirkskonferenzen in Berlin hätten sich in ihren Resolutionen nur gegen die Nazis gewandt und in keiner Weise erwähnt, daß der Hauptschlag gegen die Sozialdemokratie geführt werden müsse, die die Wegbereiterin des Faschismus sei.

Im Ergebnis dieser Beratungen wandte sich die Politische Kommission der Exekutive in einem vertraulichen Brief an das Polbüro des ZK der KPD. Dieses Dokument kennzeichnete einen Höhepunkt des aberwitzigen Kurses der Komintern vor 1933. Mit dem ersten Satz des Briefes wurde der Grundton angeschlagen, der auf sechs Seiten durchgehalten wurde. »Der schonungslose unversöhnliche Kampf gegen die Sozialdemokratie, dieser sozialen Hauptstütze der Bourgeoisie, ist die entscheidende Voraussetzung für die Eroberung der Mehrheit der Arbeiterklasse und für den revolutionären

---

88 [Wilhelm Pieck an Ernst Thälmann. Moskau, den] 23.12.1931. Lieber Freund! In: SAPMO. RY 5/I 6/3/2/219.
89 [Wilhelm Pieck an Ernst Thälmann. Moskau, den] 27.12.1931. Lieber Freund! In: SAPMO. RY 5/I 6/2/219.

Kampf gegen die Diktatur der Bourgeoisie unter Führung der Kommunistischen Partei.«[90]

Absurderweise warf die Komintern der Sozialdemokratie ihre Auseinandersetzung mit der Hitler-Partei und Einheitsfront-»Manöver« vor. Mit dem einen wolle die SPD die Arbeiter von ihrer Unterstützung der Durchführung der faschistischen Diktatur ablenken, mit dem anderen sei sie bestrebt, »die Herstellung der wirklichen Einheitsfront [...] unter der Führung der Kommunisten [...] zu hintertreiben.«

Die Entlarvung dieser gefährlichen Manöver sei »die allerdringendste« Aufgabe der KPD.

Die Gruppen der Seydewitz, Brandler, der Trotzkisten, Urbahns und anderer bildeten in dieser Sicht »die mächtigste Waffe der Sozialdemokratie im Kampf gegen die von der KPD organisierte rote Einheitsfront«. Die rechte Gefahr sei und bleibe deshalb die Hauptgefahr auch innerhalb der KPD. Diese Gefahr habe stark zugenommen.

Einheitsfrontaktionen, wo Kommunisten sich auf Spitzenverhandlungen mit sozialdemokratischen Organisationen einließen, mehrere Fälle, »wo es der allerschuftigsten von den sozialdemokratischen Fraktionen – den Brandlerianern – gelungen ist, in der Rolle von Organisatoren der Einheit der Arbeiter aufzutreten, das allein genügt schon, um in der ganzen Partei Alarm zu schlagen und die ganze Partei auf die Beine zu bringen«. Der Brief Stalins müsse in dieser Situation als »Kampfwaffe gegen die opportunistischen, halbbrandleristischen und halbtrotzkistischen Einstellungen betrachtet werden«.

Die Politkommission ersparte der KPD-Führung nicht die Auflistung all jener Unterlassungen, die Pieck bereits Thälmann im Vorfeld signalisiert hatte, hob jedoch die Bedeutung des Artikels von Thälmann hervor und unterstützte damit dessen Autorität gegen andere Begehrlichkeiten. Die KPD-Führung reagierte umgehend. Am 31. Dezember 1931 beschloß das Zentralkomitee ein Dokument »Gegen die Duldung falscher Auffassungen an der theoretischen Front«, in

---

90 [Moskau, den] 2.1.1932. Vertraulich. An das Polbüro des ZK der K.P. Deutschlands. Werte Genossen! In: SAPMO. RY 5/I 6/3/233.

dem sie mit der Absetzung von Kraus (J. Winternitz) und Emel (Moise-Lurje), dem Leiter und stellvertretenden Leiter der Abteilung Propaganda des Zentralkomitees, dem Politsekretariat der Exekutive und der Parteiöffentlichkeit Vollzug meldete.[91]

Am 8. Januar 1931 veröffentlichte die »Rote Fahne« eine Stellungnahme des Zentralkomitees zum Stalin-Brief.[92] Parallel dazu gab das Zentralkomitee eine umfangreiche »Anweisung« heraus, die »allen Parteimitgliedern bekannt (ge)geben« werden sollte.[93] Beiden Dokumenten ist die bedingungslose Umsetzung des Kurses der Komintern und die Bereitschaft eigen, die Geschichte des deutschen Kommunismus nach dem Diktum des Briefes von Stalin und seiner Exegeten umzuschreiben. Das Zentralkomitee verpflichtete alle Parteizellen, in einem Zellenabend die »Anweisung« zu lesen und »durchzudiskutieren«. Es »empfahl«, den Stalin-Brief und den Thälmann-Artikel in den Zellen durchzuarbeiten. Die alljährliche Lenin-Liebknecht-Luxemburg-Kampagne sollte im Zeichen der »ideologischen Offensive« stehen. Ein internes Papier mit dem Vermerk »streng vertraulich«, das offensichtlich auf der Ebene des Polbüros zur Information der Moskauer Führung ausgearbeitet wurde, trug im schönsten Kominterndeutsch den Titel »Die innerparteiliche Durcharbeitung der KPD und die Vorbereitung des ZK-Plenums«.[94] Thälmanns Artikel, der etwa gleichzeitig mit Stalins Brief erschien, jedenfalls aber ohne dessen Kenntnis, wurde als »Echo«, als »praktische Konsequenz aus den Richtlinien, die der Brief Stalins auch der deutschen Partei

---

91   Siehe Gegen die Duldung falscher Auffassungen an der theoretischen Front. Beschluß des Zentralkomitees. In: Inprekorr. Berlin. 12(1932)1. S. 28.
92   Der Brief des Gen. Stalin und die KPD. In: »Die Rote Fahne«. Berlin vom 8. Januar 1932.
93   Anweisung des Zentralkomitees! Allen Parteimitgliedern bekannt geben. »Höchste Wachsamkeit an der ideologischen Front« (Stalin). In: SAPMO. St.22/103.
94   Die innerparteiliche Durcharbeitung der KPD und die Vorbereitung des ZK-Plenums. Streng vertraulich. Berlin, den 4. Januar 1932. In: SAPMO. RY 5/I 6/3/232.

gebe« verstanden. Stalin habe »Warnungssignale zum verstärkten Kampf gegen opportunistische, zentristische, luxemburgistische Überreste und Schwächen bedeutet«. Bis auf einige von der Kritik betroffene Intellektuelle habe die Gesamtpartei die ideologische Initiative begrüßt, wie auch der Beschluß des Zentralkomitees vom 31. Dezember 1931 gegen Emel, Lenz, Stauer »in der Partei eine sehr große Befriedigung ausgelöst« habe.

Die Initiative zielte in ihrem Kern auf die Sicherung und den Ausbau der Positionen der Führungsgruppe um Ernst Thälmann durch einen Kurs, der sich in keiner Weise im Maße der Übereinstimmung zur Linie der Komintern-Führung und Stalins übertreffen lassen wollte. Gleichzeitig wurde die Kampagne genutzt, um durch personelle Veränderungen den Einfluß von Heinz Neumann und Hermann Remmele zu reduzieren. Neumann wurde die von Reinhardt (Alexander Abusch) geschriebene und von ihm zu verantwortende Vorbemerkung zum Stalin-Brief in der »Roten Fahne« vorgeworfen, auf die »das Zentralkomitee mit seinem Artikel ›Der Brief des Genossen Stalin und die Aufgaben der KPD‹ reagieren« mußte.

»Die Internationale« wurde, da Remmele infolge anderer Aufgaben wenig Zeit für die Zeitschrift aufbringen könne, »kollektiv im Sekretariat des Zentralkomitees vorbereitet«. Personelle Rochaden im Apparat zielten in die gleiche Richtung. Wie auch der Briefwechsel zwischen Ernst Thälmann und Wilhelm Pieck belegt, bedurfte es schwieriger und intensiver Vorbereitungen, um die ursprünglich schon für Januar geplante Tagung des Zentralkomitees der KPD durchführen zu können. Die Atmosphäre der erbittert, aber verdeckt geführten Fraktionsauseinandersetzungen vergifteten das Klima in der Führung der KPD. Mit der schrittweisen Durchsetzung stalinistischer Strukturen waren diese Auseinandersetzungen jedoch in ihren inhaltlichen Gegensätzen nicht mehr hinreichend zu konturieren.

Es ist durch die Quellen nicht gedeckt, Neumann und Remmele als die sektiererischen Kräfte auszumachen, die einen angeblich realistischen Kurs der Kräfte um Thälmann behinderten. Die KPD war insgesamt seit dem Ende der zwanziger Jahre in ihrer damaligen Verfaßtheit strukturell erneuerungsunfähig geworden. Veränderungen waren nunmehr nur im Bruch mit dem vorherrschenden kommunistischen Parteimodell möglich. Die Hoffnung Clara Zetkins, daß die die KPD tragenden Arbeitermassen bei einer revolutionären Bewegung die Parteibürokraten hinwegfegen würde, trog. Die KPD wurde zunehmend zu einer Apparatpartei, deren Einfluß unter den sogenannten Betriebsarbeitern schwand.

Der Zuwachs an Mitgliederzahlen ging einher mit abnehmendem Einfluß. Diese zunehmende Isolation wurde durch die Politik von KPD- und Komintern-Führung Ende 1931/Anfang 1932 eher verstärkt denn abgebaut.

Im Wettlauf um die Macht

Illusion und Realität in der Politik der KPD
am Ende der Weimarer Republik

Das Jahr 1932, das sich als Schicksalsjahr auf dem Weg in die braune Barbarei erweisen sollte, wurde von den handelnden Protagonisten dieser Zeit in seiner weltgeschichtlichen Dramatik nur begrenzt erfaßt.

Auch die Kommunisten begriffen die Zeichen der Zeit nur sehr selektiv. Wohl wurde die Gefahr des Faschismus erkannt. Bei ihrer präziseren politischen Verortung schlug die Politik der KPD jedoch nach wie vor aberwitzige Kapriolen. Auf der mehrfach verschobenen Tagung des Zentralkomitees der KPD vom 20. bis 23. Februar 1932 kam es unter den Bedingungen des verdeckten Machtkampfes zu vorsichtigen Korrekturen an der Analyse des Faschisierungsprozesses. Hatte Ernst Thälmann noch kurz zuvor in der Zentrumspartei eine Hauptstütze des Faschisierungsprozesses gesehen, so ortete er nunmehr als Einpeitscher und Antreiber der faschistischen Politik den »klassenbewußteste(n) Teil in der Front der Bourgeoisie« um Hugenbergs DNVP, »gestützt auf die Massenbasis der Nationalsozialisten«.[95] Daß eine solche Wertung nicht unumstritten war, verdeutlichten die zahlreichen Versuche, die Differenzierungen zwischen den bürger-

---

95 Ernst Thälmann: Der revolutionäre Ausweg und die KPD. Rede auf der Plenartagung des Zentralkomitees der Kommunistischen Partei Deutschlands am 19. Februar 1932 in Berlin. Hrsg. von der KPD. O. O. u. J. (Berlin 1932). S. 23 f. (Die Rede wurde am 20. Februar gehalten – d. Verf.).

lichen Kräften einerseits und diesen und der Sozialdemokratie zu unterlaufen. Heinz Neumann erklärte: »Wir dürfen die Frage um keinen Preis so stellen, daß sich Deutschland in Rechtsparteien und Linksparteien, in Faschisten (Hitler) und ›Antifaschisten‹ (in Gänsefüßchen) teilt. Wir haben zweifellos solche Fehler gemacht [...] Wir dürfen keinesfalls die Frage des Hitlerfaschismus über den Kampf gegen die SPD stellen.«[96]

Neumann nutzte demagogisch den Umstand, daß Leo Trotzki in seinen letzten Schriften den Hitlerfaschismus als Hauptgefahr für ganz Europa bezeichnet hatte.[97] Unter Berufung auf das Stalinsche Diktum von der Notwendigkeit, den Hauptschlag gegen die Kompromißparteien zu führen, verketzerte er jede Sorge über das Anwachsen der NS-Bewegung als »konterrevolutionäre, trotzkistische« Position.[98] Hermann Remmele attackierte »opportunistische Schwankungen« in der Frage des Hauptstoßes gegen die Sozialdemokratie.[99] Der Standpunkt Thälmanns stellte den wohl in der Parteiführung mühsam und instabil ausgehandelten Kompromiß zwischen den divergierenden Positionen dar.

Doch auch Thälmann blieb innerhalb der Raster der gültigen »Generallinie« der Komintern-Politik. Er griff das bereits im Sommer 1930 geprägte Bild eines »Wettlauf(es) zwischen der Offensive der Bourgeoisie und ihrem faschistischen Kurs und unserem revolutionären Kurs« auf.[100] Noch immer führte aber der Weg zu diesem Ziel nur über die Zerschlagung des Masseneinflusses der SPD.

Begriffe wie »Aktionseinheit« oder »Einheitsfront« wurden sinnentleert. Nicht Zusammenarbeit, sondern Aufgabe der eigenen Identität wurde den sozialdemokratischen Ar-

---

96 [Protokoll der Tagung des Zentralkomitees der KPD vom 20. bis 23. Februar 1932]. In: SAPMO. RY 5/I 2/1/82.
97 Siehe Leo Trotzki: Soll der Faschismus wirklich siegen? Deutschland – der Schlüssel zur internationalen Lage. Berlin 1931. S. 7.
98 [Protokoll der Tagung des Zentralkomitees der KPD vom 20. bis 23. Februar 1932].
99 Ebenda.
100 Ernst Thälmann: Der revolutionäre Ausweg und die KPD. O. O. [Berlin] o. J. [1932]. S. 27.

beitern abverlangt. Es war die Rede von einem »eigenartige[n] System der wechselseitigen Ausnutzung der Sozialdemokratie und der Hitlerpartei, wobei der Schwerpunkt nach wie vor bei der SPD als der sozialen Hauptstütze der Bourgeoisie liegt«. Zusammenfassend formulierte Thälmann: »Nichts wäre jedoch verhängnisvoller als eine *opportunistische Überschätzung* des Hitlerfaschismus.«[101] Die Resolution des Plenums bekräftigte die Strategie, »die – im Rahmen des Kampfes gegen die Bourgeoisie als Hauptfeind – ihren Hauptstoß in der Arbeiterklasse gegen die Sozialdemokratie lenkt«.[102]

Die KPD blieb auch auf dieser für die entscheidenden Monate des Jahres 1932 bedeutsamsten Tagung der Parteiführung in den Dogmen befangen, nach denen sie die Welt aus dem Blickwinkel der Geschichte der Bolschewiki und der Oktoberrevolution betrachtete. Wäre das schon unzureichend für die Analyse der neuen weltgeschichtlichen Phänomene gewesen, so kam erschwerend hinzu, daß sie nicht den tatsächlichen Reichtum dieser geschichtlichen Erfahrungen verarbeitete, sondern sich zunehmend mit dem blutarmen Substrat der Stalinschen Geschichtspolitik begnügte.

Die tiefe Kluft zwischen Sozialdemokraten und Kommunisten wurde im Frühjahr 1932 mit der Neuwahl des Reichspräsidenten noch schwerer überwindbar als vordem. Durch ihre Tolerierungspolitik hatte sich die SPD in eine Situation hineinmanövriert, in der sie ohne einen Bruch mit ihrer bisherigen Linie nur für das »kleinere Übel« Hindenburg votieren konnte, um das größere Übel Hitler zu verhindern.

Andere Optionen, die einen sozialdemokratischen wie einen kommunistischen Kandidaten ausschlossen, jedoch neben bürgerlich-liberalen der Wählerstimmen von SPD und KPD bedurft hätten, wurden ausgeschlossen. Die Position der KPD lud allerdings zu solchen Überlegungen nicht eben ein. Die besonders später mit dem Wissen um den historischen

101 Ebenda. S. 23/24 (Hervorhebung im Original).
102 Resolution des Zentralkomitees der KPD über die Lage in Deutschland und die Aufgaben der KPD. In: Mitteilungen der Kommunistischen Partei Deutschlands. Februar 1932.

Verlauf vielzitierte Losung der KPD »Wer Hindenburg wählt, wählt Hitler; wer Hitler wählt, wählt den Krieg!« sollte sich zwar langfristig als richtig erweisen, kurzfristig bot sie aber in der Verbindung mit der von vornherein chancenlosen Kandidatur Ernst Thälmanns keine für die Wähler faßbare, reale Alternative.

Das Wahlergebnis vom 10. April, dem zweiten Wahlgang, wies aus, daß der Weg der KPD immer weiter in die politische Isolation führte. Der Rückgang der Wählerstimmen für Ernst Thälmann von 4,983 Millionen auf 3,7 Millionen im zweiten Wahlgang erwies ein weiteres Mal, daß kommunistische Politik, die sich in hohem Maße im Ringen mit der Sozialdemokratie um die Dominanz in der Arbeiterbewegung erschöpfte, nicht nur grundsätzlich falsch war, sondern auch auf Kosten der KPD ging. Die verhängnisvolle Verknüpfung des Kampfes gegen den Faschismus mit dem Kampf gegen den Kapitalismus insgesamt, die Unfähigkeit der KPD-Führung, innerhalb der nichtproletarischen Klassen und Schichten zu differenzieren und die irrige Hoffnung, daß durch eine »Verschärfung« des Kampfes gegen die Sozialdemokratie die Mehrheit der von dieser beeinflußten Massen zum Übertritt zur KPD veranlaßt werden könnte, bildeten seitens der KPD das Haupthindernis für einen wirklichen Durchbruch zur antifaschistischen Einheit.[103]

Die Zuspitzung der Auseinandersetzung mit der Sozialdemokratie hatte jedoch noch eine andere Seite. Sie wandte sich nicht nur nach außen, sondern wirkte auch als Disziplinierungsfaktor nach innen. Der Mechanismus des demokratischen Zentralismus, dem schon in seiner Anlage die Dominanz des Zentralismus über die Demokratie innewohnte, entledigte sich zunehmend seines Attributes. Das zweifellos höchst subjektive Bild Herbert Wehners von der KPD dieser Zeit dürfte dennoch der Wahrheit ziemlich nahe kommen:

---

103 Siehe Ernst Thälmann: Die Aufgaben in der Präsidentschafts- und Preußen-Wahlkampgne. In: SAPMO. RY 5/1 2/707/57 (Manuskriptdruck).

»Äußerlich betrachtet, war die KPD eine starke, kämpferische Partei, die ihre Kraft effektiv einzusetzen verstand. Im Inneren war sie ein Gefüge von Apparaten, eine Maschinerie, die wohl tauglich zur Durchführung von Beschlüssen, aber unfähig zur schöpferischen Meinungsbildung und Austragung von Auffassungsverschiedenheiten war. Die Parteikörperschaften waren in den dreißiger Jahren erstarrt und bestanden meist nur noch als Statisterie für die Sekretariate, die alle politischen und organisatorischen Fragen entschieden.«[104] In den folgenden Wochen und Monaten durchlief die KPD dennoch einen Lernprozeß, der sie – ohne den notwendigen Bruch mit ihrer »Generallinie« zu vollziehen – zu einer partiellen Korrektur der Linie des Februarplenums führte. Die zunächst taktische, in der Folge immer stärker strategische Umorientierung auf eine überparteiliche antifaschistische Massenbewegung gipfelte in der »Antifaschistischen Aktion«, zu der die KPD Ende Mai 1932 aufrief. Dem war bereits im April ein Angebot der KPD vorausgegangen, nicht nur die Einheitsfront »von unten« anzustreben, sondern auch mit anderen Organisationen gemeinsam zu kämpfen. Damit wurden Dogmen durchbrochen, die noch zwei Monate zuvor nur die Einheitsfront »von unten« für statthaft erklärt hatten. Vorstöße der KPD zu einer realen Verteidigung von Institutionen der Weimarer Republik, wie dem Angebot der Landtagsfraktion der KPD zu parlamentarischer Kooperation mit der SPD in Preußen oder das Einheitsfrontangebot gegen den Staatsstreich vom 20. Juli 1932 in Preußen, signalisierten die zunehmende Bereitschaft und Fähigkeit der KPD, auf die dramatische Rechtsentwicklung zu reagieren. Da diese Politik jedoch nicht einherging mit einer Abkehr und kritischen Revision der bisherigen Linie und auch in den eigenen Reihen umstritten war, konnte sie nicht die notwendige Wirkung erzielen.

Wilhelm Pieck sah sich so als Vorsitzender der Preußischen Landtagsfraktion mit Vorwürfen seines Nachfolgers in

---

104 Herbert Wehner: Zeugnis. Hrsg. von Gerhard Jahn. Köln 1982. S. 50.

der Funktion des Vertreters der KPD bei der Exekutive in Moskau, Wilhelm Florin, konfrontiert.[105] Dieser hatte sich von der Vorgehensweise der kommunistischen Landtagsfraktion distanziert, weil »das eigene Gesicht unserer Partei nicht genügend gewahrt worden« sei. Die auf Massenkämpfe orientierte Einheitsfront müsse sich, so forderte Florin, gegen die Sozialdemokratie richten.[106]

Die Haltung der KPD zur Weimarer Republik und zur Sozialdemokratie erfuhr, das zeigen die Debatten des Spätsommers 1932, trotz der realpolitischen Vorwärtsbewegung der KPD theoretisch keine Klärung. Immer wieder wurden erreichte Fortschritte durch die sektiererisch-fundamentalistische Grundstimmung in der KPD und der Komintern eingeholt. Hatte sich die Partei im Mai 1932 zu der Einsicht durchgearbeitet, daß die Arbeiterklasse bei einem Wechsel der Formen der bürgerlichen Herrschaft nicht Gewehr bei Fuß stehen dürfe,[107] so fiel Ernst Thälmann wenig später in das überkommene Denkmuster zurück, die KPD kämpfe nicht für die Weimarer Republik. Diese sei nicht vom Faschismus besiegt, meinte er 1932, sondern hätte im Faschismus »ihren krassesten, unverhülltesten Ausdruck gefunden«.[108]

Während sich in den Auseinandersetzungen zwischen Nazis, den Schlägerkolonnen der SA und antifaschistischen Kräften immer häufiger eine antifaschistische Einheitsfront auf der Straße herausbildete, verließen KPD und Komintern im Spätsommer und Herbst 1932 wieder zunehmend bereits erreichte Positionen. Die XII. Tagung der Exekutive der Komintern verdeutlichte diesen erneuten Rückschritt.

---

105 Siehe Wilhelm Pieck an Wilhelm Florin vom 4. August 1932. In: Die Antifaschistische Aktion. Dokumente und Chronik. Berlin 1965. S. 213-216.
106 [Protokoll der Beratung des Mitteleuropäischen Ländersekretariats des EKKI vom 2.Juli 1932]. In: SAPMO. RY 5/ I 6/3/398.
107 Siehe Nach drei Wahlen. In: Die Internationale. 15(1932)5. S. 214.
108 Ernst Thälmann: Was will die Antifaschistische Aktion? Berlin 1932. S. 8.

Gegen »gewisse Schwankungen« in den eigenen Reihen wurden die traditionalistisch-linksfundamentalistischen Axiome der Komintern-Politik seit 1928 erneut festgezurrt. Thälmann warnte vor »gefährlichen Illusionen in der Arbeiterklasse« aufgrund ihres Dranges nach antifaschistischer Einheit.[109] Und er holte das ultralinke Uraltargument von der KPD als der einzigen Arbeiterpartei hervor, das in seiner Konsequenz die Einheitsfront erübrigte. Es wurde vor einer Überschätzung der faschistischen Gefahr gewarnt und der Kampf gegen demokratische Illusionen gefordert.

Als sich im Oktober 1932 die III. Parteikonferenz der KPD konstituierte, waren wichtige Veränderungen in der innenpolitischen Konstellation zu analysieren. Die in Agonie liegende Weimarer Republik trat in ihr letztes Stadium ein. Angesichts der weiteren Zuspitzung der Situation suchte die KPD nach neuen Wegen, der faschistischen Gefahr zu begegnen. Es bildete sich die absurde Situation heraus, daß bei Beibehaltung der offiziellen Dogmen unter der Wucht der politischen Realität Schritte gegangen wurden, die diese Dogmen unterliefen. Fritz Selbmann berichtete auf der III. Parteikonferenz der KPD im Oktober 1932 von intensiven Diskussionen im Parteibezirk Sachsen über die Möglichkeit von Listenverbindungen mit der SPD bei den Kommunalwahlen.[110] Von Max Opitz wurde sogar das bisherige Verhältnis zur Weimarer Republik hinterfragt.[111]

Die dringend erforderliche grundlegende Erneuerung der Politik der KPD blieb allerdings auch auf dieser letzten großen Beratung der KPD vor dem Machtantritt Hitlers aus. Die strukturelle Unfähigkeit der KPD zu einer solchen Erneuerung hatte sich vertieft. Wohl konnte auf der Parteikonferenz die Auseinandersetzung mit der Neumann-Remmele-Gruppierung abgeschlossen werden, ein Politikwechsel ging damit nicht einher.

---

109 Siehe Ernst Thälmann: Schlußwort auf dem XII. Plenum der Exekutive der Komintern. In: Die Kommunistische Internationale. 13(1932)17/18. S. 1307 f.
110 Siehe [Protokoll der III. Reichsparteikonferenz der KPD vom 15. bis 18. Oktober 1932] In: SAPMO. RY 5/ I 1/2/7.
111 Ebenda.

Dennoch wuchs in diesen dramatischen Wochen der Einfluß der KPD weiter an. Die Partei war in ihrer praktischen Arbeit in den Städten und Gemeinden nahe an den Nöten der Massen. Das schlug sich in den Ergebnissen der Reichstagswahlen vom 6. November deutlich nieder. Die NSDAP verlor im Vergleich zum Juli 1932 über zwei Millionen Wähler. Auch die SPD mußte Einbußen hinnehmen. Die KPD gewann mit fast sechs Millionen Stimmen deutlich hinzu. Wichtiger war: Erstmals seit 1928 erhöhte sich wieder der Anteil der Arbeiterparteien am Gesamtergebnis. Dennoch hielt das rechtsradikale Lager von NSDAP und DNVP auch weiter mit 41,7 gegen 37,4 Prozent einen deutlichen Vorsprung gegenüber den Arbeiterparteien. Es ist mit einiger Wahrscheinlichkeit anzunehmen, daß in den Parteizentralen sowohl der SPD als auch der KPD eine solche Rechnung gar nicht angestellt wurde. Für die SPD war der Zuwachs der KPD Anlaß, Auseinandersetzung und Abgrenzung zu forcieren. Die KPD sah sich ihrem Ziel, die Mehrheit der Arbeiterklasse zu erobern, ein Stück näher.

Wie schon bei den vorangegangenen Wahlen lag die Hauptursache für den Erfolg der KPD darin, daß sie am konsequentesten und tatkräftigsten die Interessen der am meisten unter der Krise leidenden Teile des Volkes vertrat. Es wuchs die Zahl derjenigen, die die Revolutionsstrategie der KPD annahmen, die angesichts der drückenden und sich noch immer steigernden Not nur noch in einer baldigen proletarischen Revolution die Lösung ihrer brennenden menschlichen Probleme sahen. Doch das war nicht die Mehrheit der Arbeiterklasse und schon gar nicht der werktätigen Mittelschichten in Stadt und Land. Hier war bei der Masse die Furcht vor der kommunistischen »Enteignung« – nach dem, was man über die Sowjetunion gehört hatte – stärker als die Sorge um den sozialen Abstieg. Hier wirkten noch die Naziparolen von der »Brechung der Zinsknechtschaft« und der Bekämpfung des »raffenden Kapitals«.

Nach den Reichstagswahlen wandte sich das ZK der KPD mit einem Aufruf »An die Werktätigen in Stadt und Land!

An die Arbeiterklasse Deutschlands!«[112] und warnte vor einer »weiteren Entfaltung der faschistischen Diktatur«.

Obwohl der Aufruf betonte, daß die Kommunisten allen die Hand reichen, daß sie die »Einheitsfrontaktion« wollen, »ohne Bedingungen, mit dem heißen Bemühen, die Kraft der Arbeiterklasse zu stärken, den Kampfwillen zu steigern, die Pläne des Faschismus zunichte zu machen«, nahm doch neben dem Kampf gegen die weitere Verschlechterung der Lebensbedingungen der Kampf gegen SPD und Zentrum einen breiten Raum ein.

Die Sozialdemokratie verblieb auch in den letzten Wochen der Weimarer Republik in ihren legalistischen Illusionen befangen. Die Bildung der Schleicher-Regierung war ihr Anlaß, zu erklären, daß es »für alle Zeit das geschichtliche Verdienst der Sozialdemokratie bleiben [werde], den deutschen Faschismus so lange von der Macht ferngehalten zu haben, bis sein Abstieg in der Volksgunst begann«.[113] Die Führungen von SPD und ADGB blieben bis über den 30. Januar 1933 hinaus in ihren Legalitätsvorstellungen befangen, wie auch die KPD an ihrem Weltrevolutionskonzept festhielt. Auch der Aktionismus der KPD konnte den Lauf der Entwicklung nicht mehr ändern. Die 130.000 Teilnehmer der Demonstration vom 25. Januar 1933 am Berliner Karl-Liebknecht-Haus taten wohl wirkungsvoll ihren antifaschistischen Widerstand kund, verhindern konnten sie das Machtkartell zwischen den maßgeblichen Kräften der traditionellen Eliten und der Führung der NS-Bewegung nicht mehr.

Es gehört zu den gutgepflegten Legenden linker Folklore, zu behaupten, die Aktionseinheit der Arbeiterbewegung hätte den Faschismus verhindern können. Alle Daten sprechen dafür, daß dies schon rein numerisch angesichts der rechtskonservativen und faschistischen Dominanz nicht möglich war. Dennoch bleibt die Tatsache, daß die KPD trotz des he-

112 An die Werktätigen in Stadt und Land! An die Arbeiterklasse Deutschlands! [Flugblatt der KPD vom November 1932].
113 An die Partei! In: »Vorwärts«. Berlin vom 6. Dezember 1932 (Morgen-Ausgabe).

roischen Einsatzes Zehntausender ihrer Mitglieder im Kampf gegen den Faschismus nicht alles getan hatte, dieses Regime zu verhindern. Ihre fehlgeleitete Strategie, ihr Kampf an falschen Fronten schwächten die Schlagkraft und die Glaubwürdigkeit der Hitlergegner. Sie und die anderen antifaschistischen Kräfte mußten ihre Irrtümer und ihre Unfähigkeit, einen demokratischen und antifaschistischen Konsens zu finden, mit bitteren Erfahrungen und großen Opfern bezahlen.

Revolutionarismus auf der einen, Legalismus auf der anderen Seite bewirkten einen Zustand der Selbstblockade und der Lähmung, in dem der Hitlerfaschismus ohne nennenswerten Widerstand an die Macht geschoben werden konnte.

Wenn auch die Frage nach den Erfolgschancen eines Generalstreiks gegen das Hitlerregime offenbleiben muß, so ist Willy Brandt zuzustimmen, daß die Zukunft Deutschlands und Europas anders ausgesehen hätte, »wenn die Nazis nicht nahezu kampflos das Feld hätten übernehmen können«.[114]

---

114 Willy Brandt: Links und frei. Mein Weg 1930-1950. Hamburg 1982. S. 62.

Anhang

Personenverzeichnis

Abusch (Reinhardt, Ernst), Alexander (1902-1982) – KPD-Mitglied seit Gründung, 1921-1934 Redakteur und Chefredakteur von KPD-Zeitungen. Ab 1930 zeitweilig Chefredakteur der »Roten Fahne«. 1933 Emigration nach Frankreich. *211*

Becker, Karl Albin (1894-1942) – 1916 ständiger Mitarbeiter der Wochenzeitung »Arbeiterpolitik«. Teilnehmer am Gründungsparteitag der KPD, Mitglied der Programm- und Organisationskommission. Von 1921 bis 1929 in verschiedenen führenden Funktionen in der KPD. 1934 Emigration. 1942 vom Vichy-Regime an Deutschland ausgeliefert. In Berlin-Plötzensee hingerichtet. *101, 137*

Blenkle, Conrad (1901-1943) – 1919 Freie Sozialistische, dann Kommunistische Jugend. 1920 Eintritt in die KPD, Führungsmitglied des Kommunistischen Jugendverbandes Deutschlands. Von 1925-1929 Mitglied des ZK der KPD. *90, 95*

Böttcher, Paul (1891-1975) – 1908 Vorsitzender der SAJ Leipzig. Mitglied der SPD. 1916-1920 Mitglied des Parteivorstandes der USPD. 1920 KPD. Von 1921 bis 1929 in führenden Funktionen in der KPD. Ab 1929 KPD-O. *116, 136-138, 140, 142*

Bolze, Waldemar (1886-1951) – 1917 USPD, 1919 KPD. 1921 bis 1924 in der Gewerkschaftsabteilung der KPD-Zentrale. *116*

Brandler, Heinrich (1881-1967) – 1901 SPD. 1916 aus der SPD ausgeschlossen. Teilnehmer der Reichskonferenz der Gruppe »Internationale« in Berlin, Mitglied der Zentrale der KPD. 1924 bis 1928 in der UdSSR. 1928 Mitbegründer der KPD-O. *39, 52, 54, 56, 57, 61, 67, 68, 70, 73, 74, 80, 81, 85, 91, 95, 114, 116, 117, 120, 124, 126, 133, 149, 161, 199, 202, 209*

Brandt, Willy (eigentl. Herbert Ernst Karl Frahm) (1913-1992) – Politiker, Journalist. 1930 SPD, 1931 SAP, 1933 Exil. Seit 1947 wieder in

225

Deutschland, SPD. Seit 1964 Bundesvorsitzender der SPD. 1969-1974 Bundeskanzler der BRD. *222*

Brass, Otto (1875-1950) – Mitbegründer der USPD, auf dem Vereinigungsparteitag der USPD mit der KPD in die Zentrale der KPD gewählt. 1922 Ausschluß aus der KPD. *38*

Braun, Otto (1872-1955) – 1917-1920 Mitglied des Parteivorstandes der SPD. Preußischer Ministerpräsident 1920 bis 1932 (mit kurzen Unterbrechungen). *82, 183, 203*

Breitscheid, Rudolf (1874-1944) – USPD, SPD, 1920-1933 MdR. Ab 1928 Fraktionsführer. 1933 Emigration. 1941 Auslieferung durch das Vichy-Regime an die Gestapo. Im KZ Buchenwald umgekommen. *196, 203*

Brüning, Heinrich (1885-1970) – Zentrum, 1930-1932 Reichskanzler. *161, 169, 170, 174, 175, 179, 183, 184, 186*

Bucharin, Nikolai Iwanowitsch (1888-1938) – 1906 SDAPR. Führungsmitglied der RKP(B), seit 1926 Vorsitzender der Komintern. 1938 im Schauprozeß gegen den »Block der Rechten und Trotzkisten« zum Tode verurteilt und erschossen. *37, 56, 57, 78, 86, 94, 96-99, 101, 105, 108, 112, 118, 123-126*

Cuno, Wilhelm (1876-1923) – parteilos, 1922/23 Reichskanzler. *52, 54, 58, 60*

Däumig, Ernst (1866-1922) – seit 1898 SPD, 1917 Gründungsmitglied der USPD, von 1912 – 1918 Vorsitzender des sozialdemokratischen Bezirksbildungsausschusses von Berlin. 1920 VKPD. Mit Paul Levi Vorsitzender der Zentrale. 1921 KAG, 1922 Rückkehr in die USPD. *28, 38*

Dengel, Philipp (1888-1948) – 1911 SPD. 1919 Mitarbeiter der von der USPD herausgegebenen Zeitung »Die Republik« und Eintritt in die KPD. Von 1925 bis 1935 Mitglied des ZK der KPD. 1925-1929 Mitglied des Polbüros. 1928 Mitglied des EKKI. In der Wittorf-Affäre trat D. gegen Thälmann auf, wurde nach Moskau versetzt. Arbeit im EKKI. 1935 Mitglied der IKK der Komintern. *90, 95*

Duncker, Hermann (1874-1960) – seit 1893 SPD, Redakteur, Wanderlehrer. Mitbegründer von Spartakusbund und KPD. Herausgeber der ersten Ausgabe der »Roten Fahne«. Initiator und Mitherausgeber der »Elementarbücher des Kommunismus«. Wanderlehrer und Lehrer an der Reichsparteischule der KPD. 1933 verhaftet, 1936 Emigration. *96, 101*

Dzierżyński, Feliks Edmundowitsch (1877-1926) – seit 1917 Vorsitzender der Tscheka, seit 1924 Vorsitzender des Obersten Volkswirtschaftsrates der UdSSR. *59*

Eberlein, Hugo (1887-1941) – 1916 Mitglied der Spartakusgruppe, 1918 Mitbegründer der KPD und 1919 Gründungsmitglied der Komintern.

1928 als Versöhnler ausgeschlossen. 1933 Emigration, 1936 Ankunft in der UdSSR, am 26. Juli 1937 verhaftet, am 5. Mai 1939 vom Militärkollegium des Obersten Gerichts zu 15 Jahren Lager verurteilt, nach Aufenthalt im Lager am 30. Juni 1941 zum Tode verurteilt und am 16. Oktober 1941 erschossen. *40, 70, 95, 126*

Ebert, Friedrich (1871-1925) – 1916 Vorsitzender der sozialdemokratischen Reichstagsfraktion, 1919-1925 Reichspräsident. *28, 30, 32*

Eisenberger, Josef (1891-1938) – 1921-1924 Mitglied des Zentralausschusses der KPD. 1922 Referent der Informationsabteilung des EKKI. 1923 Mitglied der deutschen Delegation beim EKKI. Hauptbelastungszeuge im Verfahren gegen Brandler und Thalheimer. *80, 81*

Eisler, Gerhart (1897-1968) – 1908 SPD. 1918-1920 Mitglied der KPÖ, seit Anfang 1921 KPD, Redakteur von Parteizeitungen. Verschiedene führende Funktionen bis 1928 und ab 1935, u. a. Mitglied des ZK, Kandidat und Mitglied des Pol- bzw. Politbüros. 1929-1931 für die Komintern in China tätig. *125, 129, 133*

Emel, Alexander (eigentl. Moise Lurje) (1897-1936) – Historiker, Mitglied der KPD seit 1921. 1925 bis 1927 Lehrtätigkeit an der Moskauer Sun Yat-sen-Universität. 1927 wieder in Deutschland, wurde E. Mitarbeiter des ZK der KPD. 1933 Einreise in die UdSSR, Dozent an der Moskauer Universität, Mitangeklagter im Schauprozeß gegen Sinowjew und Kamenew. *200, 208, 210, 211*

Engert, Otto (1895-1945) – USPD, seit 1920 KPD. 1924 und 1927 Mitglied des Thüringer Landtages. 1927/28 Redakteur der »Sächsischen Arbeiterzeitung«. 1929 KPD-O. Ab 1933 aktiver Widerstand. *136*

Ewert, Arthur (1890-1959) – 1908 SPD. 1919 Eintritt in die KPD und deren Führungsmitglied. Neben Ernst Meyer führender Kopf der sogen. Versöhnler. Seit 1930 Beauftragter des EKKI in China und in Brasilien. 1935 verhaftet. 1947 Rückkehr nach Deutschland (SBZ). *90, 95, 96, 114, 125-127, 129, 133, 137*

Fischer, Ruth (geborene Eisler, Elfriede) (1895-1961) – 1918 Mitbegründerin der Kommunistischen Partei Österreichs. Von 1919 bis 1925 auf dem äußersten linken Flügel der KPD aktiv tätig. Neben Arcady Maslow Exponentin der »linken Opposition«. 1924/25 faktische Übernahme der Parteiführung. 1925 auf Intervention der Komintern Absetzung, 1926 Ausschluß aus der KPD. 1928 Beteiligung an der Gründung des Leninbundes. *37, 49, 50, 70, 73, 75, 78, 83, 85-87, 88, 90, 119, 135, 147, 162*

Flechtheim, Ossip, K. (1909-1998) – Historiker, Politologe und Futurologe. 1933 Austritt aus der KPD. *19, 168, 173*

Flieg, Leo (1893-1939) – Mitbegründer der KPD. 1919-1922 Mitglied des Exekutivkomitees der KJI, 1922 bis 1932 im Apparat des ZK der KPD. Sekretär des Polbüros. Ab 1933 Emigration in die Sowjetunion, später Frankreich. 1937 nach Moskau kommandiert, verhaftet und 1939 erschossen. *95*

Florin, Wilhelm (1894-1944) – seit 1917 USPD, mit deren linkem Flügel 1920 Übertritt zur KPD. Gewerkschaftsfunktionär, seit 1924 Mitglied der Zentrale der KPD. Von 1924 bis 1933 MdR. 1927 Mitglied des ZK, seit 1929 Mitglied des Polbüros. 1935 bis 1943 Sekretär des EKKI. *119, 218*

Frick, Wilhelm (1877-1946) – NSDAP, thüringischer Innen- und Volksbildungsminister 1930-1931, Reichsinnenminister 1933-1943. *166*

Friesland (eigentl. Reuter), Ernst (1889-1953) – 1912 SPD. Gründungsmitglied der KPD. Zunächst Verfechter der »Offensivtheorie«, sympathisierte bald nach den Märzkämpfen mit den Positionen Paul Levis und der KAG. Ende 1921 Ausschluß aus der Zentrale, 1922 Parteiausschluß. Über die KAG und die USPD 1922 Wiedereintritt in die SPD. *43-45, 91, 133*

Frölich, Paul (1884-1953) – 1902 Eintritt in die SPD. Mitglied der Redaktion der »Arbeiterpolitik«, Organ der Bremer Linken. Seit 1920 Führungsmitglied der KPD bis zum Ausschluß 1928. Mitglied der Reichsleitung der KPD-O. 1932 Entscheidung für die Sozialistische Arbeiterpartei. *96, 136*

Geschke, Ottomar (1882-1957) – seit 1910 SPD, 1917 als Spartakusanhänger Übertritt zur USPD. In der Revolution 1918/19 Mitglied der Revolutionären Obleute. Gründungsmitglied der KPD, seit 1923 Führungspositionen in der KPD. 1926/27 Vertreter der KPD beim EKKI. Nach 1928 wurde er wegen seiner Haltung während der Wittorf-Affäre ins zweite Glied verbannt. *90*

Gramsci, Antonio (1891-1937) – 1914 Mitglied der Sozialistischen Partei Italiens. Einer der Gründer und bedeutendsten Theoretiker der KPI. 1922 bis 1924 Vertreter der italienischen KP in der Komintern. 1924 Sekretär der KPI. 1926 Verhaftung in Italien. *111*

Grzesinski, Albert (1879-1947) – SPD, Polizeipräsident von Berlin 1925-1928 und 1930-1933, Preußischer Innenminister 1926-1930. *145, 164*

Grosz, George (eigentl. Ehrenfried, Georg) (1893-1959) – Maler und Graphiker. *107*

Goebbels, Joseph (1897-1945) – 1925 NSDAP, seit 1926 Gauleiter von Berlin-Brandenburg, seit 1933 Reichsminister für Volksaufklärung und Propaganda. *203*

Gussew, Sergej Iwanowitsch (eigentl. Drabkin, Jakow Dawydowitsch) (1874-1933) – Mitglied des EKKI. *159*

Hausen, Erich (1900-1973) – seit 1919 USPD, 1920 KPD. 1922 Polleiter des Bezirkes Lausitz, 1923 Zentralausschuß der KPD. Ab 1927 Kandidat des ZK. Dort Vertreter der sogen. Rechten. 1928 Ausschluß aus der KPD. Seit 1929 KPD-O, Mitglied der Reichsleitung. *137*

Heartfield, John (eigentlich Herzfeld, Helmut) (1891-1968) – Graphiker und Bühnenbildner, seit 1918 Mitglied der KPD. *105, 107*

Heckert, Fritz (1884-1936) – seit 1902 SPD, 1916 Mitbegründer der Spartakusgruppe in Chemnitz, 1917 Eintritt in die USPD. Mitbegründer der KPD. Seit dem II. Parteitag Kandidat der Zentrale und seit Dezember 1920 bis zu seinem Tod Mitglied der Zentrale bzw. des ZK. H. war mehrfach Vertreter der KPD beim EKKI. *90, 95, 157-159, 171*

Hein, Wilhelm (1889-1958) – seit 1918 USPD und 1920 KPD. 1927 Mitglied des ZK, 1928 bis 1933 Mitglied des Reichstages, 1929 Kandidat des Polbüros. *95*

Hindenburg, Paul von Beneckendorff (1847-1934) – 1916-1919 Chef des Generalstabs, 1925-1934 Reichspräsident. *82, 215, 216*

Hirsch, Werner (1899-1941) – seit 1919 Mitglied der KPD, 1930 Chefredakteur der »Roten Fahne«, einer der Sekretäre Thälmanns, zusammen mit diesem verhaftet, 1933 bis 1934 im KZ Lichtenburg. Emigration nach Moskau. Am 4. November 1936 verhaftet, am 10. November 1937 zu zehn Jahren Lagerhaft verurteilt. Am 11. Juni 1941 an »Herzversagen« im Moskauer Butyrki-Gefängnis verstorben. *176, 200*

Hitler, Adolf (1889-1945) – seit 1933 Reichskanzler, ab 1934 Staatsoberhaupt Deutschlands. *32, 181, 203, 209, 214-216, 219, 222*

Hobsbawm, Eric – britischer Historiker. *10*

Hoernle, Edwin (1883-1952) – seit 1910 Mitglied der SPD, Mitbegründer des Spartakusbundes und der KPD. 1921 bis 1923 Mitglied der Zentrale, 1922 Mitglied des EKKI. Von H. gingen wichtige Impulse für eine undogmatische theoretische Arbeit der KPD und der Komintern aus, die nach 1923 nicht wieder aufgegriffen wurden. H. wirkte auch als Agrarpolitiker und in der kommunistischen Kinderarbeit. *49, 54, 55*

Hoffmann, Adolph (1858-1930) – seit 1876 Mitglied der SPD gehörte H. zu den Begründern der USPD. Er trat für den Anschluß an die Komintern ein und war von Oktober bis Dezember 1920 mit Däumig Vorsitzender der USPD (Linke). Auf dem Vereinigungsparteitag in die Zentrale der VKPD gewählt, geriet er an der Seite Levis zunehmend in Konflikt mit der KPD. Er verließ im September 1921 die Partei. *38*

Horthy, v. Nagybánya, Miklós (1868-1957) – ungarischer faschistischer Politiker. *49, 53*

Hugenberg, Alfred (1865-1951) – Verleger und rechtskonservativer Politiker. *191, 213*

Humbert-Droz, Jules (1891-1971) – Mitglied des Sekretariats des EKKI, 1928 abgesetzt. 1936 bis 1941 Mitglied des Politbüros der KP der Schweiz. *128*

Jaroslawski, Jemeljan Michailowitsch (eigentlich Gubelmann, Minei

Israilewitsch) (1878-1943) – Mitglied der SDAPR seit 1898. Von 1923 bis 1934 Mitglied des Präsidiums der ZKK der KPdSU(B). Von 1924 bis 1940 Mitglied des Komitees für Parteikontrolle und der Zentralen Kontrollkommission des ZK. *205*

Jogiches, Leo (1867-1919) – Gründungsmitglied des Spartakusbundes, enger Vertrauter Rosa Luxemburgs. Mitglied der Zentrale der KPD. *28*

Kaganowitsch, Lasar Moisejewitsch (1893-1991) – seit 1911 Mitglied der SDAPR. Führungsmitglied der KPdSU(B). Von 1934 bis 1935 Vorsitzender der Parteikontrollkommission, 1935 bis 1937 Volkskommissar für Transportwesen, 1937 bis 1939 Volkskommissar für Schwerindustrie. *205, 206*

Kamenew, Lew Borissowitsch (eigentl. Rosenfeld) (1883-1936) – seit 1901 SDAPR. Führungsmitglied der KPdSU(B), am 16. 12. 1934 verhaftet und am 16. 1. 1935 in der Strafsache des »Moskauer Zentrums« zu 5 Jahren verurteilt. Am 27. 7. 1935 wurde das Urteil aufgehoben und Kamenew nunmehr zu 10 Jahren verurteilt. 1936 folgte im ersten Moskauer Schauprozeß das Todesurteil. *59, 68, 94, 98, 100*

Katz, Iwan (1889-1956) – seit 1906 Mitglied der SPD, trat 1919 zur USPD über, zu deren linkem Flügel er gehörte. 1920 KPD, wurde ein Wortführer der linken Opposition. 1924/25 Mitglied des Präsidiums des EKKI. 1925 Abberufung, Konflikte mit der Fischer-Maslow-Führung, die sich nach dem »Offenen Brief« verschärften und 1926 zu seinem Ausschluß aus der KPD führten. *80, 83, 85, 88*

Kirsanowa, Klawdija Iwanowna (1888-1947) – Ärztin. Seit 1904 Mitglied der SDAPR. Frau von J. M. Jaroslawski. Seit 1922 Rektorin der Swerdlow-Universität und seit Gründung Leiterin der Internationalen Lenin-Schule. *206*

Knief, Johann (1880-1919) – Mitherausgeber der »Arbeiterpolitik«. Führender Kopf der Bremer Linken. *26*

Knorin, (eigentl. Tischler), Wilhelm Georgijewitsch (1890-1938) – seit 1922 im Apparat des ZK der KPdSU(B), 1929-1935 Leiter des Mitteleuropäischen Sekretariats der Komintern. Von 1935 bis zu seinem Ausschluß aus der KPdSU(B) im Juni 1937 und der anschließenden Verhaftung im September 1937 Stellvertretender Abteilungsleiter im ZK. *180, 207*

Köhler, Max (1897-1975) – seit 1915 SPD, Spartakusgruppe, Mitbegründer der KPD, 1923-1928 im Apparat der KPD, Mitbegründer der KPD-O, 1932 SAP. *116*

Koenen, Wilhelm (1889-1963) – seit 1904 SPD, 1917 Mitglied der USPD und seit 1920 VKPD. 1922-1924 Mitglied der Zentrale, nach 1923 Mittelgruppe, 1928/29 Anschluß an Parteimehrheit. 1919 bis 1932 MdR. *29, 30, 70*

Korsch, Karl (1886-1961) – 1917 USPD, 1920 bis 1926 KPD, 1923 Justizminister der sozialdemokratisch-kommunistischen Koalitionsregierung Thüringens, nach 1924 zunehmend dem ultralinken Flügel zuneigend, wurde deren theoretischer Kopf. 1926 Ausschluß aus der KPD. In der Folge in verschiedenen Splittergruppen aktiv. 1933 Emigration. *91, 94, 133*

Kraus siehe Winternitz, Joseph.

Kresse, Kurt (1904-1945) – 1924 KPD, Mitglied der Bezirksleitung Westsachsen, Betriebszellenleiter in der Druckerei Giesecke und Devrient in Leipzig, nach 1933 führend beteiligt am Widerstand in der Gruppe um Georg Schumann. *136*

Kuusinen, Otto Wilhelmowitsch (1881-1964) – Mitbegründer der finnischen KP 1918, 1921-1939 Mitglied und Sekretär der Exekutive der Komintern. *181*

Kun, Bela (1886-1939) – 1918/19 erster Führer der KP Ungarns. Volkskommissar in der Ungarischen Räteregierung. Seit 1920 Mitarbeiter der Komintern. 1937 verhaftet und 1939 erschossen. *164*

Lenin (eigentl. Uljanow), Wladimir Iljitsch (1870-1924) – SDAPR. Begründer der Partei der Bolschewiki SDAPR(B) 1903. Vorsitzender des Rates der Volkskommissare, der ersten Regierung der UdSSR. *16, 34, 35, 37, 39, 40, 68, 73, 75, 87, 98, 99, 101, 102, 147, 148, 164, 198, 200, 201, 204*

Lenz siehe Winternitz, Joseph.

Levi, Paul (1883-1930) – Mitbegründer des Spartakusbundes und der KPD, deren Vorsitzender 1919-1921. Gründer der KAG, 1922 über USPD zurück in die SPD, Wortführer der linken Opposition. *34-40, 43, 44, 86, 91, 111, 133, 149*

Lieberasch, Arthur (1881-1966) – seit 1906 SPD, 1918 USPD, mit deren linkem Flügel 1920 in die VKPD. Gewerkschafts- und Kommunalpolitiker, 1928 einer der Wortführer der »Rechten« gegen den Thälmann-Kurs. Anfang 1929 Ausschluß aus der KPD, Mitbegründer der KPD-O in Westsachsen. *136, 142*

Liebknecht, Karl (1871-1919) – seit 1900 SPD. 1916 Gruppe Internationale/Spartakusgruppe. Mitbegründer der KPD. Am 15. Januar 1919 ermordet. *26, 28, 32, 149*

Losowski (eigent. Drisdo), Solomon Abramowitsch (1878-1952) – seit 1901 SDAPR. Sowjetischer Gewerkschaftsfunktionär. 1921-1937 Generalsekretär der RGI. *114, 160*

Luxemburg, Rosa (1871-1919) – 1887 Polska Partia Socjalno Rewolucyjna, 1894 Mitbegründerin der Sozialdemokratischen Partei Polens und Litauens (SDKPiL). 1898 Mitglied der SPD. Dozentin an der zentralen Parteischule der SPD. Nach Kriegsausbruch 1914 vereinigte R. L. unter großen Schwierigkeiten die wenigen Kriegsgegner in der Gruppe Internationale, später in der Spartakusgruppe und im Spartakusbund.

Mitbegründerin der KPD. Am 15. Januar 1919 ermordet. *13, 16, 23, 24, 26, 28, 34, 36, 92, 111, 149, 204-206*

Mallmann, Klaus-Michael – deutscher Historiker. *19, 155, 181*
Manuilski, Dmitri Sacharowitsch (1883-1959) – seit 1903 SDAPR. 1923-1952 Mitglied des ZK der RKP(B) bzw. KPdSU(B). Von 1928 bis 1943 Sekretär des EKKI. *83, 86*
Marx, Wilhelm (1863-1946) – Zentrumspolitiker, Reichskanzler (1923 bis 1925, 1926-1928), Kandidat zur Reichspräsidentenwahl 1925. *82*
Maslow, Arcady (ursprüngl. Tschemerinsky, Isaak Jefimowitsch) (1891 bis 1941) – seit 1919 in Berlin für die KPD aktiv, ab 1921 gemeinsam mit Ruth Fischer Leitung der Berliner Parteiorganisation. Theoretischer Kopf der linken Opposition in der KPD. 1924 bis Sommer 1925 hatte M. gemeinsam mit Ruth Fischer de facto die Parteiführung der KPD inne. 1925 Zuspitzung der Konflikte mit der Kominternführung. 1926 Ausschluß aus der KPD. *37, 49, 50, 70, 73, 75, 78, 79, 83, 85-88, 90, 94, 113, 119, 127, 133, 147*
Merker, Paul (1894-1969) – 1918 USPD, seit 1920 KPD. Von 1926 bis 1930 in führenden Funktionen im ZK und Polbüro der KPD. Im April 1930 wegen »linker Abweichungen« in die zweite Reihe versetzt, wurde er erst wieder 1935 in Führungsfunktionen der KPD gewählt. *139, 160, 161, 163-165*
Meyer, Ernst (1887-1930) – seit 1908 SPD, Mitbegründer des Spartakusbundes 1916, Herausgeber der Spartakusbriefe, mit Unterbrechungen – bes. 1924 bis 1926 – gehörte M. seit der Gründung der KPD bis 1929 in unterschiedlichen Funktionen zur Führung der KPD. M. war führender Kopf der Mittelgruppe. *23, 39, 40, 49, 52, 70, 82, 83, 92, 93, 95, 96, 101, 114, 115, 124, 126, 133, 136, 137*
Müller(-Franken), Hermann (1876-1931) – Mitglied des Parteivorstandes der SPD, 1919/1920 Reichsaußenminister, Reichskanzler 1920 und 1928-1930. *124, 160*
Müller, Richard (1880-1943) – seit 1906 SPD, Organisator der Revolutionären Obleute, 1917 USPD, 1920 bis 1922 KPD. *28, 29*
Münzenberg, Willi (1899-1940) – Mitbegründer der Kommunistischen Jugendinternationale, Vorsitzender, Gründer der IAH sowie zahlreicher Verlage, Zeitungen und Zeitschriften. MdR 1924-1933, 1938 aus der KPD ausgeschlossen. *96, 104, 107*

Neumann, Heinz (1902-1937) – 1920 Mitglied der KPD. Seit 1922 hauptamtlicher Funktionär bzw. Redakteur. Schließt sich der linken Opposition um Ruth Fischer an, trennt sich 1923 von ihr und neigt der Mittelgruppe zu. 1925 wird er einer der Hauptexponenten der Bolschewisierung. KPD-Vertreter beim EKKI. Ab 1928 neben Thälmann und Remmele einflußreichster KPD-Politiker. Der neue ultralinke Kurs wurde von N. forciert und machtpolitisch überzogen. Er unterlag Thälmann im taktischen Machtkampf. 1932 nach Moskau kommandiert, geriet er nach 1933 in die Mühlen des Stalinschen Terrors. *75, 80, 92, 93, 126, 134, 146, 168, 169, 181, 187-189, 196, 202, 204, 208, 211, 214, 219*

Opitz, Max (1890-1982) – seit 1919 KPD, ab 1926 hauptamtlicher Funktionär, 1926-1930 MdL in Sachsen, 1932 Preußischer Landtag, März 1933 Reichstag. *219*
Ossietzky, Carl v. (1889-1938) – 1926-1933 Chefredakteur der »Weltbühne«. *145*

Pieck, Wilhelm (1876-1960) – 1895 SPD, 1914 Gruppe »Internationale«, Spartakusgruppe. 1918 Spartakusbund, Mitbegründer der KPD. P. gehörte bis 1933 außer 1919 allen Zentralen bzw. Zentralkomitees an. 1935 bis 1945 Vorsitzender der KPD, 1937 bis 1941 Vorsitzender des Exekutivkomitees der Internationalen Roten Hilfe. *69, 72, 73, 95, 177, 188-191, 199, 200, 202, 205-209, 211, 217*
Pjatakow, Georgi Leonidowitsch (1890-1937) – seit 1921 im ZK der KPdSU(B), 1923 Beauftragter der Komintern für Deutschland. 1927 Parteiausschluß. 1929 als Vorsitzender der Verwaltung der Staatsbank tätig. 1930 bis zu seiner Verhaftung am 12. September 1936 Mitglied des ZK, Stellvertretender Volkskommissar für Schwerindustrie. Auf dem Dezember-Plenum 1936 ausgeschlossen, am 30. Januar 1937 zum Tode verurteilt. *59*
Pjatnitzki (eigentl. Tarschis, Jossif Aronowitsch), Ossip (1882-1938) – 1921-1935 in der Komintern zuständig für die Abteilung Internationale Verbindungen (OMS), seit 1935 Abteilungsleiter im ZK der KPdSU(B), auf dem Oktoberplenum 1937 von seinen Funktionen entbunden. Am 30. Oktober 1938 hingerichtet. *172, 188*

Radek (eigentl. Sobelsohn), Karl (1885-1939) – 1919 Teilnahme am Gründungsparteitag der KPD, Mitglied des ZK der KPR(B) und des EKKI. 1936 unter der Anschuldigung, Mitglied des »Parallelen antisowjetischen trotzkistischen Zentrums« zu sein, am 16. September 1936 verhaftet und verurteilt. Im Gefängnis von Mithäftlingen umgebracht. *26, 37, 53, 55-59, 68, 71, 80*
Rathenau, Walther (1867-1922) – Industrieller, Schriftsteller. 1922 Reichsaußenminister. *48, 49*
Reinhardt, Ernst siehe Abusch, Alexander.
Remmele, Hermann (1880-1939) – seit 1897 SPD, 1917 USPD, 1920 VKPD. Gehörte seit 1920 dem ZK der KPD an. Mitglied des Reichstages. Von 1923 bis 1926 Chefredakteur der »Roten Fahne«. Von 1924 bis 1932 Mitglied des Polbüros der KPD. Seit 1926 Mitglied des Präsidiums des Exekutivkomitees der Komintern. Nach Auseinandersetzungen in der

Führung der KPD schied R. 1932 aus dem Sekretariat des ZK aus und wurde zur Arbeit im EKKI nach Moskau versetzt. 1937 wurde R. in Vorbereitung eines Antikomintern-Prozesses verhaftet und 1939 ermordet. *70, 72, 74, 90, 92, 93, 95, 126, 134, 141, 142, 146, 161-165, 170, 173, 180, 184, 187-189, 196, 202, 208, 211, 214, 219*

Renner, Rudolf (1894-1940) – 1916 Spartakusgruppe, seit 1919 KPD. MdL Sachsen seit 1921, 1929-1931 Polsekretär Bezirk Sachsen, 1932 Chefredaktion »Sächsische Arbeiterzeitung«. Nach 1933 aktiver Widerstand. *139-141*

Rolland, Romain (1866-1944) – französischer Schriftsteller. *26*

Rosenberg, Arthur (1889-1943) – Historiker, MdR 1924-1928, einer der Führer der »Ultralinken« 1925/26, Parteiaustritt 1927. *83, 85, 88, 90, 91, 133*

Scheidemann, Philipp (1865-1939) – Führungsmitglied der SPD, 1918 Vizepräsident des Reichstags, Mitglied des Rates der Volksbeauftragten. *28, 30, 32, 164*

Schlageter, Albert Leo (1894-1923) – Freikorpsangehöriger, wegen terroristischer Aktivitäten gegen die französische Besatzungsmacht im Rhein-Ruhr-Gebiet erschossen. Märtyrer der faschistischen Verbände. *53, 54, 56*

Schneller, Ernst (1890-1944) – 1920 Übertritt von der SPD zur KPD, 1924-1929 Mitglied der Zentrale bzw. des ZK der KPD, Militärpolitiker. 1928 Kandidat des EKKI. 1933 bis 1944 in Haft. Von den Nazis ermordet. *84, 85, 90, 96*

Scholem, Werner (1895-1940) – Delegierter des Vereinigungsparteitages der USPD mit der KPD, Exponent der »Ultralinken«. 1926 aus der KPD ausgeschlossen. *75, 78, 83, 85, 88, 90, 91, 133*

Schumann, Georg (1886-1945) – seit 1905 SPD. 1914 bis 1916 Redakteur der »Leipziger Volkszeitung«. 1916 Gruppe »Internationale«, Spartakusgruppe und Spartakusbund. Mitbegründer der KPD in Leipzig. 1927 bis 1929 Polsekretär im Bezirk Westsachsen. 1928-1933 MdR. Nach aktivem Widerstand und Verhaftung (1933-1939 und 1944-1945) von den Nazis ermordet. *81, 82, 96, 126, 133, 134, 136-142*

Selbmann, Fritz (1899-1975) – 1920 USPD, 1922 KPD. 1930-1932 im Preußischen Landtag, 1932- März 1933 MdR. *219*

Severing, Carl (1875-1952) – Preußischer Innenminister 1920/21, 1921 bis 1926, 1930-1932. Reichsinnenminister 1928-1930. *160, 164, 183, 203*

Seydewitz, Max (1892-1987) – SPD, Chefredakteur des »Klassenkampf«, MdR 1924-1932, 1931 SAP, bis 1933 Mitvorsitzender. *199, 205, 209*

Sierra (eigentl. Tasca), Angelo (1892-1960) – seit 1909 Sozialistische Partei Italiens, 1921 KP Italiens. 1924 Kandidat, 1928 Mitglied des EK-

KI und seines Präsidiums. 1929 als »Rechter« von seinen Funktionen abgelöst. *128*

Siewert, Robert (1887-1973) – seit 1906 SPD, 1919 KPD, Polsekretär Chemnitz/Erzgebirge, 1926 Chefredakteur der Zeitschrift »Einheit«, Jan. 1929 als »Rechter« aus der KPD ausgeschlossen, Mitglied der Führung der KPD-O, nach 1933 wieder Annäherung an die KPD. *116*

Sinowjew (Zinowiew), (eigentl. Radomyslski), Grigori Jewsejewitsch (1883-1936) – seit 1901 SDAPR, führendes Mitglied der KPdSU(B), 1919-1926 Mitglied des Politbüros und Vorsitzender der Exekutive der Komintern. 1927 erstmalig, 1935 endgültig aus der Partei ausgeschlossen, 1936 zum Tode verurteilt. *37, 50, 56-59, 68, 69, 71-74, 77, 78, 80, 81, 86, 94, 97, 98, 100*

Sokolnikow, Grigori Jakowlewitsch (1888-1939) – seit 1905 SDAPR(B). Mitarbeiter von Trotzkis »Nasche Slowo«. 1922-1926 Volkskommissar für Finanzen. Kandidat des EKKI 1925. Anhänger Sinowjews, seit 1926 dem »rechten« Flügel nahestehend. 1936 verhaftet, im 2. Moskauer Schauprozeß verurteilt, im Lager ermordet. *59*

Stalin, (eigentlich Dshugaschwili), Jossif Wissarionowitsch (1878-1953) – seit 1998 SDAPR, 1904 Bolschewik. 1912 im ZK der SDAPR(B). 1917-1923 Volkskommissar für Nationalitätenwesen, seit April 1922 Generalsekretär des ZK der KPR(B), KPdSU(B), KPdSU. *14-16, 58, 59, 62, 68, 77, 78, 94, 96-102, 108, 118, 123, 125, 126, 128-130, 132 bis 135, 138, 140, 146, 149, 153, 158, 161, 163, 187, 197, 198, 201, 202, 204-211, 214, 215*

Stassowa, Jelena Dmitrijewna (1873-1966) – seit 1898 SDAPR, 1920 bis 1924 Mitarbeiterin des EKKI in Deutschland, von 1927 bis 1937 Stellvertretende Vorsitzende der MOPR, von 1935 bis 1943 Mitglied der IKK der Komintern. *75*

Stauer, Hans (eigentl. Berman-Jurin, K. W.) (1901-1936) – Mitarbeiter im ZK der KPD. März 1933 Rückkehr in die Sowjetunion, verhaftet, 1936 ermordet. *211*

Stoecker, Walter (1891-1939) – seit 1909 Mitglied der SPD, 1917 USPD, 1920 VKPD. 1920/21 und 1923/24 Mitglied der Zentrale, seit 1927 Mitglied des ZK. 1924-1929 Vorsitzender, 1929-1931 Sekretär der Reichstagsfraktion der KPD. 1928-1933 Vorsitzender des Internationalen Bundes der Freunde der Sowjetunion. 1933 verhaftet. In Buchenwald umgekommen. *39*

Stresemann, Gustav (1878-1929) – Mitbegründer der Deutschen Volkspartei, 1923 Reichskanzler, 1923-1929 Reichsaußenminister. *58, 60, 62*

Thälmann, Ernst (1886-1944) – seit 1903 SPD, 1918 USPD, 1920 VKPD. 1921 hauptamtlicher Sekretär in Hamburg. Gehörte zur linken Opposition. Seit 1923 Mitglied der Zentrale, 1924 stellvertretender, seit 1925 Vorsitzender der KPD. 1924-1933 MdR. 1925 Mitglied des Präsidiums des EKKI. 1933 verhaftet, 1944 im KZ Buchenwald ermordet. *15, 16, 39, 62, 70, 72, 74, 75, 79, 82, 87-93, 95, 100, 101, 103, 104, 115, 117-119, 124-126, 129-134, 136-140, 142, 146, 154, 160, 169, 175, 176, 180, 181, 183, 184, 186-188, 192, 193, 196, 200, 202, 203, 205-207, 209 bis 216, 218, 219*

Thalheimer, August (1884-1948) – seit 1904 SPD, gehörte zum linken Flügel um Luxemburg und Zetkin. 1914 Gruppe »Internationale«, dann Spartakusgruppe, Spartakusbund. Gründungsmitglied der KPD und Mitglied der ersten Zentrale. Redakteur der »Internationale«, zeitweise Chefredakteur der »Roten Fahne«. Bis 1923 unbestrittener theoretischer Kopf der KPD. Nach der Oktoberniederlage 1923 bis Mai 1928 wissenschaftliche Arbeit in der UdSSR, 1928 Gründungsmitglied der KPD-O, 1933 Emigration nach Frankreich. 1941 Ausreise nach Kuba. *39, 52, 56, 57, 59, 67, 68, 70, 74, 80, 81, 95, 111, 125-127, 133, 148, 170*

Togliatti, Palmiro (1893-1964) – seit 1914 Sozialistische Partei Italiens, 1921 Mitbegründer, später Führer der italienischen KP, 1924-1939 Mitglied des EKKI und seines Präsidiums. 1931-1943 Sekretär des EKKI. *123*

Trotzki (eigentl. Bronstein), Lew Dawydowitsch (1879-1940) – Führungsmitglied der KPR(B), 1927 Parteiausschluß als Führer des »trotzkistisch-sinowjewistischen Blocks«, 1929 Ausweisung aus der UdSSR. In Mexiko ermordet. *58, 59, 68, 75, 78, 94, 97, 98, 100-102, 105, 109, 202, 205, 209, 214*

Tschiang Kai-schek (1887-1975) – Generalissimus, Chef der Zentralregierung in Nanking, im Krieg Japans gegen China von 1937 bis 1945 Zusammenarbeit mit der KP. *98*

Tschitscherin, Georgi Walentinowitsch (1872-1936) – Mitglied der SDAPR, Menschewik, später Bolschewik. Seit 1918-1930 Volkskommissar für Auswärtige Angelegenheiten der UdSSR. 1925-1930 Mitglied des ZK der KPdSU(B). *59*

Ulbricht, Walter (1893-1973) – seit 1912 SPD, 1919 KPD, ab 1920 hauptamtlicher KPD-Funktionär. 1923 Mitglied der Zentrale. Seitdem – mit kurzen Unterbrechungen – bis 1946 Mitglied der Parteiführungen der KPD. 1928-1943 Kandidat des EKKI. *95, 96*

Urbahns, Hugo (1890-1946) – 1919 KPD, 1921-1923 Polleiter der Bezirksleitung Wasserkante, Mitorganisator des Hamburger Aufstandes, 1926 Parteiausschluß, 1928 Mitbegründer des Leninbundes. *90, 94, 133, 209*

Varga, Eugen (1879-1964) – seit 1906 Mitglied der Ungarischen Sozialdemokratischen Partei, 1919 KP Ungarns, Volkskommissar für Finanzen der Ungarischen Räterepublik, Übersiedlung in die UdSSR, seit 1920 RKP(B). Wirtschaftsexperte der Komintern. *123, 148, 171, 172*

236

Walcher, Jacob (1887-1970) – seit 1906 Mitglied der SPD. Spartakus-gruppe und –bund. Mitbegründer der KPD, 1919-1923 Mitglied der Zen-trale der KPD, Gewerkschaftsfunktionär, Anhänger der »Rechten« um Brandler und Thalheimer. Im Dezember 1928 aus der KPD ausgeschlos-sen. Mitbegründer und einer der Führer der KPD-O. 1932 SAP. 1933 Emigration. *69, 73, 74, 96, 112, 117, 124*

Warski, Adolf (1868-1937) – 1889 Mitbegründer der Union der polni-schen Arbeiter, später Mitbegründer der KP Polens, 1922-1924 Mitglied des EKKI, seit 1929 im Marx-Engels-Lenin-Institut. Während des Stalin-schen Großen Terrors umgekommen. *72*

Weber, Hermann – deutscher Historiker. *19, 154*

Weitz, Eric D. – US-amerikanischer Historiker. *19*

Winkler, Heinrich August – deutscher Historiker. *19*

Winternitz, Joseph (Lenz, Sommer, Kraus) (1896-1952) – 1918 Sozial-demokratische Arbeiterpartei Österreichs, 1920 KP der Tschechoslowa-kei, seit 1923 in Deutschland, KPD. Mitarbeiter des ZK, bes. auf theore-tischem und propagandistischem Gebiet tätig. *119, 184, 200, 208, 210, 211*

Wittorf, John (1894-1981*) – 1917 USPD, 1920 VKPD. Polleiter des Bezirks Wasserkante 1927/28, 1927 ZK. 1928 Parteiausschluß wegen Unterschlagung. *82, 129, 132, 138, 139, 202*

Zeigner, Erich (1886-1949) – seit 1920 SPD, 1923 Justizminister und Ministerpräsident der sächsischen sozialdemokratisch-kommunistischen Koalitionsregierung. *61*

Zetkin (geb. Eisner), Clara (1857-1933) – seit 1878 SPD, Mitbegründe-rin der Gruppe »Internationale«, der Spartakusgruppe, des Spartakusbun-des und der KPD. 1921 Mitglied des Präsidiums des EKKI, Vorsitzende des Internationalen Frauensekretariats der Komintern. *37, 38, 51-53, 57, 69, 73, 75, 76, 81, 96, 123-125, 128, 193, 194, 212*

Zörgiebel, Karl Friedrich (1878-1961) – sozialdemokratischer Polizei-präsident in Berlin 1926-1930. *145, 186*

* Lt. Information von Hermann Weber.

Abkürzungsverzeichnis

ADGB	Allgemeiner Deutscher Gewerkschaftsbund
AfA-Bund	Allgemeiner freier Angestellten Bund
EKKI	Exekutivkomitee der Kommunistischen Internationale
IKK	Internationale Kontrollkommission der Komintern
KAG	Kommunistische Arbeitsgemeinschaft
KAPD	Kommunistische Arbeiter Partei Deutschlands
KI	Kommunistische Internationale
Komintern	Kommunistische Internationale
KPD	Kommunistische Partei Deutschlands
KPD-O	Kommunistische Partei Deutschlands-Opposition
KPdSU(B)	Kommunistische Partei der Sowjetunion (Bolschewiki)
MOPR	(russ.) Internationale Organisation zur Unterstützung von Kämpfern der Revolution
MdR	Mitglied des Reichstages
MSPD	Mehrheitssozialdemokratische Partei Deutschlands
ND	»Neues Deutschland« (Sozialistische Tageszeitung)
NEP	(russ.) Neue Ökonomische Politik
Orgesch	Organisation Escherich
PB	Politbüro
RGI	Rote Gewerkschaftsinternationale
RKP(B)	Russische Kommunistische Partei (Bolschewiki)
SAP	Sozialistische Arbeiter Partei
SDAPR	Sozialdemokratische Arbeiterpartei Rußlands
SED	Sozialistische Einheitspartei Deutschlands
SPD	Sozialdemokratische Partei Deutschlands
USPD	Unabhängige Sozialdemokratische Partei Deutschlands

VKPD   Vereinigte Kommunistische Partei Deutschlands
ZK   Zentralkomitee